將最古老的智慧
用最自然生態來詮釋《易經》的哲學

宇宙間的符號

將難經雙為**易經**

第一輯

第一輯附易經原文

乙(天易) 主講
錫淵筆錄編著

用易簡全新思維
帶你打開《易經》五千年來神秘面紗

國家圖書館出版品預行編目資料

宇宙間的符號/將難經變為易經(一)/ 太乙作
初版. 臺南市：易林堂文化，2016.03
冊 ； 公分
ISBN 978-986-89742-6-5(第一冊:)平裝
ISBN 978-986-89742-7-2(第二冊:)平裝
1.易經 2.易學 3.研究考訂
121.17 105001729

宇宙間的符號/將難經變為易經(一) 附易經原文

作　　　者 / 太乙(天易)
筆錄編著 / 蕭錫淵
總 校 稿 / 太乙
總 編 輯 / 杜佩穗
執行編輯 / 王彩鸞
發 行 人 / 楊貴美
發 行 者 / 易林堂文化事業
出 版 者 / 易林堂文化事業
地　　　址 / 台南市中華南路一段186巷2號
電　　　話 / (06)2130327　傳　　真 / (06)2130812
郵局帳號：局號 0031204　帳號 0571561 戶名：楊貴美
電子信箱 / too_sg@yahoo.com.tw
2016年 3 月 17 日初版

總 經 銷 / 紅螞蟻圖書有限公司
地　　　址 / 台北市內湖區舊宗路二段121巷28號4樓
網　　　站 / www.e-redant.com
郵撥帳號 / 1604621-1 紅螞蟻圖書有限公司
電　　　話 / (02)27953656　傳　　真 / (02)27954100
定價單冊 :439元

前言：
這一切所有的佳作皆是在一陰一陽的變化
演進當中而產生

《易經》是探討「日月變化」的書，是中國最古老的文獻之一，並被儒家尊為五經之首，它是中華文化的總源頭。《易經》將天、地、鬼、神、人倫、地形、地物及中華民族的智慧思想都用符號蘊藏在這部神秘的「經典」裡，是大自然種種現象的觀察及演繹。

《易經》的根本觀念、陰陽相對、闡釋宇宙大自然的陰、陽、剛、柔、動、靜、進、退、貴、賤、高、低的變化作用。《易經》以一套符號系統來描述狀態的【簡易】、【變易】、【不易】，表現了中國文化的哲學與宇宙觀。它的中心思想是以大自然規律的陰陽變化、描述宇宙世間萬物，一陰一陽謂之道，是《易經》內涵的核心。

《易經》卦象的建立在於陰陽二爻兩個符號的基礎上，我們稱之「宇宙間的符號」，兩個符號按照陰陽兩氣消長的規律，經過排列組合，成八卦。八卦的構成和排列、就體現了陰陽互動、對應、統一的思想，八卦又經過重疊排列組合而成六十四卦，其核心就是

陰陽，而其用就是一個大圓周的 24 個點線面，稱之為 24 山。

其應用主軸「易理」與「象數」合為一

從「易」的字眼上應該是簡易的經典，但其錯綜複雜之道理頗為深奧艱澀，已非是「易經」而是難經。

《易經》分成「易理」與「象數」，教授學者大多研究「易理」，注重卦、爻、辭之文字研究，以修心養性作為克己以及處理事情的 64 個法則；而「象數」則以八卦的陰陽五行及組成重卦的卦名論吉凶，而完全摒棄卦爻辭之蘊藏真意。

伏羲設卦，再組成重卦，聖人依卦象之形象內涵注入卦名，由文王注入卦辭，周公加入爻辭，孔子加上十翼之象、象、傳、序、辭來註解《易經》；宇宙間的符號「將難經變為易經」其應用主軸「易理」與「象數」合為一，体用要兼備，理只有一個叫公理，就是大自然的法則為其學理之依據；卦象之符號是與十天干、十二地支、數字串連而設了卦名，所以從卦名可反推卦象之符號來至於大自然之定律，而非木生火、火生土、土生金、金生水、水生木或木剋土、土剋水、水剋火、火剋金、金剋木。深入《易經》之後

會讓您恍然大悟，原來卦名就是學理，每一卦的卦名表現此一情境的大自然定律，其卦之陰陽符號就是現象，六爻就是過程，不同卦象其六爻的終始、逆順、進退、往來在 360° 的圓周是不一樣的。

　　宇宙是從混沌未分的"太極"發生出來的而後才有陰陽，再由陰陽兩種性質分化出 "太陽"━━"少陰 "少陽"▪▪"太陰" 等四象，此即是春夏秋冬的四種自然現象，四象又分為八卦，八卦的八組符號代表萬物不同的性質。這八種性質【天、地、雷、風、水、火、山、澤】及【甲、寅為震為雷；乙、卯為巽為風；丙、丁、巳、午為離為火；戊、丑、辰、戌為艮為山；己、辰、未為坤為地；庚、申為乾為天；辛、酉為兌為澤；壬、癸、亥、子為坎為水】來表示，乃透過陰、陽的符號表現出天干、地支及宇宙中的六十四種情境與人生中的六十四種狀況，將難經變為《易經》。

何謂陰陽?

　　就如同老師授課表達分享出來的是陽、是乾、是日、是顯、是台前，而蕭錫淵、蕭大哥辛苦筆錄整理編著是陰、是坤、是月、是藏、是幕後，所以乾坤不一定代表男女，而是體、用及相輔相成的陰陽、日月、動靜、顯藏互補的組合，所以整體架構，陽無陰不成

事，陽要搭配陰，方能成就佳績、產生一個圓、一個
太極；本書透過一陽一陰而創生一個太極的圓，才能
順利發行。

　　本書的每一講皆是蕭錫淵、蕭大哥付出 18 個小
時以上的時間筆錄、整理、補充、打字、編著所創生
的成果，蕭大哥的辛苦無私的奉獻，讓我相當的感動
佩服，讓我不得不認真的將這部「經典」用最大自然
的法則有系統地發表，讓大家在最輕鬆的氛圍下共同
研究此學術。再度的感謝蕭錫淵、蕭大哥的筆錄整理
編著，這一切所有的佳作皆是在一陰一陽的變化演進
當中而產生。

　　　　蕭大哥謝謝您、辛苦了！

　　人生最大的財富來至知足，人生最大的智慧來至
知止。古人說：【知"智"莫大於知"來"】最大的
智慧就是預知未來，人生智慧第一書《易經》的智慧，
透過八卦推演 64 卦和 384 爻的變化，來預測吉凶、
警示悔咎，是預知的智慧。《易經》共 64 卦，可以視
為社會、人生 64 種現象與變化。代表世界萬物萬象、
論示自然、社會、人生、家庭、事業等的規律提出相
應的明智對策。生生不息的易理，太極生兩儀、兩儀
生四象、四象生八卦、八卦演成六十四卦，如此生生

不息表達萬事萬物，不斷發展的事理。

六十四卦數理與數學的二進位，德國數學家萊布尼茨發明數學二進位法，伏羲六十四卦的排列，確實符合二進位數理，伏羲六十四卦，由坤而剝，而比，而觀，而豫、而晉、萃、否…. 一直到到乾為天，正是按著 0 1 2 3 4 5 6 7 ………63，這樣的順序排序，也符合了陰陽能量的一種詮釋。

八卦的排列，也符合二進位數理，如果用二進位數字，0 和 1 表示陰爻和陽爻，則八卦可分別轉寫為乾 ☰111、兌 ☱110，離☲101、震☳100，巽☴011、坎☵010、艮☶100、坤☷000

本書透過大自然的定律法則與天干、地支、數字串連解釋最古老的《易經》智慧，領會卦、爻辭及四傳的寓意，洞察人生真義，研讀起來使生命更為寬廣，豁達，快樂，讓困惑的人，找到安身立命的方法，找到解決之道，解決生命中，生活中遭遇的各種逆境。

宇宙間的符號「將難經變為易經」的課程，是在台南市生活美學館，長青大學 104 年授課，由蕭錫淵師兄的實錄整理編著，乃透過陰陽的組合及符號、天干、地支與形象，用最生活化，最自然的論點來學習，

快樂的學習,希望各位好朋友,帶著快樂學習的心,將《易經》"用之於生活中",祝福各位好朋友,"學易有成"【用之於生活、學易有成。】

中華民國104年8月20日

歲次乙未年處暑前戊辰日丁巳時

太乙(天易)謹序

本書「宇宙間的符號:將難經變為易經」系列特色包括六大篇:

一、「《易經》築基篇」:是為初學者所做的入門扼要介紹,即使是初學者或從未接觸過《易經》的朋友,也很容易輕鬆掌握精髓要義,也將六十四卦配合六十甲子與天干、地支作了連結詮釋,可成為《易經》研究者掌握直斷之精髓。

二、「五行學說概念篇」:五行學說與「陰陽學說」是一樣的,它是一種哲學的概念,是一種大自然分析事物的思想方法。「五行」,就是大自然界中的「木、火、土、金、水」這五種物質的運動元素。

「五行學說」是指這五種物質的相互變化,以及它們之間的關係演變,以大自然法則的相生、相剋作為解釋事物之間相互的變化規律作為依據,這就是解釋《易經》的基本概念。

三.「八卦、天干、地支伸論」:應用大自然生態原理,詮釋八卦、十天干、十二地支的刑、沖、會、合、害的應用變化,即使從未接觸過所謂的五行的初學者,也能一窺其精華;八字四柱宮位是根、苗、花、菓,五柱宮位應用的根、苗、花、菓、籽,而六爻之

應用即所謂初爻(根)、二爻(苗)、三爻(幹)、四爻(花)、五爻(菓)、六爻(籽)的分論演練。

四.「十神篇」：傳統的文王卦只注重五行的六親(父母、兄弟、子孫、妻財、官鬼)，而傳統八字的十神只注重五行陰陽的同我、生我、我剋、剋我、生我的五種組合關係，加上陰陽的對待關係就變成了十種的組合，稱之十神，但它卻忽略了十天干及八卦符號的陰陽屬性，以及十天干與八卦本身的特質，所以這是荒繆之論，絕對大錯特錯，本系列書特地將十干的陰陽屬性加以分析，並將八卦及十天干、十二地支應用於求財、求事業、求學業、求感情，不一樣的情性作解析。

五.「契機法:解象實例應用篇」：應用當下上課的按例或透過時間年、月、日、時、分的大時空契機法則，作為契機的引動，這些實例資料由蕭錫淵、蕭大哥上課實錄編著，讓您快、狠、準掌握《易經》應用絕竅，更能讓您在輕鬆的氛圍中，領悟出相關卦象及自然科學生態循環之要點。

六.「六十四卦註解及四傳解說」：第三輯以後是《易經》六十四卦逐一的註解及四傳解說，兼顧到「易理」也兼顧到「象數（術）」的應用，但最特別的是所有的理論根據是以「大自然日、月運行之道」為理論法則，這就是《易經》的本意，不只解釋卦、爻辭及應用，也應用於生活當中。

傳統研習《易經》《八字》《契機法》與應用這些資料來占卦、解象及論命，是三條平行不交叉的線。在《宇宙間的符號》我們要將三者合而為一，使《將難經變為易經》系列書籍的價值更充分彰顯出來，更能廣而流傳，應用於日常生活中。

《易經》與《八字》自古迄今，很多學者、教授都在研究探討，立論著書，發表不同的心得及理論，也有為抒發一己之見或是以推廣中國文化亦莫衷一是，但只要您是用玩樂之中來快樂學習，輕輕鬆鬆的自最基本天地符號中的五行、天干、地支、八卦、卦理、生剋（即所謂的刑、沖、會、合、害）等細節，將這六大篇循次漸進的學習，就不覺得複雜難懂。孔子說：「玩索而有得」。希望能幫助您揭開《易經》神秘的面紗。

基礎觀念篇

詮釋《易經》五行生剋的定律
讓您知道《易經》是由大自然而來

第一節．五行於一天內的形成

　　五行（木、火、土、金、水）每天無時無刻的伴隨在我們的生活中，容易看見的代表物是：木是有生命的代表物；如植物、花草，一切有生命的動植物都可以用木來代表。火是能源代表物；如太陽、月亮、溫度、磁場、能量、香火傳承、電信都可用火來代表。土是不動、固定、可承載的代表物；如土壤、空間及大地之總稱。金是傳輸、滲透、肅殺、成果的代表物；在天為風、為傳播之氣、為雲霧，在地是刀、劍、是礦物金屬，是珠寶、果實，也是愛恨情仇。水是智慧、錢財、思想、生命泉源的代表物；如血液、血脈、湖泊、山川河流、雨露、海洋。

　　當我們早晨起床看到微微的日光時，此時花草樹木正扭動著身軀蓬勃而生、綠意盎然，此為「帝出乎震」，木氣的形成，即所謂的火生木（火雷噬嗑☲☳）。太陽（火）昇起、百花齊放（木），人們（木）也因此朝氣逢勃為工作準備，迎接新一天的開始，此為「齊乎

巽」；春天植物草木非常旺盛，處處可聞草木逢春的氣息（雷風恆卦 ䷟），因此論為春天木。由此可知，春天的五行屬木，而且木很旺盛。

九點過後，此時太陽煦煦高掛在半空中，形成了溫度、火氣，陽光普照大地，此為「相見乎離」即所謂的火生土（火地晉卦 ䷢）；火生土就是太陽的能量投射在土地上，讓土地有孕育植物（木）之功（地風升卦 ䷭），此為「致役乎坤」；人們也因此得到天地能量的加持而產生了企圖心，而活耀熱情（離為火卦 ䷝），此就是火的五行特性。此也証明了是火生木（雷火豐卦 ䷶ 及火雷噬嗑卦 ䷔ 火風鼎卦 ䷱ 與風火家人卦 ䷤），而非木生火。木生火為死亡定律，此定律在 64 卦只有火風鼎卦 ䷱ 有類似的木生火，其主因是是乙木遇丁火，乙木的傳承遇丁受傷，必須有人頂替、取新；以物象來說鼎卦是有烹飪的木生火之象。

太陽（火）照射在海洋（火水未濟 ䷿），海洋吸收了太陽的溫度能量（水火既濟 ䷾），自然形成了氣流、風、水蒸氣、雲霧，即所謂的庚金長生在巳（天火同人 ䷌）；論火生金而非傳統命理的丙火剋庚金（火天大有 ䷍），（夏天氣候非常炎熱，艷陽高照，

我們因此可知，夏天的五行屬火，而且火很旺盛稱之離為火▦▦▦），到了下午三點過後，太陽漸漸往西運行，此時草木準備將美麗、綻放的花朵收起、結果，樹葉的活氣也開始鬆垮，即金氣的形成結成木果（兌為澤卦▦▦▦）此為「說言乎兌」。

　　一天的工作也在五點過後收工，準備領薪資（澤山咸▦▦▦），結束一天的辛苦。（秋天草木枯黃、枝葉飄落，我們因此可知，秋天的氣候屬金；由於它無形的肅殺之氣，暗中傷害了草木的元氣，此象稱之澤風大過▦▦▦，使草木無法繼續生長，所以我們亦知秋天金很旺盛），此時太陽已落入地平線，此為「戰乎乾」；光明不再、點燈開始，即所謂點燈酉，雲霧開始形成，雲霧會棲息於山中，為土生金（高山之戊土聚集雲霧之故）。

　　下了班，回到家中與親人享受豐收的果實（山雷頤卦▦▦▦），休閒、休息、睡覺（雷山小過卦▦▦▦），即所謂的冬藏（雷水解卦▦▦▦）。到了晚上為水之情性，天氣漸漸轉涼（水雷屯卦▦▦▦），宵小（水）也趁黑夜暗中行事，為水剋土，（水地比卦▦▦▦）此為「勞乎坎」；我們怕宵小侵入，請了保全人員幫我們守護家園，此為「成言乎艮」，稱為土剋水（地水師卦▦▦▦）。

（冬天天氣寒冷，經常下雪，氣候非常潮濕，因此我們知道冬天屬水，此為勞乎坎，而且水很旺盛、川流不息）。

由此一天內所形成大自然的景物，証明傳統五行生剋是錯誤的，所以在論斷學理的五行生剋是不準的，必須重新調整，必須重新定位改造五行生剋的定律。由此詮釋《易經》五行生剋的定律是由大自然而來。

第二節.五行的屬性

木－代表生命的延續，木為春為開創之氣，木能無中生有，有投資創業的企圖心，喜愛新的事物，愛好學習求知，象徵萬物之初生。天干代表甲、乙木及地支寅、卯木之情性。木有再生的功能，無神經，於身體上為頭髮、指甲、肝臟 ；「木曰:曲直」。

火－代表光、能源、放射、熱氣是向上的，夏為火為醞釀之氣，火亨通暢達、努力熱情、積極主動、好客、活潑、外向、喜歡照顧別人，是付出的能量，無私的愛，象徵萬物之成長。代表天干丙、丁火及地支巳、午之情性。於身體代表心臟、血液循環、眼睛、小腸、體溫 ；「火曰:炎上」。

土—代表收納、承載、包容,為木的根基,土蘊藏
無數的能源、金礦、物質;土代表大地,土地、
房子、地球本身可包容萬物,亦具有生化、轉化
之作用。代表天干戊、己及地支辰、戌、丑、未
土之情性,於身體代表皮膚、胃腸、脾臟,亦有
過濾之功能;「土曰:稼穡」。

金— 代表成果,亦具有摧殘殺傷作用的,秋天收斂
之氣合宜有利、收成小有積蓄,有形的物質、
金玉寶石、甜美的果實可秋收,象徵萬物之豐
盛,代表天干庚、辛及地支申、酉金之情性。
於身體代表骨幹、魂魄、大腸、肺部;「金曰:
從革」。

水—代表滋潤萬物、洗滌一切生靈,為濕、寒、冷,
水流往下代表滲透之功、侵伐之用,為寒、冬
天守成之氣。誠信 永固、保存、喜動智慧、較
神秘、象徵萬物之收藏、冬藏,代表天干壬、
癸水及地支亥、子水情性。於身體代表汗線、
膀胱、腎臟、水循環系統、排洩物 ;「水曰:
潤下」。

第三節. 五行的特性和象徵

震巽木之特性：

木： 旺於春，位於東方及東南方，代表震☳、巽☴之卦，青綠色，味『酸』，藏『魂』，開竅於『眼』，統管運動神經，主筋骨、筋絡，在五常中主仁，天干以甲、乙屬之，地支以寅、卯屬之；性主仁慈，為六獸的青龍，甲木多的人，主身體修長；甲木曲直、乙木代表枝枝葉葉。

文言曰：「元者善之長也」，元為春季，陽氣由此而臨，也利於萬物之成長，主生發之氣。代表花草樹木，經過砍伐之後，只有留下根部，日後又會生長起來，所謂著斬草不除根，春風吹又生，因此也代表生命中的功能和根源，亦具有向四方擴散的基調，五行當中也只有木代表人，因為他具有生命的延續。

屬木之人，臉型較長，身材瘦弱體長，個子高，木盛得用的人，長手長腳、髮濃黑，性情溫和有愛心，木衰或不得用，無太陽益木時，個子較矮，頭髮稀疏，偽善，嫉妒心強，不知變通，缺乏整合能力。命局中木受傷之人也容易手腳受傷、筋骨疼痛、頭暈目眩、眼睛會酸，勞碌奔波。木旺之人，為光耀祖榮宗，為名聲而活。

木屬仁，仁慈有愛心，個性正直、衝勁、有耐力、老實木納、耿直帶點急性子，外表斯文有理性，缺點是感覺較遲鈍，動作緩慢、乃木成長較慢，沉悶，神經質，容易憂慮。

木之象徵：

木主仁:其性質溫和

屬東方，綠色，春季，有成長之性。

代表文書，木材、木製品，木屋，裝潢，木器家具，紙製品，草類製品如：草帽。竹製品如：斗笠，棉製器，拜拜敬神的物品及香。茶葉，五穀雜糧，蔬菜水果，造紙業，園藝業，農業，種植業、中醫、草藥…等，也代表著自然界的財星、養命之源，亦代表人際關係的互動。於身體代表：膽、肝、毛髮、指甲、肢體、筋絡。

離火之特性：

火：旺於夏，位居南方，紅色、味『苦』，藏『神』，開竅於『舌』，統管血液循環，主禮，但火旺缺水者，反沒禮貌。火為熱情、脾氣不好、火性、易發易退、勞心勞力。天干丙、丁屬之，地支巳、午屬之；火性炎上，重禮節，為六獸的朱雀。

文言曰：「亨者嘉之會也。」亨為夏季，是萬物生機最旺盛的時後，即所謂的火生木。火代表維持生命的活力與能量，是木成長的動能，亦具有往上提升的基調。

　　火主禮，開朗直爽，熱情、博愛、大愛、火爆，光明磊落，上進積極，精力充沛、有幹勁、喜歡表現，火化進神之人，重視儀表，愛漂亮，在藝術上有豐富的表現力；個性急躁，變化多端，做事動作快、效率高，慷慨不計較，缺點是容易盲目、莽撞、衝動，易怒、執著，沒耐心，光說不練，有始無終。

　　屬火之人，臉型上尖下圓、印堂較窄，顴骨突出，身材高大、壯碩，火旺得用能益木時，外形魁梧為人謙和有禮，火弱或不得用或無法益木時，好大喜功，嫉妒心強，容易暴怒、有始無終，情緒失控。原局暗水遇到火的能量，就能轉化水資源。

火之象徵：

火主禮：其性急，情恭

　　屬南方，紅色，夏季，太陽，溫度。
　　代表能量，照明器具，電器用品，電腦，瓦斯行，

瓦斯爐,油類,酒精類,煙火類,乾燥的東西,美麗、化妝品、顯眼之人事物,保護身體之外在防護具,如:安全帽、防火衣、防彈衣…、等等,化妝師,設計師,藝術性質的工作能量及所有屬於亮麗或美的事業都代表火之象徵,也代表自然界的官星,知名人物與公眾人物。於身體代表:小腸、心臟、血液循環、視力神經。

艮、坤土之特性:

土:寄隅四季,位居中央,黃色,味『甘、甜』,藏『意』,開竅於『口』,統管消化系統,屬信,天干為戊、己土,地支為辰、戌、丑、未土,屬靜而不動、重信。戊為六獸的勾陳,己為騰蛇。戊土較不懂變化,也不好商量,己土柔軟,較隨和好商量。

土代表大地,土地,高山,地球本身,包容萬物,亦具有生化之作用,也有往來游移的基調。

土地能蘊養萬物,土主信,思想,忠厚老實,講信用,重承諾,個性穩重,公正無私,缺點是有時容易固執,懶散,愛貪小便宜。

土盛或得用之人,臉型圓潤飽滿,中等身材、腰厚,為人大方和氣,性情憨厚淳樸,鼻大口方、肚量

大，言出必行。土衰或不得用之人，個性貪心自私，不講信用，不通情理，虛假無情，花言巧語，聲音重濁。

土之象徵：

土主信：其性重，情厚

屬中央，黃色，四季之末，具有生化之作用。

代表房屋，房間，床，砂石，泥土，瓷器，屋瓦，倉庫，一般習俗，宗廟社稷之事，布匹，衣服，紡織品，房地產之買賣，建築業，喪葬業，風水師、命理師、法師、道士，管理顧問…等也代表自然界的印星，土地之星。於身體代表：胃、脾、皮膚、肌肉。

乾、兌金之特性：

金：旺於秋，位居西方，白色，味『辛、辣』，藏『魄』，開竅於『鼻』，統管呼吸系統，主「義」，天干庚、辛屬之地支申、酉屬之；名為「從革」，為改革的味道、理智重於感情，為六獸的白虎，人有七魄。金易華而不實。辛金為白茫茫一片。庚為鐵路旁或作五金。金旺的人種樹易枯萎。

金代表堅硬、堅固、凝固的物質，亦具有內聚的基調。文言曰：「利者義之和也。」

利為秋季,此季之氣收斂,適合教化人心。金主義,正義感強,善惡分明,有同情心,愛打抱不平,個性剛毅穩健,自我表現慾強,果斷,敏銳,內斂;缺點是貪慾、虛榮,任性,作事粗略不細心, 容易偏激,苛刻,貪婪,蠻橫不講理。

金盛或得用之人身高中等,體形魁梧結實,面色白、方臉、眉高眼深、聲音宏亮,為人清廉公正,急功好義,個性積極、果斷、不虛偽,金衰或不得用之人,身材瘦弱,心性多疑,為人刻薄狠毒,無情無義,多貪多疑,聲音如同破銅鑼聲。

金之象徵:

金主義:其性剛,性烈

屬西方,白色,秋季,氣、風、雲霧。

代表金屬類礦物如:金礦,銀礦,銅礦,鐵礦,錫礦,金屬製品之器具如:汽車、相機、手機、鑰匙、鍊子、鈴鐺、鍋子、刀、剪刀,金融業,保險業,證券業,當鋪,機械製作之相關事業,鑰匙和鎖之相關事業及人員,交通、汽車相關行業及人員,從事採礦事業之人員,銀行人員,保險人員,理財專員等,也代表著自然界的比肩劫財、手足、人際關係之星,也

代表自然界的傳播之氣，訊息。於身體代表：大腸、肺、骨骼、牙齒。

坎水之特性：

水：旺於冬，位居北方，黑色，味『鹹』，藏『志』，開竅於『耳』，統管排泄系統、主智，天干壬、癸屬之，地支亥、子屬之；水向低處流，所以為「潤下」，流動性強，喜鑽牛角尖，為六獸的玄武。水涼：流動性強、滲透力強、勞心、勞力。文言曰：「貞固足以幹事。」

貞是冬季、此季為收藏之地，乃成事之根本。水代表流動性質、川流不息，亦具有往下、下降的基調。

所謂水往下流，沈靜、陰沈，水主智，聰明外向，機靈活潑，足智多謀，變化多端、反應快，多才多藝，學識過人，缺點是性情反覆無常，善變難捉摸，會耍心機，花言巧語，陰險狡猾，見風轉舵。

水盛或得用之人，在體質上較易發福，五官呈波浪型，下巴微翹、有顴骨，喜歡辯論，愛說是非及八卦，記憶力強，深思熟慮，但也容易想得多做得少。水弱或不得用之人，不按常理做事，常動歪腦筋，容

易怨天尤人，愛記仇，報復心重，對於喜愛之事物，容易沈迷或上癮，也易膽小無略，行事反反覆覆。

水之象徵：

水主智：其性聰，性善

屬北方，黑色，冬季，海洋，雨水。

　　代表溪泊、湖流，游泳池，水族館，魚類，水產、水利，三溫暖，冷凍業，冷藏業，漁業，航海業，水利業，茶藝館，冷飲事業，與醫學有關的事業，醫護人員，藥劑師，游泳教練、選手，海巡人員，航海之人，導遊，流動攤販，業務專員、服務業、自由業、司機等，也代表著自然界的食神、傷官、才華之星，亦代表口才，以智取財。

　　以上「基礎觀念篇」節錄「八字時空洩天機-風集」雅書堂出版，五行生剋學說篇 97 頁 104 頁，並加入易卦套入五行之詮釋，方便銜接課程，命名為「詮釋《易經》五行生剋的定律，讓您知道《易經》是由大自然而來」。

五行之特性和象徵

五行 特性 象徵	五行之特性和象徵				
	木	火	土	金	水
方位	東方	南方	中央	西方	北方
季節	春季	夏季	四季之末	秋季	冬季
顏色	綠色	紅色	黃色	白色	黑色
特性	主仁慈	主禮儀	主信用	主義氣	主智慧
性情	積極 上進	熱情 急躁	穩重 和氣	剛毅 果斷	聰明 善變
行業	種植業	設計業	建築業	金融業	航海業
五臟	肝臟	心臟	脾胃	肺臟	腎臟
六腑	膽	小腸	胃、脾	大腸	膀胱
五味	酸	苦	甘	辛辣	鹹
五藏	魂	神	意	魄	志
開竅	眼	舌	口	鼻	耳

第四節. 八卦體用

《易經》八卦就是在詮釋十天干與十二地支，就是《易經》八卦顯於外的用；體為藏、為陰，用為顯、為陽，天干又為顯、為用，地支為藏為體；年月柱為藏為體、日時柱為顯為用；年為體、月為用；月為體、日為用；日為體、時為用，時為體；分為用。一陰一陽謂之道，萬物因體、用之道而生生不息，循環不已。

先天為體、後天為用；八卦為體、六十四卦為用；六十四卦為體、六爻為用；《易經》為體、天干、地支、數字為用。體可代表原理，用可代表執行，所以體、用是肉體與靈魂之關係，如同震為雷為甲木、為陽、為體、為放，巽為風為乙木、為陰、為收、為用，在考驗甲木樹幹吸收地熱、能量、養份的多寡，用乙木枝葉來詮釋吸收甲木養份的成果顯現。

「八字時空洩天機」系列書籍是由「雅書堂」出版，此書是《易經》之用的根基，可淋漓盡致的表現在體用關係上，保證讓您有意想不到的大豐收，不敢說空前，但敢大膽的說：「願意公開秘訣、心法的五術老師，少之又少」。「學然後知不足，教然後知困」，這句話用在學習八字命理及研究《易經》的道路上，正是最佳的寫照。

第五節．後天八卦於方位的應用

從東到西在講有形的「質」，稱之春秋（☳震、☱兌），木的生長到結果，這個現象我們看得到；南北水火在說「氣」，是「無形」的「質」，看不見的能量；木在土裡破土而出，要有看不到的地熱（火）和澤（水），才能長大；所以出生的年、月、日、時四柱中，木金較旺的人，較強調有形的作為、物質的享受、看得到的東西；水火較旺的人，強調無形的「能量」，靠智慧，做生意的話就是買空賣空；子午線（先天天地乾坤，後天水火）在說鬼神，所以八字水多有辛的人，和鬼神有緣。

孔子作春秋（震、兌），關公讀春秋，春秋（東西）為做人的道理稱之仁、義，只要在春天播種，到了秋天就會有甜美的果實，雖然有了果實，但並不代表守得住，要懂得守就需亥子丑—冬藏的習性，故出生時柱為丑，為人生劃下完美句點，到老能守住成果；亥中藏壬（戌後的亥， 山後的水不可能是靜態），為動態的水，子中藏癸，為靜態的水，兩者都代表智慧，但是亥是動態的思考，子則為靜靜思考，此為八卦方位的應用。

自漢代以後的《易經》，就是連繫著後天八卦而應用於各個領域上，我們研究《易經》，要去深入探

討串連各種領域,包括:「陰宅、陽宅、八字、紫微斗數、姓名學、卜卦…等」。因為這些學術也是由《易經》延伸出來的,反之:研究五術的各種領域要回歸到最初的源頭的《易經》。此可由雅書堂出版的:「八字時空洩天機-系列書籍」上所撰編的「理氣」、「象數」及「契機」三方面已及體用上的互動關係去延伸,必會有很大的收獲。古人智慧博大精深,他們的智慧是層層累積的,不是可以拿來就用的,要使自己能學以致用,必須由基礎、類化、取象下足功夫,才能應用自如。

將難經變為易經第一講

基本八卦的類化取象及象徵

　　八卦的類化取象在論斷應用與「卜卦」，佔了相當重要的角色，若想明白六十四卦的卦辭與三百八十四爻的爻辭在說些什麼，也必須先知道基本八卦的類化取象及象徵。在〈說卦傳〉最後部分，有一張表列了二十幾個項目，可以供人翻閱查詢，在「八字時空洩天機－雷集」雅書堂出版，第131頁起至153頁有相當完整二十八項的天、人、地、事、物之序述。在本書當中，我們只以卦德、卦性、代表干支作為論述，由此再推及延伸範圍，由於古今在時空上的差異極大，我們在類化及取象時要充分發揮聯想力，結合我們的生活習性，如此才能精準順利解象運用自如。

◎ 乾卦的象徵

　　乾卦（☰）陽施剛健、陽性的擴張力量、積極主動，在大自然的現象中象徵著天，於人倫時乾為父，於身體則為首，在卦序的排例是111「第一卦」，稱「乾三連」代表乾卦是由三條陽爻所組成。陽爻是一條橫線，中間不斷，而三條陽爻就成為「三連」了；陽爻代表主動、主放射，也代表生命的創造力，稱之「戰乎乾，」是所有變化的主導因素，象徵天，代表陽氣普施。

◎乾卦基本卦德：健

「健」也就是「剛健」自強不息之意，循環不已的生命創造力，在天象為肅殺之氣，在人象為將軍，在地為金屬、刀、劍。而「乾卦」在整個家庭成員當中指「父親」。所謂「乾坤生六子」一家八口，其實是古代的標準家庭結構。

◎乾卦類化取：

乾為天，為圓，為君，為父，為玉，為金，為寒，為冰，為大赤，為蟄龍，為陸龍，為天龍，為良馬，為老馬，為瘠馬，為駁馬，為木果，為衣領，為直線，為胃；其為地也在郊。

「乾卦」在天干為庚金，在地支為申金，申亦代表未成熟的果實，品物流行、主動、充實是乾卦☰之特性。**註**：「八字時空洩天機-雷集」雅書堂出版，第 131 頁至 134 頁有更完整「乾卦」二十八項的天、人、地、事、物之論述。

在論述象徵類化中，而要充份發揮想像力，學習《易經》及《八字的觀象法》，是練習增強想像力與推理及類化的好辦法，而且在日常生活中，就可訓練。

◎例如：乾☰到坤☷，來這家公司好嗎？

乾為主動積極，乾在坤卦上可暢行無阻，代表來此公司可發揮才華，能受到公司的重用，但要記得要謙卑，即可得利、得用。

◎兌卦的象徵

兌卦（☱）友善的說服、自我表達、喜悅，在大自然的現象中象徵著沼澤，也為水庫，兌為澤，在卦序的排例是110「第二卦」，稱「兌上缺」代表兌卦由一陰二陽組成，是陰性卦，且陰爻位於由下往上的第三位，所以代表人物、少女。

在大自然中指「澤」。沼澤的水是人類與其他生物所必須的。也易有密雲不雨、氣流不暢、陰煞之事。

◎兌卦基本卦德：說

「說」這喜悅的「悅」字，為果實成熟喜悅之象。「兌卦」在整個家庭成員當中指「少女」。

◎兌卦類化取象：

兌為澤，為少女，為巫，為口舌，為毀折，為附決；其於地也，為剛鹵，為妾，為羊，美婢，為少艾。

兌卦象徵的口、言語、心境，既有快樂、喜悅，又有幽事、毀折之意，就是表示成敗皆在於口，即「說言乎兌」。《易經》一直提醒人日常生活的道理及言行，孔子常言：「敏於事而慎於言」。所以言行須出於真誠友善之心，善意、心誠，說話自然感人而喜悅。

「兌卦」在天干代表辛金，在地支代表酉金，此辛、酉是雲霧還是果實，在於來源是木時，就成為果

實，來源是山，則就是雲霧；來源是火或水，就成了珠光寶氣了。

註：「八字時空洩天機-雷集」雅書堂出版，第 134 頁至 137 頁有更完整「兌卦」二十八項的天、人、地、事、物之論述。

◎離卦的象徵

離卦（☲）可融化一切的熱情、日麗中天、知性，在大自然的現象中象徵著「能量、磁場、太陽」，所以用了「火」來代表，在卦序的排例 101 是第三卦，稱「離中虛」代表離卦是由一陰二陽，屬於陰性卦。陰爻在由下往上的第二位，「離卦」在整個家庭成員當中指「次女」，有公家機關之象。

◎離卦基本卦德：麗

「麗」是指附麗或依附。火總是依附在大地及花草樹木上，讓大地與花草樹木充滿生機，而顯見其功。

◎離卦類化取象：

離為火，為曰，為電，為中女，為甲冑，為戈兵；其於人也，為大腹，為乾卦，為鱉，為蟹，為蠃，為蚌，為龜；其於木也，為科上槁；其為象也，為文章；其為畜也，為牝牛。在大自然中：指「火」。

「離卦」在天干代表丙、丁火，在地支代表巳、午火。

註:「八字時空洩天機-雷集」雅書堂出版,第137頁至140頁有更完整「離卦」二十八項的天、人、地、事、物之論述。

◎ 震卦的象徵

震卦(☳)戲劇性的轉變力量、雷霆震物,在大自然的現象中象徵雷、動,天地定位後,萬物要破土而出,稱之「帝出乎震」,也為人生開始;在卦序的排例是100「第四卦」,稱「震仰盂」。

◎震卦基本卦德:動

「動」陽爻在下,陰 ▬▬ 為地,在地底下的能量,代表充滿活力與動力,為整個家庭、人生帶來生機、活耀。

「震卦」陽爻在最底下,為家庭成員中的「長男」。甲木的枝葉正萌新芽,有蓄勢待發之意。

◎震卦類化取象:

震為雷,為龍,為玄黃,為旉,為大塗,為長子,為決躁,為蒼莨竹,為萑葦;其于馬也,為善鳴,為馵足,為(魚赤ㄔ)駒,為作足,為的顙;其於稼也,為反生,其究為,健,為番鮮。

「震」在自然界當中代表「雷」,立春之後,要靠雷聲大作(驚蟄)來震動,以喚醒土地萬物的生機,

陽氣潛藏於下威震、警戒之意。

「震卦」在天干代表甲木，在地支代表寅木，代表生機無限。

註：「八字時空洩天機-雷集」雅書堂出版，第 140 頁至 142 頁有更完整「震卦」二十八項的天、人、地、事、物之論述。

◎ 巽卦的象徵

巽卦（☴）有精微、深入、溫和、穿透的影響，在大自然的現象中象徵著風，也為傳播之氣，傳播所有種子生命到天地之間的每一個角落，稱之「齊乎巽」；在卦序排例是 011「第五卦」，稱「巽下斷」。

◎巽卦基本卦德：入

「入」陰爻在下為空，空著空氣流動，因為「風」就是空氣的傳播流動，而空氣是無所不「入」，有滲入、謙遜、柔軟之意。

「巽卦」一陰二陽，陰爻在最下，在整個家庭成員當中指「長女」。有近官利貴的現象。

「巽卦」在天干為乙，在地支代表卯木。春天傳播之氣。

◎巽卦類化取象：

巽為木，為風，為長女，為繩直，為工，為白，為長，為高，為進退，為不果，為臭；其於人也，為

寡髮，為廣顙，為多白眼，為近利市三倍；其為物也，長頸而善鳴，黑赤目，其究為躁卦。

　　巽卦也代表木，是由震木甲的樹幹長成而來的茂盛枝葉，有修護甲木及寅木的功能，能近官、利貴、能快速近利市三倍，也為春天花草並茂之象。

註：「八字時空洩天機-雷集」雅書堂出版，第 143 頁至 145 頁有更完整「巽卦」二十八項的天、人、地、事、物之論述。

◎ 坎卦的象徵

　　坎卦（☵）不可預測、重重陰險、水性奔騰稱之「勞乎坎」，在大自然的現象中象徵著水，在卦序排例是 010「第六卦」，稱「坎中滿」。在大自然中：指「水」。

　　如果豎直起來（⦀），就是象形字的「水」；所以《易經》的卦象與古代文字有些關聯，有憂鬱的情緒、險難。「坎卦」由一陽二陰所組成，是陽性卦，且陽爻在由下往上的第二個位置，所以稱為「次男」。有勇氣、磨練之意。

◎坎卦基本卦德：陷

　　「陷」水深難測，低陷之處，指涉險境，有如陷阱。「坎」在天干為壬、癸水，在地支為亥、子水。

◎坎卦類化取象：

坎為水，為溝瀆，為隱伏，為矯輮，為弓輪；其於人也，為加憂，為心病，為耳痛，為血卦，為赤；其於馬也，為美脊，為亟心；其為畜也，為負塗之豕，為下首，為薄蹄，為曳；其於輿也，為多眚，為通，為月，為盜；其於木也，為堅多心。

《易經》六十四卦中，坎為險、為難、為陷，所以四大難卦；屯卦、習坎卦、蹇卦、困卦，就是包含坎卦在內，所以代表「陷」之故，危機也就是轉機，人在困境當中才會提高警覺，透過坎水的智慧，化解一切的困難。

註：「八字時空洩天機-雷集」雅書堂出版，第 145 頁至 148 頁有更完整「坎卦」二十八項的天、人、地、事、物之論述。

◎ 艮卦的象徵

艮卦（☶）保持靜止、自我更新、等待機會、開拓，稱之「成言乎艮」，在大自然的現象中象徵著山，卦序排例是 001「第七卦」，稱「艮覆碗」。卦象下虛上實，有如我們看山都是注意山的稜線或山峰的曲線。它是一陽二陰，並且陽爻在由下往上的第三位，代表「少男」。有警覺、踏實、漸進之意。

◎艮卦基本卦德：止

止，代表終始，成終成始。萬物由寅破土而出，

到丑為萬物之終，亦代表停止成長之意。

◎艮卦類化取象：

艮為山，為徑路，為小石，為門闕，為洞府，為果蓏，為閽寺，為指，為狗，為鼠，為黔喙之屬；其于木也，為堅多節。在大自然中：指「山」。

「艮」在天干為戊土，在地支為戌、丑土。

註：「八字時空洩天機-雷集」雅書堂出版，第148頁至151頁有更完整「艮卦」二十八項的天、人、地、事、物之論述。

◎ 坤卦的象徵

坤卦（☷）陰性的能量，無條件的配合、服從、包容、承載，稱之「致役乎坤」；在大自然的現象中象徵著地，在卦序的排例是000「第八卦」，與「乾卦天」稱之天地定位；它是由三個陰爻所組成。陰爻是一條橫線，中間斷裂，所以坤卦的畫法是「六斷」，背記法為「坤六斷」。陽爻主動、放射，陰爻主被動、接收。有主動也有被動，才有交媾變化的產生；有創造也有演變，那萬物當然可生生不息。坤卦☷也代表快速聚集、貯存之意。

◎坤卦基本卦德：順

「順」就是要順從天的指引，並且柔順的對待萬物，包容萬物，對一切都要逆來順受，所以為「坤」。

坤卦在家庭成員：指「母親」，是負責生育子女、養育子女。有母性、生育、耐心、接受之意。

◎坤卦類化取象：

「坤」為地，為母，為布，為釜，為吝嗇，為均，為子母牛，為牝馬，為大輿，為文，為眾，為柄；其于地也為黑，其為天也為黃，為下裳，為黃帛，為囊，為履。

「坤」在大自然界當中指「地」。乾為「天」代表所有變化的主導者；也為生命的創造力及能量；坤為「地」乾卦與坤卦之交媾產生了六子，進而生成六十二子，所以乾坤這兩者使萬物既有生存發展演變的空間，又有生命創造力的能量來源，萬物因此才能在其中永恆的發展。「坤」在天干代表己土，在地支代表辰、未土。

研究易理卦象、卦名要特別注意其八卦的基本性質，因為六十四卦是由八卦兩兩相合形成，六十甲子是由六十四卦的情性而來，代表六十四卦也是由天干、地支而來的組合，才能顯示卦爻顯與藏的性質。所以必須熟悉八卦各自的基本性質，才能掌握其六十四卦的情境。

註：「八字時空洩天機-雷集」雅書堂出版，第151頁至153頁有更完整「坤卦」二十八項的天、人、地、事、物之論述。

將難經變為易經第二講（2015/03/11）

◎由402教室談起：

　　四代表丁（天干第四位）二代表乙木（天干第二位），乙木（陰木）不喜歡丁火（陰火）而是喜丙火，丙火屬陽火，而丙火象也就是太陽，在易而言為離卦☲。《易經》離卦☲雖無陰陽，但由402號的關係而言是乙木受傷，所以取象為火風鼎，而不取風火家人；第五十卦火風鼎卦☲☴看則其卦有丁乙關係也是丁卯關係。癸長生在卯，癸滅丁，與香火傳承有關，故取為火風鼎卦☲☴。

　　如果是乙木與丙火的關係，則是風火家人，而不是火風鼎。卦的上下應用交易，在於取象，取象在於天干、地支的一種應用，對天干、地支越熟，其取象越快越準。

　　故如402教室則為火風鼎（☲☴），乙木代表在座同學，而在座同學就會產生壓力，所以成果學習結果不佳，也就是聽完沒有辦法靈活運用，而用402之1，其1代表大樹甲，此4、0、2都會來依附在1，代表老師所談每句話大家都可以吸收，所以教室取402之1意義在此。

另有火雷噬嗑卦是火則代表丙關係，何以相同離（火）確由丙丁火代表，由火風鼎看，鼎是為頂替雜卦傳稱為取新，而取新就是一種頂替，是一種香火傳承如此就代表丁會讓乙木受傷，失去功能性（地支屬性卯為乙）因此是丁卯關係，丁無法遇乙木。所以卦象用火風鼎䷱是為取新，火雷噬嗑卦䷔代表丙寅，而火雷噬嗑䷔代表寅木因太陽丙火而長枝葉，寅木樹幹被蒙蔽，而噬嗑卦中有一陽爻代表有物可食（易文則言咬斷才不會哽住），另有山雷頤卦䷚則代表無物可食，所以頤卦大象辭說要慎言語，節飲食。

所以火雷噬嗑卦是太陽讓震木茂盛，因此看不到樹幹（因此是樹葉（乙木）茂盛），而樹葉茂盛覆蓋甲木，所以火雷噬嗑卦䷔是樹葉茂盛覆蓋樹幹，但樹幹仍然存在。

一.《易經》各卦與卦德、五行、地支、天干關係：

乾卦☰：卦德為「健」，健乃剛健之意。以「天」為表徵為十天干的庚金，為十二地支的申金。

兌卦☱：卦德為「說」，說乃喜悅之意。以「澤」為表徵，為十天干的辛金，為十二地支的酉金。

離卦☲：卦德為「麗」，麗乃明麗之意。以「火」為表徵，為十天干的丙丁火，為十二地支的巳午火。

震卦☳：卦德為「動」，動乃活動之意。以「雷」為表徵，為十天干的甲木，為十二地支的寅木。

巽卦☴：卦德為「入」，入乃進入之意。以「風」為表徵，為十天干的乙木，為十二地支的卯木。

坎卦☵：卦德為「陷」，陷乃險陷之意。以「水」為表徵，為十天干的壬癸，為十二地支的亥子，此也就是我們中國人為什麼用水來表示災難的原因，也代表鬼魅之事。

艮卦☶：卦德為「止」，止乃停止之意。以「山」為表徵，為十天干的戊土，為十二地支的戌丑。

坤卦☷：卦德為「順」，順乃柔順之意。以「地」為表徵，為十天干的己土，為十二地支地支的辰未土。

二.

《易經》重點分為理、氣、象、數（術），「理」重卦、爻辭文字涵義，「氣」是溫度是為延伸，是看不到但確實存在，是一種彰顯的、確認的、知名的、

表現於外的能量，代表夏天之氣；而「象」是看得到的物件，如卦象是用陰陽之符號表現，有人象、事象、物象、地象、大自然一切種種現象，學理上由甲木成長至秋收，是看得到果實故稱之為「象」，是可看到的實質東西，代表秋天的收成支氣；而「數（術）」是用簡單的數字或技巧、方法、動作來取象突顯其神秘性與價值性，代表冬天代表隱伏，所以五術部分可以「象與數（術）」屬之。

三.

十二地支子、丑、寅、卯、辰、巳、午、未、申、酉、戌、亥。卯為東代表木，酉為秋是結成果實，由此象看是後天艮卦，戌是為先天艮卦，在學理上戌代表山，本氣代表戊土，所以在此為戌乾亥，丑本氣是為己土，而此己土是為後天的艮卦為山，因丑是為寒冬是結成冰土，是農曆十二月，實際上也是一座高山，因此在卦象為丑艮寅，因此右戌為高山，左丑也是高山，二者中為亥、壬、子、癸，也就是此二座高山將這些水加以收藏，然後透過太陽照射，輕者上升重者下降，故戌丑是先後天艮卦，如此也可看說其所關的（亥、壬、子、癸）是一種鬼魂（因水也代表隱伏，為坎為鬼魅）。

　　因此由東屬木屬仁慢慢成長學習，（五行中木火土金水只有木有生命）代表木吸收水，故人有前世記憶是來自這些水，然後慢慢成長經過了火（代表苦），最後到酉時看到成果（佛教言西方世界），到此是一個循環，而水下降又進入另一個循環，而有修行輕者留於此西方永享其成果，所以此二座高山又可稱為鐵圍山。

四.

　　八卦的形成由太極分陰陽而後二儀、四象、再而成之，四象代表四季春夏秋冬，而八卦可代表八個方位。在《易經》陽爻為動、明、亮、白天，陰爻為靜、暗、晦、晚上。乾為三陽爻行於天，動以明，故坤氣降於地，靜之以暗，有聚眾之功，以國字田代表，乾含有甲、乙木，在天干地支用之庚金或申金代表，庚為風天干排序第七，因此七含有肅殺之氣，而其會破壞樹木，（因此在車牌或門牌號碼同時有二個七，如此會造成木的損傷，尤其在前有二個7而尾數為1（代表）更會造成損傷，造成意外之災或損財，如易卦雷天大壯卦 ䷡，就是庚金劈甲木的象。

十二宮代表及其所屬

方位：東南南 屬性：暖火 月分：四月 生肖：蛇 地支：巳 時辰：早上9 至11時 **巳藏丙庚戊**	方位：正南 屬性：烈火 月分：五月 生肖：馬 地支：午 時辰：中午11 至13時 **午藏丁己**	方位：西南南 屬性：燥土 月分：六月 生肖：羊 地支：未 時辰：下午13 至15時 **未藏己丁乙**	方位：西南西 屬性：雜金 月分：七月 生肖：猴 地支：申 時辰：下午15 至17時 **申藏庚壬戊**
方位：東南東 屬性：溼土、 水庫 月分：三月 生肖：龍 地支：辰 時辰：早上7 至9時 **辰藏戊乙癸**	乾：庚、申。 兌：辛、酉。 離：丙、丁、巳、午。 震：甲、寅。 巽：乙、卯。 坎：壬、癸、亥、子。 艮：戊、丑、戌。 坤：己、辰、未。		方位：正西 屬性：純金 月分：八月 生肖：雞 地支：酉 時辰：黃昏17 至19時 **酉藏辛**
方位：正東 屬性：純木 月分：二月 生肖：兔 地支：卯 時辰：早上5 至7時 **卯藏乙**			方位：西北西 屬性：乾土 月分：九月 生肖：狗 地支：戌 時辰：晚上19 至21時 **戌藏戊辛丁**
方位：東北東 屬性：陽木 月分：一月 生肖：虎 地支：寅 時辰：早晨3 至5時 **寅藏甲丙戊**	方位：東北北 屬性：冰土 月分：十二月 生肖：牛 地支：丑 時辰：凌晨1 至3時 **丑藏己癸辛**	方位：正北 屬性：寒水 月分：十一月 生肖：鼠 地支：子 時辰：晚上11 至01時 **子藏癸**	方位：西北北 屬性：流水 月分：十月 生肖：豬 地支：亥 時辰：晚上21 至23 **亥藏壬甲**

雷天大壯卦䷡卦序第34卦

大壯卦卦辭：利貞。

彖傳：大壯，大者壯也，剛以動，故壯。大壯利貞，
　　　　大者正也。正大而天地之情可見矣！

象傳：雷在天上，大壯；君子以非禮弗履。

　　何以謂大壯，一般易是以「字」解卦故是重理，乃注重卦、爻辭之文字意涵作解釋，此法會於「宇宙間的符號，將難經變為易經(三)」之中做有系統理、氣、象、數的詮釋；而現說的是以象解卦，象即是陰陽之卦象符號，雷在天干屬性為甲在地支為寅，雷代表木（震木），後天八卦位在東方，先天卦則在東北東、寅之位，是木剛要成長，如此就有甲申之象（乾代表庚或申，震代表甲、寅），因此雷天大壯䷡含有甲申或甲對庚，由此雷天大壯卦䷡上下卦看是木長到了極點，因樹由春天長到秋天是最大之時（申也代表秋天），故稱之為大壯，但樹大招風。

　　因此甲申日（雷天大壯卦䷡）之人如身長高（比喻高調）就容易受傷其理也在此；如相反將乾、震互換，如此就成天雷无妄卦䷘，而无妄卦是我讓對方遭受无妄之災，因乾代表庚或申，而震代表甲、寅，因此天雷无妄卦含有庚、寅，而取象上卦為主體，下

卦為客體是一種對應，因此是庚金讓寅木受傷（五行
為金剋木），因此說遭受无妄之災，表示我讓對方无
妄之災。寅在時序寒春，寒春之氣火剛長生，火之氣
不強，故稱无妄。

　　甲申是雷天大壯如強出頭就容易受傷，在地支隱
藏申，而申會剋木（申含有季節性），乾於字內含有
甲乙木，而要結成果實必須透過風的傳播，庚金在天
干代表風（與巽為風的風屬性不同），兌卦含有天干的
辛（於先天卦為東南方，後天卦為西方）地支的酉（西
方），因此兌卦稱為果實，所以是豐收喜悅之象，但
若未加以收成，最後就會腐爛，就是形成毀折，所以
兌卦為喜悅及毀折，如此兌卦（辛、酉）遇到高溫（午、
丁代表火），如此就容易破壞果實，所以八字酉在地
支，而旁有午火，會成破壞酉如此就成毀折，而果實
（兌）是顆粒可代表腫瘤，而遇午代表腫瘤腐爛變成
惡性，因此說可以透過這些天干、地支連結八卦的形
象來解讀。

　　如此假設屋前栽有果樹，時間到果樹可以長果子
如此表示多出來的，代表住家之人身體也會長出多餘
東，所以生有二種意涵，生子（喜悅）或生出腫瘤（毀
折），因此住宅周遭不要栽植會生長果實樹種（如可

即時摘用即喜悅如不採取掉落腐爛則是毀折），如燕子來住屋築巢可斷住家之人有腫瘤成形，另如有變電箱代表午火，會干擾辛酉，如此就容易產生病變，另如做生意則會用甲木來取象，而住家是乙木（住家是隱伏）取象，所以做生意丁可讓甲木生長，如此做生意旁有變電箱生意是旺的，反之就會造成乙木損傷，變成火風鼎卦之象。

前所言火風鼎卦☲☴為取新，是為頂替如此傳承就會有問題，男不婚女不嫁，鼎卦就有此象，因此變電箱對甲木有助力，對住家乙木則是傷害。所以房屋旁可栽樹木盆栽代表替身，何以言之因庚金（乾卦）或申金會來劈甲木，如有栽樹木盆栽即可當替身。所以說住家有路衝、巷衝、壁刀，可用樹木盆栽抵擋，就如在家吹電扇氣流迴旋折射此為衝的道理，在陽宅上如路大於屋寬則不算衝，但路越小，沖之力道就越強。

先天卦象代表原來地形地貌稱之為體，後天卦象是代表透過人為因素而產生的現象，代表用，因此常說先天為體後天為用，如本教室是為體而來上課的人是為用，當下課後同學回家，就只剩下教室的原本面貌。

48

八卦代表的天干、地支:乾☰可以為庚、申;震☳可為甲、寅;坎☵屬水代表壬、癸、亥、子;巽☴代表乙、卯;離☲代表丙、丁、巳、午;兌☱代表辛、酉;艮☶代表戊、丑、戌;坤☷代表己、辰、未(東方甲乙木,南方丙丁火,戊己在中宮沒有方位屬土,西方庚辛金,北方壬癸水),地支子午卯酉是為十字線上是為四正位(四正為罡代表日月、四時),甲代表震卦要破土而出,如此畫成圓圖就成廿四山:壬子癸、丑艮寅、甲卯乙、辰巽巳、丙午丁、未坤申、庚酉辛、戌乾亥。

在羅盤上所代表的方位,並無吉凶,是用十二支套入八干(中宮為戊己沒有方位),與乾、艮、巽、坤四卦而成,因此在擇日學上坤砌一半(坤兼申),至乾砌一半(乾兼戌)為西方,乾砌一半(乾兼亥)至艮砌一半(艮兼丑)為北方,巽砌一半(巽兼辰)至艮砌一半(艮兼寅)為東方,巽砌一半(巽兼巳)至坤砌一半(坤兼未)為南方,所以擇日學只有四個方位,如本年為為乙未年,農民曆或通書會寫亥卯未煞西,故大利方位為南北子午線,而向煞為東方,所以說只有四個方位。然而一般而言房屋座向有煞,可以不用管他(不要修造即可),因每時每日每月都在方位、時空、煞方都在行走,只要不整修或變動就沒有煞,所以房子

剛起造完成雖然正好為煞位，一樣可進駐，唯一就是不要辦理進駐儀式。

　　拜拜用四菓，是指用四季水菓祭拜鬼神，而非素菓之意，且用竹編簍子最好，因竹子生長是有直通天地之意，因此可通天意，燒香之香其心用竹子，又如招魂幡亦用竹桿其意也在此，一般臥香無竹心是無根民族在用，故盡量不用，另外人在世所做的一切事物、善惡是儲存於本身水分之內，此水記載一切功過，讓您逃也逃不掉。

將難經變為易經第三講 （2015/03/18）

一、問題：

在尋找物品時卜卦，在設卦時第一卦為上卦，第二卦為下卦，結果卜到風澤中孚卦▆▆如此是何意？

答：

（一）卜卦時可將第一次設為主體，第二次則為客體，也就是對應關係，一般而言看卦如看上下，比較看不出其何為？但如拉平而看，就容易，以八字為例為年、月、日、時，因此會認為由年至時，距離看起來很遠，因此學理上很多的人就會把他定義為遙（遠），然風澤中孚卦▆▆這是上下的排列關係，若組合且以平面的理氣象數排列，依序為東年（理）、南月（氣）、西日（象）、北時（數），即以東西南北，四正平面方式排列，則其距離是相當的近，反而年與月、年與時只是上下左右，年日也僅在對面而已，由此看由頭到腳並不很遠，因此在易經卦取象時可以上下組合，也可拉成平面而看。

（二）問物品放於何處或是已遺失，而卜到風澤中孚卦，風澤中孚卦▆▆上卦為巽卦▆巽為木，下卦為兌卦▆兌屬辛，如問遺失？則確定已遺失，因是辛金（兌卦）剋乙木（巽卦），表示已變形或異位已經找不到。

　　如問放於何處？表示被壓於鐵器之下或是其旁，（按巽為乙木故是為文件）這就是主客體之解法，也就是將文件收在鐵櫃內，或是文件上有鐵製白色物品，一般以象取卦就會找不出答案，若放平論斷就有開始與結果論（遺失或放於何處），如此即可取象。

　　如問病則是尚未找到對症之藥，因是辛金剋乙木。因如答無可救藥就會衝擊病患，導致放棄求生意志，然應如何做？因是辛金剋乙木，導致乙木生機受限，所以乙木應往丙、巳方位，因太陽光（丙、巳）可讓辛金（雲霧）化為水，而讓乙木修護得到成長，如往丁、午又不同，丁、午是一種溫度反而壓抑辛金，此象如同化療而讓乙木無法生長，所以說往丙、巳方向尋找醫治醫生或醫藥。要記得大自然原理是以多的為體，較少的為用。

二、

　　十二地支中亥屬壬水，甲木長生（是開始之意，如附表一的十二長生表）在亥，所以亥中的甲木屬萌芽胚胎，也是死柴枝，因種子尚在水裏（如豆類成長過程）可以很快萌芽，故亥中的甲木屬萌芽胚胎，也只有此時種子在水裏才不致於腐爛，所以是水雷屯卦☵☳，而又說死柴枝是因亥之來源，是由戌而來，他

位西北是高山，戌乾亥是先天艮卦☶，戌在十二生肖為狗，當太陽運行至西方日落時，就僅剩上面有陽光，故其取象就剩上面一陽因此就如艮象，☶故稱艮為山，所以當日落後就如太陽被狗所食，因此就有俗稱天狗食日。

因有俗稱天狗食日，所以在傳統姓名學上就有生肖屬狗之人，其字根不宜有日字根情形，然而須注意主客體之意，因狗能食日表示能力強，所以戌時生之人（在年月日時，時柱代表子女），代表子女能把太陽拿下，這也表示其能力大於父母，因此戌時生之兒女會讓父母特別擔心，也代表父母會用較多的時間陪伴他成長，在學理上出生日是戌，代表自己是很有能力與實力之人，因可以拿下太陽代表有能力。故反之如丙年生之人，其名有戌字根反而是被這個宮位人事地物所收藏、掌控。

而一般人喜歡三合（地支三合為申子辰合成水局、亥卯未合成木局、寅午戌合成火局、巳酉丑合成金局），假設丙午年所生之人如用三合，因此取了名含有戌字根（如成、茂、盛等等），如在第二個字，就有被此宮位人事地物所掌控，為了兄弟、姊妹、配偶而勞碌奔波。所以是丙年出生的人或丙日出生的人不可取有

戌字根，而非是屬狗的人不可取有戌字根。所以說傳統生肖姓名學邏輯是有誤。八字宮位表如附表三。

　　由上而言戌可收伏太陽，表示戌時太陽已落下，而戌他是由酉而來，而酉是秋收，故酉（金）可代表果實，果實如未加以收成，則果熟落地而成種子，高山可以聚集雲霧而產生水，而山也代表戊土，所以戊土會生水是土生水（然一般五行生剋是土剋水），土生水之理論在易經64卦學理可以印證看出，取象工具不同其代表高山符號就不同，在易象高山為艮☶，天干為戊，地支為戌，高山可偶而聚集雲霧（辛金），而雲霧就可化為水而往低處流，連帶流下枯萎花樹因此就會有甲，所以甲也可稱之為死柴枝；因此亥中之甲可代表種子剛萌芽或死柴枝，不可代表大樹，故亥中之甲不是大樹，此甲是由酉、辛而來故此甲是隱藏於水中種子，如上述由酉落下到了山上，再經山上由霧氣所成水流下萌芽，因此在《易經》取象就有山澤損卦☶☱。

◎然何以為山澤損卦☶☱？
損大象傳：山下有澤，損；君子以懲忿窒欲。
　　是因為高山聚集辛金（雲霧）而成水往下流，高山本身沒有辦法掌控及存留這些水，故才稱之為損，

反之如辛金代表我，而高山聚集辛金（雲霧），如此就成澤山咸卦▦▦。

咸大象傳：山上有澤，咸；君子以戌受人。

咸為感應是戀愛卦，可為男女朋友，所以辛金（雲霧、兌卦）棲息戊土（艮卦）就成戀愛感覺，是無心之感稱之為咸，因此辛金棲息戊土、戊土就可產生來源、生機，兩者相互感應，由辛金角度看艮（戊）都是代表土是他的印星，因此才稱為澤山咸卦▦▦，可由咸卦各爻爻辭體會（易是以象解卦，非以卦爻辭解卦，六個爻的爻辭是代表此卦象的六種過程現象），所以戊土是生水而不是剋水，有此卦象證明。

另有一卦其卦象為戊土，遇水往下流（而水是由高山聚集辛金而來）的山水蒙卦▦▦，它是代表智慧待啟蒙，代表智慧在流失（水代表智慧、財），如前所言水是人的記憶體，由此象看它何以謂之山水蒙？是因高山無法聚集掌握水，故水往下流，所以戌（山）亥（水）為蒙卦，由此看居家高而前面低（一般而言大約有五層階梯以上者），就會構成山水蒙，就有無法守財之象（水為財），且居於此處的人就一直會想往外發展，長居於此就會有憨直、易健忘的象（水無法留存），這就是《易經》取象學理方法。

三、日觀法：

年、月、日稱之三易：日曆上有西元年的太陽曆年(俗稱為國曆)、太陰曆年(俗稱農曆)、然後有節氣農曆年(俗稱24節氣)，又如日曆上的年，稱之「不易」；有月，是在明瞭簡單告知本月相關情形，稱之「簡易」；有日，每月每天撕去一頁在變化，稱之「變易」，此就是如同《易經》之三易。

離☲太陽在東方昇起，在東方是春天之氣蓬勃產生，所以木蓬勃而生，如果以地平線將地球分成一半，日正當中時(丙、午、丁、未)在地平線上為全陽，而地平線底下另一邊(壬、子、癸、丑)則為全陰，(這是透過夜觀法、日觀法或地形、地物觀法等工具來看)。

如再依地平線將上下各分為三等份，當人站在地平線上早晨時往東方天空而望，太陽剛要昇起時只有底下有陽光，而上面仍全暗(底下一份為亮，上二份為暗)故就有震象(☳)，到了日出時則底下及天空已有陽光，但中間仍有一些陰暗(底下一份為亮，中部份為暗，上部為亮)，因此就有離象(☲)，太陽稍為上升後，到了辰時則底下已全亮，但天空尚稍微陰暗(三等份中底下二份為亮，上部份為暗)因此就有兌象(☱)，到了日正當中則天空已全亮(三等份均

已全亮），因此就有乾象（☰）。太陽高掛再天空上稱之全陽。

過了日正當中太陽稍微偏西後，天空全亮但底下已稍微陰暗（三等份上面二份為亮，下部份為暗），因此就有巽象（☴），此為陽極而陰生，太陽到了正西方後（太陽出入之門），只有中間仍有一些亮外餘均已陰暗（中央部份亮外，上下部已陰暗），因此就有坎（☵）。此坎（☵）也是月象，太陽離（☲）在此西下，月亮在此位形成，即所謂丙火長生在寅、死於酉（西方），而丁火長生在酉（西方）、死於寅（東方）；然後太陽持續而下，只剩上面為亮外，其餘均已陰暗，（三等份上面一份為亮，下二部份為暗）因此就有艮象（☶山），繼下再下則是三等份全暗，因此就有坤象（☷地）。

日觀法是由寅時起觀察太陽運行在各個時辰變化；月觀法是觀察農曆初一起到二十九日至三十日，月亮在子半逆行之各個時日的月象變化，這些都是觀察使用的工具方法，來解釋這些符號，且使用起來完全沒有脫離八卦卦象這些屬性。

而這些屬性也用了一些名稱，故在太陽剛要上升時（震卦☳），也代表萬物剛剛要甦醒，就如地底下

有能能量而有震動之象，所以讓人有執行力、行動
力，因此就以甲木做代表，另在地支上為寅木同屬於
震，是春天的氣，陽動開始生萬物，在五行（木火
土金水）中只有木有生命，如以人而言就有甲配乙表
示在成長、修護（生病之恢復、復健），但如人身體
長瘤而有甲配乙情形，那就表示一直在成長，而沒有
辦法掌控，故針對所問問題屬性是很重要（如問？物
品是放於何處，與是否遺失是不同的屬性），而非單
一針對性。

四、

　　日觀法是在看太陽由東運行，因此是在說明時間
概念，（一般言先天是在說原來地形地物），而時間概
念就是自然的讓萬物蓬勃而生，而位於震位之處甲木，
正是破土而出開始要成長之始，如所謂「天開於子，
地闢於丑，人生於寅」，所以說寅木是始生，成長之
始（所以可以以寅木成長代表人之生長），寅是在農
曆立春也就是正月，故依人生於寅，因此在排八字之
時，是以立春代表一年開始（如今年乙未年而言在去
年甲午年農曆十二月十六日就已交立春，所以在本日
起就已進入新一年的節氣），如今乙未年到農曆十二
月二十六日酉時十七時四十六分就已交脫丙申年生肖
屬猴了。

　　既然人生於寅而木代表有生命，因此以震代表地底有能量在震動，代表生命的開始，因此就用寅與甲代表震卦（☳），而震就有聲音因此亦稱之震為雷，所以其取象會用有生命元素為開始，因此以天干甲、地支寅代表震，是代表十二月令開始，也是天干的開始，然後甲變成乙就成為大樹，因樹幹一出即開始長出樹葉，而樹葉是比較柔和是隨風搖曳，稱之隨風巽因此就有巽象（☴）。

　　巽代表木的生命延續，所以巽卦也會以乙與卯來代表其生命成長，乙、卯有向陽的情性，而太陽上升至此也代表越來越旺，因此也含有太陽的兩個巳共同之象（將巽字上下拆開），因此稱為巽，所以巽是因太陽來驅動，是太陽照射在甲寅木，然後樹木產生能量，所以太陽照射就含有巳（如澤火革卦是巳日乃革），所以甲變成乙是代表木在成長，而木在成長是柔軟的、是有生命的，如此震木變成乙木，即是震與巽而成，也是代表生命的延續。

雷風恆卦☳☴卦序第32卦

恆卦卦辭： 亨，无咎，利貞，利有攸往。

象傳： 恒，久也。剛上而柔下，雷風相與；巽而動，剛柔皆應，恒。恒，亨，无咎，利貞，久於其

道也。天地之道，恒久而不已也，利有攸往，終則有始也，日月得天而能久照，四時變化而能久成，聖人久於其道，而天下化成，觀其所恒，而天地萬物之情可見矣。

象傳：雷風，恒；君子以立不易方。

太陽一出木就可蓬勃而生，此象就是火來生木，而非木生火，木生火是兩者皆滅，木燒完了，火也滅了，這是自古不變的道理是永恆道理，所以這就是所謂的雷風恆卦☳☴，他是代表木一直在延續，因此可以看出一顆大樹是為震木☳，而其枝葉是為乙木為巽☴（也可代表小花草、藤蔓），故以乙木角度他是依附在甲木上，因此說乙木遇上甲木就可得到養分，也代表得到貴人，所以主體為乙木時他遇上甲木，即代表遇到貴人而可讓其扶搖直上，而貴人可為自己帶來益處，因此稱之為風雷益卦，故《易》卦是以象來解說，非卦爻辭所言（如卜卦卜到益卦，可先不用看卦爻辭而直接以象看，就可很清楚表示可得到貴人，卦爻辭是後人添加上去，並非就是一定要用到它的解釋才正確，於第三輯會有系統註解）。

五、

周易下經第一卦為澤山咸卦☱☶，其象是為高山有雲霧聚集，表示感應、感通，它表示為戀愛卦、新

婚之卦，然而在新婚之後須有永恆之道，能相輔相成
互相依賴，所以第二卦是以恆卦為繼，所以甲木與乙
木是結合在一起，乙木是依附在甲木之上，因此將甲
木取象為男孩子（男主人），就可將乙木取象為女孩
子（女主人），如從外觀來看樹木，所看到的是樹葉
非樹幹，如此就有女主人突顯男主人的魅力、實力情
形，所以說外觀來看樹木是看到乙木（巽卦☴），然
乙木巽☴是附於甲木（震卦☳），是吸收甲木之養份，
因此才有風雷益卦☴☳得到的好處情形。

雷雷益卦☴☳ 卦序第42卦

益卦卦辭：利有攸往，利涉大川。

象傳：益，損上益下，民說无疆；自上下下，其道大
　　　　光。利有攸往，中正有慶；利涉大川，木道乃
　　　　行。益動而巽，日進无疆；天施地生，其益无
　　　　方；凡益之道，與時偕行。

象傳：風雷，益；君子以見善則遷，有過則改。

　　所以本身為甲木☳而遇到乙木☴，代表有生命在
延續在成長，所以男女一定要結婚，如男女不結婚代
表震卦☳為孤陽，而結婚則代表木在成長，因樹幹沒
有樹葉突顯就成枯樹，所以就是甲乙木是震與巽，因
此震與巽在天干上之取象為甲、乙，然而在地支屬性
則是寅、卯。

甲、乙木由氣看是往上升發，如上所述人生於寅，因此地支藉由天干甲來突顯寅，所以甲木是來突顯寅，在天干甲與地支排列，地支是長在地底下，也是一種扎根、穩定的象，我們稱之為通根，地支有天干也有稱透干，因此通根或透干是站在不同的角度來詮釋而已，就如同易卦的「綜卦」。所以當甲寅組合在一起之後，就成了重六爻卦的震卦☳☳，常言道木要有水生，平常只聞有澆花草（乙木）、未聞有澆樹，因乙木無法深入地層吸取水分，所以巽卦☴之人（乙木）如沒有時常求新求變，學習新知很快就會被淘汰。震為雷、為甲木扎根往下有水，而乙木巽為風只有在土的表層，無法扎根往下，只見太陽普照，而水必須每天澆。

震為雷卦☳☳卦序第51卦

大象傳：洊雷，震；君子以恐懼脩省。

從木的角度看水代表養分、代表印星（木的印星為水，因而印星就代表求新求變，學習新知），因此在八字取象如果是乙木或是卯木之人，如名字字根有草字頭，如沒有時常學習新知則很快就會被淘汰，如為甲木之人那就不用澆水，因為甲木懂得抓住機會，因其成長之後就一直往下紮根，因此可以吸取地底中的水分，所以震為雷☳☳這重卦組合在一起就會產生

水的情性,這也表示甲木之人會主動學習求知,而乙木 ☷ 之人就須每日督促(每天澆水才願意學習新知),表示乙木有依賴性,必須依附於甲木,因此才稱之風雷益卦 ☳☴ 。

巽為風卦 ☴☴ 卦序第57卦
大象傳:隨風巽;君子以申命行事。

由此看震卦本身就有陽氣,可以主動吸取水分、養分,然後將水分、養分提供給乙木(巽),巽 ☴ 除了水之外也喜歡巳太陽之能量,所以巽是在吸收太陽能量,地支巳就代表天干的丙(太陽);將巽字上下拆開上有二個巳字,代表有二個太陽(巳就代表天干的丙,而丙為太陽),然而巽代表樹葉,表示可以從不同角度吸取陽光,也代表有向陽之情形,所以說並非代表有二個太陽,而是共用這一個太陽(巽上下拆開下有共字)。

在甲木就沒有辦法隨陽光而轉,所以表示巽卦(乙木或卯木)之人,其變通、適應能力很強,他可以隨著外面的環境而改變,而甲木之人知道主動學習求知,但其變通性很差,因此可能遭乙木予以出賣。因此震巽取象在天干為甲、乙,地支為寅、卯,震木因為有巽的出現,而得到永恆的成長,稱之雷風恆卦 ☳☴ 。

雷風恆卦☳☴卦序第32卦

大象傳：雷風恆：君子以立不易方。

六、

　　到了正上方為丙、丁，丙丁代表火、代表離卦☲，為太陽之能量，在取象上丙代表太陽能量，而丁代表太陽留下的溫度，丙與丁就如同人之眉毛（出生即有）、與鬍鬚（成長以後才生），由上之取象可知太陽剛出來並不代表溫度高，就如十二辟卦（附表四）是消長是代表太陽能量，所以太陽能量並不代太陽溫度高，由此可看出丁的溫度高於丙，就以我們在屋內所感受的是丁的溫度，而屋外感受的是丙的亮光，這就是丙丁之差距。

　　在八卦之中有八個符號，而在木、火、土、金、水五行之中有五個，用此五行八卦加以區分陰陽則有十個取象，而八卦只有八個，因此在陰陽取象之中就只有水火不分陰陽（但實際水火亦有陰陽），水火何以不分陰陽，因他代表天地（實際天地亦有陰陽），因此丙丁取向為火的能量是為離卦，何以為離卦？因太陽離我們很遠，太陽能量是離開我們，在遠處普照大地，我們也無法接近太陽，因此以離為取象，其實太陽由東方出西方下，此二點即代表離卦☲之意，所以說離中虛☲。

丙丁屬火代為離卦☲，代表火是不能近距離接近我們，是離開我們，因此在八字之中，火的情性較博愛，過多感情反而不容易聚集，比較容易孤獨，因火是主動發光，是脫離族群是普照大地關愛大家，所以火太旺雖然付出多，然實質上凝聚力並非是很好，夫妻緣份會比較薄，可能二地而居各忙各的。

附表一：十二長生表（亦為十二循環）

（此表是一般文王卦在應用氣的旺衰，只做參考，我們使用火、土共長生）

五行	長生	沐浴	冠帶	臨官	帝旺	衰	病	死	墓	絕	胎	養
金	巳	午	未	申	酉	戌	亥	子	丑	寅	卯	辰
木	亥	子	丑	寅	卯	辰	巳	午	未	申	酉	戌
火	寅	卯	辰	巳	午	未	申	酉	戌	亥	子	丑
水土	申	酉	戌	亥	子	丑	寅	卯	辰	巳	午	未

附註：一般而言僅用長生、帝旺、墓、絕。
此表是分五行不分陰陽，但以我們的學理是分陽順陰逆。
目前我們使用火、土共長生。

附表二：地支藏天干表

十二地支所暗藏天干一覽表											
地支	子	丑	寅	卯	辰	巳	午	未	申	酉	戌	亥
暗藏天干	癸辛	己癸辛	甲丙戊	乙癸	戊乙癸	丙戊庚	丁己乙	己乙丁	庚壬戊	辛己丁	戊辛丁	壬甲

附表三：八字宮位表

年天干	代表祖父或祖德遺蔭。	福德宮
年地支	代表祖母或祖先。	福德宮
月天干	代表父親與自己關係。	父母宮
月地支	代表母親與自己關係。	父母宮
日天干	代表形於外的行為表現。	夫妻宮
日地支	代表配偶或隱藏內在的思維。	夫妻宮
時天干 時地支	不分干支代表主人子女緣（依父母屬性而分子或女）。	子女宮

附表四：十二辟卦

十二辟卦卦名	地支	月份（太陰曆）	含蓋節氣（廿四節氣）
䷗地雷復卦	子	十一月	大雪、冬至止於小寒
䷒地澤臨卦	丑	十二月	小寒、大寒止於立春
䷊地天泰卦	寅	一月	立春、雨水止於驚蟄
䷡雷天大壯	卯	二月	驚蟄、春分止於清明
䷪澤天夬壯	辰	三月	清明、穀雨止於立夏
䷀乾為天卦	巳	四月	立夏、小滿止於芒種
䷫天風姤卦	午	五月	芒種、夏至止於小暑
䷠天山遯卦	未	六月	小暑、大暑止於立秋
䷋天地否卦	申	七月	立秋、處暑止於白露
䷓風地觀卦	酉	八月	白露、秋分止於寒露
䷖山地剝卦	戌	九月	寒露、霜降止於立冬
䷁坤為地卦	亥	十月	立冬、小雪止於大雪
主宰太陽的能量，而不代表溫度。			

將難經變爲易經第四講（2015/03/25）

離爲火卦☲☲卦序第30卦

離卦卦辭：利貞，亨，畜牝牛，吉。

彖傳：離，麗也。日月麗乎天，百穀草木麗乎土，重
明以麗乎正，乃化成天下。柔麗乎中正，故亨，
是以畜牝牛吉也。

象傳：明兩作，離；大人以繼明照于四方。

一、離卦☲的情性與相對應關係：

火是往上延燒本身具有高度能量，人是無法接近
他，因此以離☲為代表，火我們需要它，但又必須遠
離他，因此就有分離意思，所以說八字之中火過多或
火太旺，或所居住的屋內溫度太高就含有離☲象，如
有此情形，就會有感情不容易聚集的現象，比較容易
有孤獨、單身的情形，夫妻緣份會比較薄，常因工作
二地而居。

◎然而何謂火旺？

以天干而言為丙、丁火，地支則為巳、午火，如
房子西照溫度就高因此必須降溫，如不降溫居於屋中
之人脾氣就不好，會發生口角與爭執，就些都是離卦
☲☲的情性，天干丙、丁火以丙取象為太陽，丁為太
陽留下的溫度，因此丙丁就以☲代表（方位在南方），

以日觀法而言這個位置是三陽爻☰，代表有很強行動力與執行力，稱之天行健，君子以自彊不息。乾卦之九三爻：君子終日乾乾，夕惕若，屬无咎。就可知此宮位之情性了，所以在五行生剋是火來驅動金而不論為火剋金。

天火同人卦☰☲卦序第13卦

同人卦卦辭：于野，亨。利涉大川，利君子貞。

彖傳：同人，柔得位得中而應乎乾，曰同人。同人曰：
「同人于野，亨，利涉大川，乾行也。文明以健，中正而應，君子正也；唯君子為能通天下之志。」

象傳：天與火，同人。君子以類族辨物。

以天火同人卦☰☲為例是代表金火屬性，而不言火剋金，卻言同人兩個字，依先後天卦卦位兩者都同在一個宮位（南方），反之其綜卦（也是上下交易）兩者也同在一個宮位，而綜卦何以不同稱為天火同人卦，而稱之為火天大有卦☲☰，因為從火角度遇到屬金的特性，稱之為財（我剋為財），當主體為火時如遇到金，表示金是可以掌控、擁有的，而其如何擁有？他是透過勞動付出努力而獲得知名度，因此稱之火天大有☲☰。

◎然而何以天（乾卦）在上稱為天火同人卦☰☲，而

火在上，天在下稱之大有？

由象看是因天為大，然而天(乾☰)願意與火(離☲)平起平坐、同為一氣，所以稱之為天火同人☰☲，其主體是在金與火想融合成一體（打成一片）。天為乾☰，天願意幫助火☲離，給離火☲機會，火就可得到天給予的財，稱之火天大有☲☰。

離卦方位在南方，時空上是為天，而對面是北方先天坤卦，在時空是為地，以日觀法看是為坤卦☷（地平面上空為全陽，地平面下即為全陰之故），但宮位在後天時屬坎卦屬水性質，其何以如此？由方位看是因為其右則（西北）宮位是先天的艮卦（山），高山遇雨時則水從兩邊分流，一往西方坎位、一往北方坤位，因此先天坤（地）卦的屬性就變成了後天坎（水）的屬性。

坎為水卦☵☵卦序第29卦

大象傳：水洊至，習坎；君子以常德行，習教事。

坎字分開是為欠土，如果欠土時而水又多當然就成水患，因此須透過後天人為因素，將其挖掘一個沼澤來蓄水，且用疏浚方法來加以疏通，因有了水也必須有土地人才能生存，這是此一宮位也為先天坤卦原因，所以也說上為天（☰）下為地（☷）；再以象觀之在西方水一多，疏通不及就成為沼澤（坎卦☵），

而北方如水過多疏通不及也會成為沼澤，在東北方為後天艮卦☶（高山），此一方位也介於先天艮卦（山）與後天艮卦（山）之間，也象是一個沼澤、湖泊或海洋（坎卦），因此也就成為後天坎卦☵。

地水師卦䷆卦序第7卦

師卦卦辭：貞，丈人吉，无咎。

象傳：師，眾也，貞，正也；能以眾正，可以王矣。

剛中而應，行險而順，以此毒天下，而民從之，吉又何咎矣！

象傳：地中有水，師，君子以容民畜眾。

　　若主體屬為水☵而遇上了地☷，所組成之卦稱之為水地比卦䷇，比卦是比合是代表朋友，如以八字六神稱之為比肩、劫財，是代表客戶、兄弟，也為平起平坐者，故當主體屬水之時，是土不動而水自動而來，如此是水主動親近土，所以就有水主動想與土為友，因此就有比合親比之象，然而這只是水個人想法，反之以土角度如其不知、不願，如此就有被水侵犯感覺，因此綜卦就成為地水師卦䷆，而師卦之象是有被侵犯情形，因土不動，是水主動而來，在土的感受上就有被侵犯感覺。

　　故由此二卦對應看土是不會剋水，傳統學術以土剋水，這只事後天人為因素，大自然的法象裏是水主

動來與土比合、水來侵伐土，而且從高山☶土的角度，卻是土來生水，《易經》卦名也清清楚楚告知此情性，何再來盲目論之。因此從不同角度或主體看事情就有不同意義，所以當八字或出生日為己土之時，若旁邊有壬水、癸水，代表水主動而來，也就是說機會或錢財會自動而來（水為財），這就是地水師卦☷☵。所以說《易經》是最為源頭的大自然法則，它可以串連八字、各個學派的五術。

二、從先有雞或先有蛋說坎、兌同宮：

是先有雞或先有蛋自古爭論不休，我們可以從學理上來看，在陰陽屬性而言在西方宮位（以方位論時）為坎、兌同宮，事實上坎兌同宮是代表混沌、細菌；而蛋產生是透過細胞分裂、組合而形成陰陽，所以先後天卦是透過看得到的有形物質來解釋，反之如果透過無形能量，（坎、兌分別是水、雲霧與辛金關係）則是我們所看不到的東西，但他們是慢慢的聚集分裂形成，所以蛋是透過細胞分裂、組合聚集而產生陰陽情性；因此是先有蛋再有雞，蛋與雞同屬在西方的坎兌同宮之氣，蛋就只澤水困卦之象。

澤水困卦☱☵卦序第47卦

大象傳：澤无水，困：君子以致命遂志。

由坎（☵）、兌（☱）二者所組成之卦，分別為

水澤節卦䷻及其澤水困卦䷜,在一般人而言遇到澤水困卦䷜,就認為有困難,是樹木遭周圍大圍牆所束縛,然而若從另一角度看,是有錢大富之家在圍籬內栽種樹木(因木亦可代表生活起居),可清靜生活且不會遭受他人打擾,因此困是為大富人家,再由象看是水入澤,是指豐收的果實(坎宮在時序上為秋,而秋是兌卦為秋收之時),是果實(兌☱)收藏水份(坎☵),所以是豐收之卦;故卦勿以字而聯想,而是須以象而看。

◎兌在說卦傳上為喜悅為毀折,然何者是喜悅?何者是毀折?

在果實豐收時當然為喜悅,但當果實遭受損毀之時就為毀折,所以困字內之木是為種子之意,是生命的一種延續(五行之中只有木具有生命之象)。由此可延伸居家周圍,若有果實成熟未加採收任其掉落腐爛,久而久之此家之人身體也會有腐爛情形;而豐收是一種結晶體,也是努力的成果,而放縱其腐爛,也代表金錢在流失,體內在腐敗、家運在衰退,所以居家周圍如種植果樹,果實成熟就必須採收,不可放縱其腐爛,不然居家周圍就只栽種不長果實的觀賞樹木就好。

三、由坎而艮而坤因果關係：

水雷屯卦☵☳卦序第3卦

屯卦卦辭：元亨，利貞。勿用有攸往，利建侯。

彖傳：屯，剛柔始交而難生，動乎險中，大亨貞。雷
雨之動滿盈。天造草昧，宜建侯而不寧。

象傳：雲雷，屯；君子以經綸。

　　果實掉落經果肉腐爛後所留下的種子，讓樹木得
以延續，重新發育成長，而也表示由酉（由酉位落下）
宮位落到了戌土宮位（高山），這也代表果實腐爛後
留下種子於此；因高山（戌土）可聚集雲霧而產生水，
所產生水即往下流稱之為亥，所以亥是代表流動之
水，而子是代表靜態之水，因亥是近戌之旁，因此才
會產生動態之水；在天干、地支、五行、八字上亥本
身屬水，而亥則還藏有壬甲，每個地支有暗藏的天干
屬性，此就是每一地支所連結其它23個方位的因果
關係，在生剋屬性甲木長生在亥，其來源表示是果實
腐爛留下種子，當種子遇到水份而萌芽成長，而在萌
芽成長階段時，稱之為水雷屯卦☵☳；所以象傳曰：
屯，剛柔始交而難生，動乎險中。

　　所以卦是如此慢慢的在形成，從混沌（陰陽、坎
兌）然後為乾、為坤（乾在後天卦西北方，其方位為
戌、乾、亥），八卦第一卦為乾，第八卦為坤卦，因

此說是天地定位，而此處坤地之由來，是因亥在十二辟卦中為六陰之地，而此一宮位也為戌乾亥，能由無到有是透過細菌組合、細胞分裂聚集而產生天地，在產生天地後，此宮位在後天就為乾、亥，因此亥為坤，就有了天地定位之義，按天開於子（此地為辛金之長生，此又是一個坎兌同宮的混沌之象），地闢於丑，人生於寅，而亥本身屬水可和種子結合萌芽成長，因此亥就有壬、甲之藏干，而人生於寅，所以亥、寅結合成而形成水雷屯卦䷂。

五行中只有木只有生命代表開創（震☳、巽☴之氣），能無中生有像魔術師，因為木（甲、乙、寅、卯、辰）為春天之氣， 木氣旺者都喜開創事業；八字火旺的人較忙祿，尤其巳午未之月、時生之人，體力之付出（離火☲之氣），在強調動能的能量，因火（丙、丁、巳、午、未）為夏天之氣，草木蓬勃而生不動不舒服，即使當老板也要事必躬親，親自視察管理，格局較低者賺勞力錢，有時常白忙一場。

金代表收成，從未成熟到成熟（乾☰、☷之氣），八字金旺（庚辛及申酉戌）做事以眼見為憑，為秋天的習性，出生之四柱中若從酉（兌卦）到戌（乾卦）是代表滿山的果實，是悅（兌為悅），若戌到酉，果實爛掉，是毀是折（兌為折）就是所謂的六害，金雞遇犬淚雙

流，酉到戌不算六害；寅申巳亥四驛馬地，為動態的星，因為四者的來源都是土，氣要轉換都要經過土，也就是說四驛馬每次要氣化要轉變前都會經過思考，思考後再動，失敗率較低。

八卦是有八個方位，而每一方位由三個字來代表，在羅盤上稱之為廿四山（方位，不管是天干、地支或羅盤都是在言地球、宇宙，所以羅盤是整個空間的濃縮。在上課所說的都是在言天地鬼神，此理是非常重要，代表生命的延續，上述水雷屯卦等各卦，如沒有透過火（太陽）是沒有辦法形成。

所謂一、六共宗水，二、七同道火，而一六是來自於五、0（土之屬性），是代表地球的原貌，而地球的原貌本來就具有山、有水，地球有 70% 的水，30% 土地，地球是宇宙是大太極，引伸到人後就是小太極，如此人身體也有 70% 的水，而地球有山川河流，就如人之血脈、血管，所以一、六屬水情性，是來自於五、0，當有水時要讓水產生生命就必須要有火（太陽），所以第二階段就為二、七同道火，而此火是讓水有能量育木產生生命，故離卦可讓水產生生命，而樹木也必須有太陽才能發育成長，所以離火可讓木有生機，因此是火可以驅動金，這也就是說在樹木成長過程當中，必須有能量與溫度（離火），才能讓樹木

結成甜美果實（兌金）。

四、水、火、土在八卦、八字相互依存關係

　　當太陽（丙、巳火）照射在海洋上就會產生水蒸氣，以宮位而言上面南方為離卦☲為火的能量，先天乾卦☰也為太陽，而相對的下面北方為後天之坎，先天為坤為地☷，而坤地宮位介於先後天艮卦之中，所以如大的湖泊海洋坎為水☵），水蒸氣隨氣流飄向並依附於高山，然後遇到溫度變化又化成水流回了海洋，所以水是一直在循環生生不息，而能此生生不息循環，完全是透過火（太陽）的能量，所以沒有火（太陽）大地就沒有生命，所以又稱之為火來生水，地表流動之髒水人都不敢食用，而經太陽蒸發再下降之水，則成乾淨可用之水，所以說是火來生水，此也稱之為水火既濟卦☲☵。

水火既濟卦☵☲卦序第63卦

既濟卦卦辭：亨小，利貞；初吉終亂。

彖傳：既濟亨，小者亨也。利貞，剛柔正而位當也；初吉，柔得中也；終止則亂，其道窮也。

象傳：水在火上，既濟；君子以思患而豫防之。

　　水氣依附於高山化成水之後，因高山沒有辦法聚集水，所以從此大自然現象證明高山之土是生水用的，而不是剋水，故水一定往外（或下）流，因此在《易

經》六十四卦中就有了山水蒙卦▦▦，所以山水蒙卦是在說明，水無法聚集於高山，由此也代表說土是無法剋水，在易理運用上「水」代表記憶、錢財、智慧，再由上述可知水若沒透過太陽照射蒸發，則無法發揮其價值性，由此角度看出生日八字屬壬水、癸水時，旁邊如果沒有丙火、丁火、巳火、午火則此水是無用的。

　　雲霧水氣依附於高山（艮▦）化成水之後，透過戊土、戊土過濾成了清涼可用，但戊土過濾水是默默的做，其成就是沒有人知道，因土過濾水後水是默默向下流動，所以代表他的成就是沒有人知道，如水經由火（太陽）照射，而水產生能量溫度，是代表成就讓大家可以瞭解知道，名氣是可以響亮的，所以說有些人能力才華很好但無人知曉，是因屬水情性且八字之中無火；由此可在延伸，八字之中有水、木之人就很會讀書，但是要有火才能成名成氣，因此能力與發揮是截然不同二件事，有才華、能力、本事是水木之因素，於易卦為水雷屯卦▦▦，但要讓人發現這些能力則必須要有火，依此說那八字無火是不是一輩子就無用？非也。因尚有流年、流月的丙火、丁火、巳火、午火可資運用。

為何水無火就無法成大器，因水可吸取火之能量，水因火而得財；八卦言天地定位，雷風相薄，山澤通氣，水火不相射，八卦相錯。即在言水火如相射，則地球又將重新開始，所以才說水火不相射，太陽由東方離位升起(☲)，由西方坎位(☵)落下是在言天道運行，太陽照射海洋是在言天道鬼神之事，所以八字中的壬、癸、亥、子，本身必須有丙、丁、巳、午，因此在生肖姓名學言，肖鼠（子）之人不能見日、見火，如有太陽字根就會見光死，其實是錯的很離譜，因其把人當成畜牲在論斷，人生於天地之中，是受日、月之引力產生吉、凶、禍福的，每個五行都必須透過火才能有所成就。

就如上述屬水情性而八字之中無火，則無法讓人發現其才華、能力而受人重視，但肖鼠（子）之人如胡作非為馬上會被人發現，是因為取了日之字根或是火的字根的關係，和生肖屬什麼沒有關係，因此肖鼠（子）之人須有日（火）之字根，如此這些水才能儲存能量溫度（冬天游泳最有感受，在未下水之時感覺很冷，但一下水後就會感覺水是溫的，尤其是地下水其溫度更高），所以水本來就可儲存能量溫度，所以水必須要有火、有日，否則是毫無作用，因此稱之為水火不相射。

　　以水火既濟卦 ䷾ 看水在上而火在下，水往下流而火往上延燒，是水火有天地交媾，因此是為既濟，由干支、五行屬性看更是非常簡單，當屬壬水之時旁邊有丙火、丁火是為水火既濟卦 ䷾，是因水受到太陽照射，水就會產生能量溫度，而非水滅火，所以由此象看是錢財會自動而來，也就是透過知名度、名聲、地位可得財祿，得到金錢物質，所以稱之為水火既濟 ䷾。

　　因此丙丁與壬關係是不會相剋，壬是代表海洋而丙丁是代表太陽能量、溫度，在天干五合即有丁、壬合（天干五合：甲己合、乙庚合、丙辛合、丁壬合、戊癸合），八字（六神）上說丙遇、壬七殺，表示「丙遇壬為七殺」，但此七殺是可以用的，因丙、壬是不會相剋是一高一低，所以說是水火不相射，就是水火既濟卦 ䷾。

　　然而當丁火遇到癸水或丙火遇到癸水的時侯就會相剋，此即所謂的火水未濟卦 ䷿，因癸是代表從天而降的水，癸水是透過太陽（丙、巳）照射海洋所蒸發水分，就如下雨之時太陽（丙、巳）會被遮住蒙蔽，所以癸水會剋丙剋丁火，因此出生日為丙火之人遇到癸水雖是為正官，而正官是代表工作、上司、女命的丈夫，表示此人為了上司老板、工作、老公而勞碌不

已，因為癸水會剋丙火。

　　然而丙火與壬水的關係就不同，因兩者是丙火照射海洋（壬水）所分別產生庚金與辛金，辛金會棲息於高山（艮☶），庚金則會產生強烈的氣流，所以海上氣流就代表庚金，此氣流形成是太陽照射海平面所產生，所以在十二長生訣就有庚金長生於巳，而巳即代表丙，但是在傳統觀念是火來剋金，為什麼反而庚金長生在巳？究其原因是因為庚金透過太陽（丙、巳火）來驅動，所以依此象所組成之卦即謂火天大有卦☲☰。

　　因此火天大有卦☲☰代表丙火之人可以透過知名度、名聲、地位的影響，使得錢財自動而來（即太陽丙火普照大地之後，溫度升高就會產生庚、辛金，表示錢財可以自然而然的來）。也就是說透過太陽能量，把暗的不好的水，重新轉換漂白為好的水，所以說透過知名度的影響，可以得到財富地位，因此才稱之為火天大有卦☲☰。所以離卦☲是代表知名度、火的能量。

　　當出生日主為壬、癸水時（日主代表本身出生日，八字之意即指出生時之年、月、日、時之天干地支組合之謂，亦稱之為四柱），要先瞭解水具有流動性、如此也就會有侵伐性，因此它可以侵伐土（代表土有

天干戊己及地支丑辰未戌），而所侵伐土為己土、未土，並非侵伐戊土，壬癸水侵伐己、未土（稱之水地比▦▦）情形可由下雨時來證明，下雨時水是由天上掉落於地表，是水淹沒了土而非土將水掩蓋，如此表示了水侵伐土，所以不稱之為土剋水而謂水剋土，在此邏輯觀念下，假設出生日為己土、未土時，因己土較低所以水會主動流來，也代表機會會主動而來，稱之地水師卦▦▦。

如此壬與癸是在地平面上，只要有火能量就會照射在水上，而水自然而然就會產生溫度能量（由方位上看離卦▦在上，他會照射下方亥、壬、子、癸水，如上述其中只有壬水不會破壞丙、丁火），但當癸水、子水之時，是代表水從天而降，故當壬時遇到丙或丁，如此壬水就會自然而然儲存溫度、能量，也就是壬能將丙、丁火吸收。

所以出生壬水之人有能力將財變大，就如太陽（丙、巳火）照射海在平面時，海上將太陽放大有如多了一個太陽相似，所以說其很會經營事業、賺錢，而所賺之錢都是一些具有知名度者之財，這就是出生日壬水之人有能力將財變大，因此不言水滅火，而是水吸收火，所以在《易經》言水火不相射。

反之若是癸水之時，因癸水是從天而降，如此癸就容易破壞丁火、丙火，從癸水角度雖然丙火、丁火都是正財、偏財，但因癸水從天而降，很容易將丁火的溫度降低，將丙火陽光蒙蔽（從火的角度有如火澤睽象），所以癸水很容易理財不當而喪失財星，由此水滅火的情性瞭解壬水、癸水不同之處，因而稱之為火水未濟☲☵，故說癸水遇到丙、丁火時為火水未濟☲☵，而在壬遇到丙丁時則為水火既濟☵☲。

五、天干、地支刑、沖、會合、害關係：

再從另一個角度來看，丁遇到癸時則是會受傷，但如遇到壬則是不會受傷，因為在強調溫度付予壬。而且這非屬天干、地支刑沖會合害關係，而是在五行能量的交媾，如丁溫度能量能儲存於海洋、湖泊之中，這是天地之間的道理。

在學理上合並非就是好的，諸如丙辛合，辛金代表雲霧是為澤☱，而丙為火☲，如此組合即為火澤睽卦☲☱，就有太陽（離卦☲）為金錢、利益、女色而蒙蔽自己眼睛的情形，所以稱之為火澤睽卦☲☱，反之辛金遇到火成為澤火革卦☱☲是為改革，是用火的能量、溫度來改變辛金情性，革言巳日乃革，表示辛金遇到火的能量、溫度而化為水，就是不會再因為金錢、感情之事困惑。

　　在天干五合中又另藏有很多秘密，所以古德所言所著，並非完全符合現代之情狀，又如甲己合化為土，是甲木根基不穩，而期待戊土出現，而非合化為土，是一種期待而非合化，再以戊癸合化為火來看，從戊土角度其印星五行為火，從癸角度看則火為癸的財，此組合卦名為山水蒙卦☶☵（戊為山癸為水），何以為蒙？是因癸水從天而降，而戊為高山所以水一降下，就馬上往外（下）流失（蒙卦卦辭言：蒙：亨。匪我求童蒙，童蒙求我。初筮告，再三瀆，瀆則不告），蒙卦是可以當老師教化學子，因其透過印星（因雲霧要有火）才能儲存癸水，因為戊土沒有火的能量、溫度，是沒有辦法吸收水分。

　　如此在戊癸稱之為合，從戊角度戊代表男孩子時，癸是為正財而此正財稱之為戊的老婆（八字中正財為老婆），戊的正財為癸水，如此夫妻吵架，則妻子即會離家出走（山水蒙卦☶☵），因此並非只要正財感情就好，所以出生日為戊土之人，如八字當中出現癸水，在傳統中認為是合是好，但實際上必須注意，如果戊土之人不知時常學習求知，是沒有辦法讓太太有信服力的。

　　所以戊土之人必須懂得學習求知，如此土才能產生溫度能量，才有魅力掌握癸水，且必須時常提供金

錢予老婆花用，因為火是他的財星，如此老婆才能住得住，因此此火就是他的印星、財星，由此卦象可在延伸，如居家戊土太高則財會往外流，居於屋內之人會留不住，小孩讀書會比較笨拙，就是因為癸水是往外流，所以稱之山水蒙䷃，戊癸非合化為火，而是期待火的出現。

　　甲己是期待戊土出現，因沒有戊土出現甲木根基不穩固，也就是說八字中有甲而在遇到己之時，表示做事根基不穩，時常猶豫不決，因其少了戊土即少了大筆資金，因戊土可代表甲木的財星，所以說須透過大筆資金，才能讓甲木穩固，也可代表八字之中有甲、己之人，如甲為男人遇到己為太太，如此甲會認為老婆給他的觀念是錯誤的，而會讓甲木本身根基不穩固，所以他會往外尋找戊土，來讓其根基穩固，所以合並非代表夫妻感情佳，而甲（為震☳）己（為坤土☷）在易卦為雷地豫卦䷏，他是猶豫不決，其原因是甲木遇到己土根基不穩所以是猶豫。

六：總說與案例：

　　在丁壬的組合上，壬是可以吸收丁火的溫度，如此也代表手機尾數為九（壬天干排數為九），如旁邊有三（丙天干排數為三）或四（丁天干排數為四）如此九的壬水就可儲存這些三或四火的能量溫度，也代

表財或機會就會來，知名人士就會來與他互動，這就是火的能量。

癸與壬是排列在下方（北方），關係是為壬、子、癸稱之坎方，一般人認為水是往下流，然而在大自然屬性，癸是代表雨水，而雨水是從天而降，所以說雨水是來自於天，在下雨時是為陰天，而陰天則代表辛金出現，辛金聚集後就會產生很厚實的雲層，然後才會降下雨水，所以當前雖是缺水，但到了農曆六月時就會淹大水，因為目前太陽（丙、巳火）一直照射，將水份蒸發至天空上，如此就會累積濃厚的雲層，最後就會降下大量的雨水，尤其越缺水地方更會降下大量的雨水，然而何以會在六月？因六月為未月溫度最高，且由現在一直在累積，此就如舉重一般在用盡全力舉起後，如欲放下時不可慢慢放下，而是須直接丟下，因慢慢放下手可能會遭舉重器具拉斷，所以累積濃厚的雲層（辛金），最後就會降下大量的雨水，造成雨水宣洩不及而成水患。

降下大量的雨水（癸水）造成水患，就如上述水來侵伐土，因此就形成地水師卦之象，在八字書籍上古德皆言，壬水與己土關係是薄土所以無法擋水，在治水上是用排洩方法而非予以阻擋，因此須用疏導方式，實際上壬水絕對不會把己土沖垮，因壬水如把

己土沖垮，此處就不稱水地比卦☵☷或地水師卦☷☵。

如壬水把己土沖跨，則人類也就不存在，大家可以看看湍急大河流（☵坎），其下己土（薄土坤☷）還是存在，因湍急大河如一直割裂、流失土地，到最後地球不就會被被割成四分五裂而不存在？若親身下水可以感覺水流下的土壤是硬的，是可以支撐人身體，反而是沒有水流的水溝當中，會有讓人往下沉的情形，所以壬水（☵坎）絕對不會沖垮己土，只是將上面一層瀾泥巴沖掉而已，而留下的是可以承載土壤（坤：厚德載物），所以才稱為水地比☵☷的比合，所以己壬或壬己不會互相產生刑剋。

七、八卦各卦主、客體與對應關係：

離卦☲（後天八卦南方）之下為坤卦☷（後天八卦西南方位），戊、己在方位而言是儲存於中宮，因此在羅盤上是沒有戊己，所以在方位上沒有戊己，但在形態（象）上是有戊己，所以形象上稱之為坤☷，也稱之為艮☶（後天八卦東北方）是為高山，因此在形象上可為高山為艮土，所以羅盤上所見艮卦☶、坤土☷是在言形象，所以在十天干之中戊己是落入中宮，以象而言戊己就成了山地剝卦☶☷，此艮、坤也稱之為生、死門。

◎然何以山地為剝卦？

因為如高高在上不懂得謙卑，那就會產生剝落，所以說太高調就會有剝落的象，成為山地剝卦▤▤，如果處事比較低調、謙卑就成為地山謙卦▤▤，是可以受益，因為高山的水可以往這邊流動，也就是說只要低調、謙卑，外在的機會就下留給自己，因高山流水自然而然往低處（己土）流動。

◎然山澤何以為損？

大象傳：山下有澤，損：君子以懲忿窒欲。

因高山可以聚集雲霧（辛金），但太陽一出他就會往下流，因此戊土遇到辛金是損之象，也就是說雲霧沒有辦法聚集在高山，因此才稱之為山澤損卦▤▤，辛金之氣是太陽照射海洋而產生，然後飄動遇戊土（高山）為戊土所阻擋，但到了某一溫度雲霧又化成水而往山下流動，所以高山無法聚集雲霧，才說高山遇上雲霧是損之象；反之如是雲霧遇高山，則高山為貴人，因為雲霧沒有高山是飄浮不定，而有高山表示有其聚居之處，所以說辛金（雲霧）遇戊土（高山）為印星，是正印所以說澤山咸卦▤▤（感情卦、有戀愛情形）。綜觀上述所舉例各卦，皆是以上卦為主體，下卦為對應關係或為客體，而且六十四卦卦卦皆是如此。

將難經變為易經第五講 (2015/04/01)

一、天干與地支:
(一)干支組合與空亡算法:

天干:甲、乙、丙、丁、戊、己、庚、辛、壬癸等 10 個。

地支:子丑寅卯、辰巳午未、申酉戌亥等 12 個。

　　依序天干由甲開始,地支由子開始,兩兩組成一組稱之為干支,然而天干只有十個、地支則有十二個,因此由甲子日起開始,迄癸酉日天干已用完,但尚餘有地支戌、亥,因此戌、亥就稱之為空亡,此組是由甲子開始至癸酉,甲到癸,所以甲子旬空亡在戌亥;然後依續再組,天干回復由甲開始,而地支則接續由戌開始,甲戌、乙亥……到癸未,待天干用完,地支尚有申酉,如此申、酉就稱之為空亡,所以甲戌旬空亡在申酉。

　　然後由甲申、乙酉、丙戌…到癸巳,地支尚有午未,所以甲申旬空亡在午未;又由甲午、乙未、丙申…到癸卯,地支尚有辰、巳,所以甲午旬空亡在辰、巳;然後由甲辰、乙巳、丙午…到癸丑,餘寅、卯,所以甲辰旬空亡在寅、卯;然後又從甲寅、乙卯、丙辰…到癸亥,地支尚餘有子、丑,所以甲寅空亡在子丑;依此類推十天干與十二地支一個循

環，可組成六十個不同干支。在傳統八字或京房易
（文王卦）比較重視空亡，在日本也很重視空亡並
稱之為天中殺。

周天六十甲子順排及空亡表

周天六十甲子順排及空亡表	甲子	甲戌	甲申	甲午	甲辰	甲寅
	乙丑	乙亥	乙酉	乙未	乙巳	乙卯
	丙寅	丙子	丙戌	丙申	丙午	丙辰
	丁卯	丁丑	丁亥	丁酉	丁未	丁巳
	戊辰	戊寅	戊子	戊戌	戊申	戊午
	己巳	己卯	己丑	己亥	己酉	己未
	庚午	庚辰	庚寅	庚子	庚戌	庚申
	辛未	辛巳	辛卯	辛丑	辛亥	辛酉
	壬申	壬午	壬辰	壬寅	壬子	壬戌
	癸酉	癸未	癸巳	癸卯	癸丑	癸亥
旬首	甲子	甲戌	甲申	甲午	甲辰	甲寅
空亡	戌亥	申酉	午未	辰巳	寅卯	子丑

　　旬首與空亡算法可由當年之天干地支起算，如本年為乙未年，先由天干乙起算，即1乙、2丙、3丁、4戊、5己、6庚、7辛、8壬、9癸、10空、11亡、12甲，然後地支由未起算搭配天干，1乙未、2丙申、3丁酉、4戊戌、己5亥、6庚子、7辛丑、8壬寅、9癸卯、10空辰、11亡巳、12甲午，如此10辰與11巳為空亡，因每旬旬首皆是由甲開始，故依上述算法遇天干為甲之搭配者為旬首，如上12為甲，地支12為午，所以兩者搭配為甲午，所以旬首為甲午，而辰、巳為空亡，故說甲午之旬空亡為辰、巳，依此方法其他旬首、空亡可類推算出。

（二）納甲

　　每旬旬首天干甲為父、為乾，次乙為母、為坤，然後乾坤生六子分別為：震的長男、坎的中男、艮的少男、巽的長女、離的中女、兌的少女，其中少男少女年少不更事，因此立父母身旁以便於照顧，然後再來中男中女，再次才為長男長女，而長男亦可代父，因此乾坤二卦定位後各卦依次為乾、坤、艮、兌、坎、離、震、巽，然後再配予天干的甲、乙、丙、丁、戊、己、庚、辛、壬、癸，但卦只有八而天干有十，如此尚餘壬、癸，因此就再回到終始乾坤兩卦，也表示父母要照顧這些子女必須要有來源。

　　上面天干配八卦就是所謂的納甲，也稱之為納干，所以是乾納甲、壬，坤納乙、癸，艮納丙、兌納丁、坎納戊、離納己、震納庚、巽納辛，納干是由天干與卦的排序而來，就如平常所謂長男如父，長女如母，代表長男、長女須放於外，而少男少女年少不更事，須依附父母之旁，而中男中女由長男長女所保護，因此整個納干排序就是依此秩序而來（即父、母、少男、少女、中男、中女、長男、長女，然後依天干排序甲、乙、丙、丁、戊、己、庚、辛排入，而餘壬癸再回到父與母）。

　　先天八卦卦序是，南方為乾☰、北方為坤☷，東方為離☲、西方為坎☵，東北為震☳、西南為巽☴、西北為艮☶、東南為兌☱，大家平常在念的1、6共宗水，2、7同道火，3、8為朋木，4、9為友金，5、0同途土，在這些數的排序中奇數為陽，偶數為陰，然後依天干屬性逐一套入10個數（不是依排序），在十天干中甲到癸，其中壬、癸為水，因此所謂1、6共宗水，1就代表壬，6代表癸；2、7屬火，7代表丙2代表丁；3、8為木3代表甲、8代表乙；4、9為友金，4為辛9為庚；5、0屬土，5為戊0為己土；5、0進入中宮即在講方位，因為方位是戊、己在中央才稱中宮戊、己土。

如周朝盛世大業江山享年865年之說,乃8為八卦之八方位,周朝透過八方諸侯保護國土,最後是八方諸侯有些聯合叛變,至使在中央5戊、6己時失控而失去江山;戊5(艮山☶)遇8辛(兌澤☱)為山澤損卦☱☶、戊5(艮山☶)遇己6(坤地☷)是山地剝,所以周朝享年到865年結束。

在言六爻卦卦序時就可套入天干,乾納甲、坤納乙、艮納丙、兌納丁、震納庚、巽納辛,而戊、己進入中宮,是代表人立於中央往外而望,然而要言十天干納干,就須把戊、己一併納入,因為坎離為日月出入之戶,所以離為日出為卯(地支),而坎為日落為地支酉,日代表乾、月代表坤,所以日月出入之戶將壬歸乾所有,而癸歸坤所有,如此離、坎就無天干可以為代表?離為中女為陰所以以己代表,坎為中男為陽所以用戊代表,如此之象剛好符合了納干,也稱之為納甲。

對戊、己與壬、癸關係再詳為說明如下:當言戊、己進入中宮時是在言方位,即所謂的24山方位;當戊、己沒有進入中宮時是在言時間,即所謂可用於京房易之納甲;故言時間戊、己就不用進入中宮,因此在坎離原本數字為1與6(如下頁附圖之納甲簡易表

一），而 1、6 是共宗水，而 1 為壬，而 6 為癸，而坎、離也為水、火，為日、月出入之門，所以離卦為太陽升起之時，而坎為太陽下山之處（言時間時），既然太陽於此處下山，因此就把日、月出入之處，日代表乾代表天，而月代表坤，因此把壬歸乾所有，把癸歸坤所有，所以在講時間時是乾納甲、壬，坤納乙、癸，也就是日月歸乾坤所有。

◎而日月歸乾坤所有，那坎、離應用何符號來代表？
◎用何干何甲來納？而坎為中男為陽，離為中女為陰，所以坎就納戊，離納己（這也是言時間如言方位則戊己進入中宮）。因言時間戊己也是在這個排序之中，如年序也有戊辰年、己巳年，但是在羅盤當中就無戊己，因羅盤是在講方位，所以不納入戊己，因此這二個字是位在羅盤中央（海底針），也就是所謂中央戊己土。八卦與納甲、數字配置詳如附表(二)。

納甲簡易表(一)

兌 2	乾 3	巽 4
離 1	5、10	坎 6
震 9	坤 8	艮 7

附表(二)八卦與納甲、數字配置表

兌卦☱2 方位：東南方 納甲：丁	乾卦☰3 方位：南方 納甲：甲 2、7同道火： 2為丁、7為丙	巽卦☴4 西南方 納甲：辛
離卦☲1 方位：東方 納甲：己 3、8為朋木： 3為甲、8為乙	方位：中央 5、10同途土 5為戊、0為己	坎卦☵6 方位：西方 納甲：戊 4、9為友金： 4為辛、9為庚
震卦☳9 方位：東北方 納甲：庚	坤卦☷8 方位：北方 納甲：乙 1、6共宗水： 1為壬、6為癸	艮卦☶7 方位：西北方 納甲：丙

六十甲子之排序已不可考，但循環到今年為乙未年，而《易經》之象也有很多不可考之處，現大家所讀為「周易」而「周易」中的卦、爻辭等經文，都是周朝時代經文，所談也是當時之時空故事，當然「周易」不代表周朝，而是代表最周全、圓滿，因此在學習上必須先瞭解當時歷史背景，所以速度上就會比較

慢，若用現代語言方法來學習速度則會很快，這就是我們目前所學的學理，是以大自然理論為重點依據。

二、坎何以代表中男：

◎中男為陽性何以用坎代表？

壬屬水而壬水是有流動性，是有侵伐性，癸水是從天而降；所以壬的屬性就比較陽剛為壬，屬性陰者為癸水，所以坎就用壬、癸來代表，而離火為太陽是代表大地之母，母性有母愛所以太陽普照大地，不分男女、富貴平賤，並付予大地能量，所以離屬火本身就有母愛情性，因此是用丙丁來代表離卦，在西洋的塔羅牌裏，3號牌就代表太陽皇后及豐收，因此太陽皇后就是大地之母，也只有母親才有這麼大的愛，才能普照大地，所以離卦☲在最上面（後天八卦卦位）。另外《易經》說卦傳第十章：乾，天也，故稱乎父。坤，地也，故稱乎母。震一索而得男，故謂之長男。巽一索而得女，故謂之長女。坎再索而得男，故謂之中男。離再索而得女，故謂之中女。艮三索而得男，故謂之少男。兌三索而得女，故謂之少女。

三、五行火（太陽）為重：

◎在木、火、土、金、水五行之中，是由那個五行在
主宰？

　　火代表太陽，而太陽讓花草樹木蓬勃而生，讓大
地充滿生機、果實得以成熟，讓我們能夠得到豐收、
享受，太陽照射於水讓水變成乾淨而可以飲用，因為
水往下流水是髒的，但是有太陽能量照射，因而產生
了水的循環，所以所有的五行都來自於火，所以主要
擁有火，又懂得依理依天行事，就可保有富貴，也就
是火天大有☰☲，所以稱火可以生木，火可以使火的
溫度更高，火可以轉化生水、火可以驅動（生）金，
火可以驅動水，火可以來生土，所以五行中是以火來
主宰生化萬物。

四、戊與癸之間關係

　　戊（天干排序為5）代表高山，表示可以用艮山
☶為代表，為地上陽剛之物，這個符號☶在這個宮位
（西北）代表高山，太陽由此落下之後，所看到只剩
下上面有光線，其餘均已被阻擋成為黑影，所以所看
到的也是☶這個象，它也稱為高山☶；但高山☶上之
水會往下流，因此就有山水蒙卦☶☵之象，而水代表
智慧、財星、金錢，而山遇水代表上項東西都沒有辦
法留存，也就是如老師所教知識無法留存；高山之水

流失而水也無法聚集，二者組合就成了蒙卦，因此要如何來因應？在此情形下必須要用火的能量，因火可以讓戊土☶產生溫度能量，所以太陽可以生土，又水經過太陽的照射變成乾淨而可以飲用，所以太陽也可以生水。

山水蒙卦☶☵卦序第4卦

蒙卦卦辭：亨。匪我求童蒙，童蒙求我。初筮告，再三瀆，瀆則不告。利貞。

象傳：蒙，山下有險，險而止，蒙。蒙，亨，以亨行時中也；匪我求童蒙，童蒙求我，志應也；初筮告，以剛中也；再三瀆，瀆則不告，瀆蒙也。蒙以養正，聖功也。

象傳：山下出泉，蒙；君子以果行育德。

　　本身出生日為戊土之人，財星為癸水，（也就是有一般所謂戊癸合，從戊角度癸為老婆，而從癸角度戊為老公），其實此二者組合也有問題，如丈夫不高興嘮叨幾句，太太就會離家出走，因為高山沒有辦法聚集水，只有透過火的能量才能將水保存，這就是傳統學術所說的戊癸合會合化為火，事實是期待火的能量出現。

　　火可以讓戊土產生溫度能量,因此從戊角度火為印星(六神法),也就是戊的印星屬火,而印星可以代表知識、學習、房子,因此也表示戊土之人,如果沒有好好的學習求知,是沒有辦法讓老婆心服口服,因為山的土如果沒有溫度能量,就沒有辦法吸收水資源,若從癸水的角度火就是代表財星,表示戊土必須時常供給錢財給癸水花用,如此才留得住癸水。

　　從戊角度火為印星,所以男孩子要懂得學習求知,才有辦法讓老婆信服,且也要有房子供其居住,從水角度火是他的財星,所以要供給錢財花用才會滿足,所以戊、癸這柱的山水蒙卦☶☵所表示意義就是如此,如果上下異位則成水山蹇卦☵☶,是為寸步難行,如不小心隨時有摔倒受傷情形,所以稱之為蹇卦,也就是主體為水,則其往山下是不好走的,若主體在戊在高山,表示沒有辦法掌握聚集這些水,所以才稱之為蒙卦,所以說居家房子高度,比外面道路高或落差太大、太多(約五層階梯以上),就造成損財之象,而家中之人也會留不住,會想搬離住處往外發展,因為是蒙卦是為往外流,因此大象辭:「山下出泉」此是代表水從高山流出,「君子以果行育德」,即代表要透過積極(火)的作為,才能保有成果。

◎有些房子設計為人車分道,其周邊都圍住,有如
　大戶人家房子一樣,住在此種房子的人很容易外
　遇,為什麼?

　　因為從地下室進來後,可以容易到任何一間房子
走動。所以說這是容易外遇的格局,如果論事業就非
如此,而是要依其從事事業所在地方來看,如果以此
格局做為辦公室,代表人在處理事情上很會分門別類、
歸納、統計,當然也可以論為把簡單的事給複雜化
了,所以則是代表他處理事業的方式及處事態度。

五、戊與己之關係
山地剝卦 ䷖ **卦序第 23 卦**

剝卦卦辭: 不利有攸往。

象傳: 剝,剝也,柔變剛也。不利有攸往,小人長也。
　　　　順而止之,觀象也。君子尚消息盈虛,天行也。

象傳: 山附于地,剝;上以厚下安宅。

　　戊、己,戊代表艮卦☶山、己代表坤☷也代表地,
地可以融入很多物質,戊土艮卦☶高山也有太陽照射
不到之處,高山一體兩面,尤其在戊時太陽下山,所
以卦象☶艮,只在上面微有陽光,故十二辟卦戊為
䷖剝,再進入到亥時,唯一的陽爻剝落變為亥,因
此在十二辟卦中是用二個坤卦來組合,是為六陰代表
亥,所以亥代表沒有陽爻、沒有陽光沒有太陽;己土

可用這個符號 ☷ 代表，同時也代表地上暗藏了很多的資源，而己土是代表平地，假設己配上了戊，己在上則成為地山謙卦 ䷎，如互換為戊、己則是山地剝卦 ䷖，高的地方遇上水流（水代表智慧），所以山水為蒙 ䷃ 是啟蒙。

　　當上面為高的山而底下是平地時，如此高的會剝落於下，所以也是一種損象，所以稱之為山地剝卦 ䷖，反之則是自己處在謙卑之處，而遇上高調之人如此自己就可以得到好處，所以此卦就稱之為地山謙 ䷎ 卦，謙可以受益而剝就會損財，因此表示處於低下之處行事低調，如此就可以得到好處，也就是可以得到高山釋放出來的水資源，亦即可以得財得到利益，如此也表示上卦是主體、為當事者，下卦為客體、為對應關係。

　　以上的原理來推論八字代表出生日為戊土之人，如旁邊遇到了己，那就代表為山地剝卦 ䷖，是一種損財之象，反之如果是己土遇上了戊土，表示只要謙虛，就可以得到戊土所釋放資源，故本身為己土而旁邊有戊土，是代表為地山謙卦 ䷎，而本身為戊土而旁邊為己土，代表為山地剝卦 ䷖，所以告訴大家六十四卦卦名是我們這套理論的來源，包括各種符號的組合之象。

六、庚與辛

天澤履卦☰☱卦序第 10 卦

大象傳：上天下澤，履：君子以辨上下，定民志。

西之方位，於二十四山稱為庚酉辛，在戊土代表山其符號為☶，而己土為平地符號為☷，天干排序戊、己為 5 與 6，而西方庚與辛在天干排序數為 7 與 8，庚之五行屬金，然而此金含有肅殺之氣及破壞之力，是為陽剛之氣，所以在八卦符號會用全陽來代表，符號為☰乾代表強烈氣流，而庚金由來是透過太陽照射海平面，產生水蒸氣（為辛）上升，而且當水被蒸發時，另一邊水會來遞補，所以就會產生氣流旋渦而形成庚金。

太陽照射水產生熱氣，是為火來生水讓水循環，透過火來驅動水之後，就產生了庚辛二氣，有如蒸汽機一般產生動力，所以庚代表動力、執行力、陽剛之氣（乾卦之大象辭：天行健、君子自彊不息），辛代表雲霧，所以有動力的東西可代表陽剛之力，是太陽照射時產生的全陽，所以用☰符號為代表，並稱之為乾，乾就可產生氣流、傳播之氣及資訊，而這些東西是透過火來驅動。

　　如果火越旺，庚、辛二氣也就越旺，如前面所說火天大有卦☲☰，能積極行事普照大地，有大愛又配合依理行事，不違背天理，就可以享受大富大貴，也就是只要繼續普照大地，則庚辛二氣會為自己所有，所以當丙、庚之時為火天大有☲☰，如果遇到辛（蒸氣）則比較柔（遇庚為三陽比較剛），而辛金聚集後也成為陽剛之氣，所以辛金代表兌卦，以天干而言有丙辛合。

　　丙辛合為夫妻、日月之合，但這個合有不合理之處，因太陽丙（離火）遇到辛金（雲霧）之時，是成為火澤睽卦☲☱，代表丙火的眼睛被癸水雲霧遮住，是太陽被蒙蔽（主體仍是在上卦），若二者互換成為澤火革卦☱☲，又何以澤火為革？是因雲霧遇到火，辛金會轉變為其他物質，雲霧遇到溫度會變為水，所以說是有改革之象。

　　革卦☱☲在易卦上雖有版本不同，有已日乃革、己日乃革、巳日乃革之言，但實際上為巳日乃革，因為從卦象看是火的能量能讓辛金改變，也就是說只有火的能量、溫度才能改辛金之氣，從己、已、巳可解釋為己為土為自己本位、已為到達、巳為丙火太陽，當然以天人地的角度，己；自己感覺時機到就可以改革；已：是到達了非改不可的時候；巳：就是全滿了要

改革了。

所以傳統學術上的丙辛合化為水，實際意義是丙辛期待水的出現，因丙辛二柱沒有水（水為火的官星）出現，代表丙火被辛金蒙蔽，如果有水出現辛金可以改變情性，丙火就不會因為財星、金錢、美色來蒙蔽自己，所以丙辛有水出現，從丙角度水為官星、為克己之氣，也就是在事業、工作、責任上就不會因為金錢、利益來蒙蔽自己，所以丙辛期待水的出現，而非丙辛合化為水。

又如甲己合化為土，事實上是缺土，甲為震卦而己為坤卦，構成雷地豫卦▦▦▦，是為猶豫不決，因甲己合少了戊土其情性不穩，所以才猶豫不決，就是己土太鬆軟，對甲而言根基無法穩固，所以甲木成長在鬆軟己土之上，其情性是不穩固的，但此二者相反成為己甲是為地雷復卦▦▦▦，也就是將土置於上，而這顆生命將破土而出，所以才稱之為復，復是重來、是開始，就如種子將破土而出重新再來投胎之象，所以辛代表比較陰柔而庚則是比較陽剛。

澤天夬卦▦▦▦卦序第43卦

大象傳：澤上天于，夬；君子以施祿及下，居德則忌。

既然知道此原理，因此乾卦是天行健比較陽剛且有執

行力,而兌卦則是麗澤兌代表比較安逸享成,因此庚辛組合則成天澤履卦 ䷉,代表從很有執行力變成沒有執行力,也就是從庚變成辛,從積極變成安逸,但是不能這樣,還是要再積極前進,不要貪圖安逸享受,忘了自己應走的腳步,要繼續努力才能達成目標,若庚、辛互換為辛、庚,則成澤天夬卦 ䷪,此夬乃是用合約、契約文書做一個保護,因為澤為雲霧,如遇強烈氣流雲霧就很容易不見,如此表示遇到了權利就會受損,所以必須透過合約、契約文書來保護自己,所以稱之為澤天夬卦;天澤履卦與澤天夬卦是代表庚與辛關係。

七、壬與癸關係

北方壬、癸,在天干排序為 9 與 0,壬代表流動的水,而 0 可代表雲霧、雨露、雨水,所以在含有坎卦的卦裏,如坎卦在上(因在上就有溫度,所以是水氣蒸發情形),故比較會用雲、露、霧、雨水,如坎卦在下,就比較會用流動水來做代表,因此二者在上下之間有如此不同屬性,所以此卦就會用 ☵ 為代表,此卦畫二邊為岸,中央為流動之水,因此坎卦可以代表速度,會動的東西、金錢,外面為軟內部為硬的東西,就如成熟果實外面是軟的,裏面種子是硬的(離卦則相反,因此離可代表貝甲殼類生物、未熟果實),因為中央為流動之水,所以會往下流動。

在火（離☲）只有一個符號所以沒有陰陽，而水（坎☵）也是只有此一符號，所以也沒有陰陽，而庚、辛就有一個為陽金一個為陰金，庚金為陽為☰乾卦、辛金為陰為☱兌卦；甲、乙也有陰陽，甲木為陽為震卦，乙木為陰為巽卦；而戊、己土也有陰陽，戊為陽為高山為艮卦，己為陰為平地為坤卦，所以唯有水火沒有陰陽，因此丙與壬組合是為水火既濟☵☲，因此象是陰陽有在交感，且是太陽照射讓水變成乾淨而可以飲用，但如丙遇到癸則為火水未濟☲☵，因為是太陽被雲霧雨水遮蔽，所以差一個字主體為丙，遇到壬為水火既濟☵☲，遇到癸為火水未濟☲☵。

癸代表雨水，往上蒸發代表雲霧、雨露，如此這個雨水就可跟丙產生交剋，因為同屬在高點，太陽被雲霧遮蔽成為火澤睽卦☱☲，因此丙火遇到癸水也是產生交戰，是忽晴忽雨情性，所以稱之為火水未濟☲☵，但如果丙壬在一起那就稱之為水火既濟☵☲，所以丙壬不會相剋，（傳統上是陽剋陽），其原因為丙是太陽在上，而壬是在地平面、海上、湖泊游動，但丙癸就會相剋，丁癸也會相剋，因丁是太陽留下溫度，遇到癸水溫度會下降，所以稱之為癸丁交戰。

十天干位配八個卦位

　　甲乙為東方方位，丙丁在南方方位，戊、己在西南與東北之方位，庚辛在西方方位，壬癸在北方方位。所以在壬癸稱之為坎☵在北之方位，而坎字為欠土代表低陷，因低陷才能聚集水，所以坎☵是水，而甲木要從土中破土而出，所以其含有生命力是很強，所以稱之為震☳，而為了代表木在成長，因此在東南方位有巽卦，巽為樹葉會吸收太陽能量光線，所以樹葉是散開於四面八方，代表樹葉可以吸收四面八方的能量，稱之為巽☴。

　　到了南方溫度高是為火的象，因為火本身會發光、發亮、放射，我們需要它但沒有人能靠近它，所以就含有一種敬而遠之情性，因此稱之為離☲，離卦先天乾為同氣同卦位，稱之為同人，再環繞到了西南為坤☷己土，此方位高溫，會將水吸進來，把機會拉進來；再進為乾卦☰少了一陽的兌卦，從陽剛變為陰柔，再進而為後天之乾、先天之艮，戊是地上的陽剛之物，所以代表山很高☶，而土地是三陰☷，表示地底之下可以收藏很多的資源與萬物，這整體就是我們所看到的八卦。以上等就是八卦套入十天干彼此之間所代表關係。

八、地支與天干、卦之關係

　　然而我們所看到的十個天干，再把戊己套入了中宮則是在言方位，這裏有天干而沒有地支，因此可以再將 12 地支套入，形成第二層，首先由地支子開始進入北方正中宮位，然後依序佈入 360^0 的圓周，所以每一地支中間之間距為 30^0 而進為丑、寅、卯、辰、巳、午、未、申、酉、戌、亥，如此與十天干共同繞行方圓一周 360 度，前述甲代表震在東方，在東北方位上寅為地支，天干為甲，所以是天干在突顯地支，地支藉由天干在突顯，就如甲木有根在成長，因此代表有生命力，但他如何表現根部生命力，乃是藉由天干甲形象來突顯看不到的根部寅之生命力，但樹幹是藉由乙木來突顯其生命力，所以生命力是藉由一層又一層的演變進化的。

　　所以天干與地支的屬性，天干是來突顯地支，而地支透過天干來突顯，地支與天干之配如下：由東方震卦☳開始為：東方甲卯乙為震☳卦位；東南方辰巽巳為巽☴卦位；南方為丙午丁為離☲卦位；西南方為未坤申為坤☷卦位；西方為庚酉辛為兌卦位☱；西北方為戌乾亥為乾☰卦位；北方為壬子癸為坎☵卦位；東北方為丑艮寅為艮☶卦位。

將難經變為易經第六講（2015/04/08）

一、問題與解說

問題：未時、卯分二柱，如要合夥做生意可以嗎？賣熱或賣冷的好？

答：所先將此二柱設卦，取卦方式：針對這二柱分開取象，未，在八卦之中為坤卦☷，卯為巽卦☴。第一個字可以代表主體，代表上卦，第二個字可以代表客體，代表下卦，兩者組合為地風升卦䷭，再將上下卦拆開，上卦☷為主體，下卦☴為客體，代表對應與結果，然後依據卦象就主客體彼此之間對應關係來分析。

首先應該就二者是否可以合夥作探討？要知道如果不能合夥，那其他一切就免談，如可以合夥再來深究應做何事業為佳。

在傳統學術上認為是木（巽木）來剋土（坤土），兩者相剋就是不好，以老師現在講授的這套理論是不看生剋，是直接來論二者互動關係是否合洽；所以依象是卯木依附在未土，表示二者合作是可以成局，合夥來做生意是好的，卯木棲息於未土，也表示兩者有共同理念，所以說巽卦☴棲息在坤卦☷是好的組合。

◎二者可以合夥那到底賣熱的好或冷的好？

此象賣熱或冷的都可以，但賣有水的東西其傾向會更好，因為水可來益木，本月為庚辰月，所以賣冷飲比賣湯麵好，因為水會入辰庫，而且春夏水得大用，秋冬之水就沒有大用，因秋冬之水必須要有火，所以說依庚辰月之季節賣冷飲比賣需要用火煮的湯麵好。

整體在屬性上其組合是好的，兩者有共同理念，合作上可以成功，而從事生意賣熱或冷的都可以，但以賣冷飲是比較好。

我們應切記不要受到傳統學術所束縛，如所謂亥、卯、未三合，甲、己合化為土等等，現在就再以地風升卦詳加說明，地風升卦䷭上下交易為風地觀卦䷓，將卦拆開上卦巽風☴為主體，下卦坤地☷為客體，就上述亥卯未三合是好的情形來看，這一卦就不能合作，從木的角度是木來剋土，是很好我剋為財是財星，木依附在未土，故與人合作後是自己被束縛，且最後所有的東西也都會歸他人所有，因木依附於土，代表合作到最後如不做，所有東西都歸土所有，但地風升卦䷭不同，是主客體易位，所以是合作到最後如不做，所有東西都歸我所有，因為木一定依附在土上或水上。

再用教室門牌 402-1 來說明,用固定數字時尾數代表主體,而取卦時,則第一個字代表上卦,代表主體,所以 402-1 的 1 代表大樹震卦▤(甲木)代表主體,而 2 為巽木▤(乙木),是乙木依附在甲木身上,成為雷風恆卦▤▤也就是樹葉一定依附在樹幹上,而 0(癸水)為雨露之水,一定被樹木所吸收,而且 4(丁火)能量溫度也一樣依附在甲木之上,這就表示來這裏上課,老師所講授的學術大家都可以吸收,而且可以學以致用。

所以說同樣是取卦,但主客體不同屬性就不同,風地觀卦▤▤雖在合作上也可以成功,但到最後如不做了,都會以坤土為主,也就是所有東西都會歸對方(坤土)所有。有關未時、卯分的問題,除經由取象外並配合時令來作判斷,因現在在庚辰月溫度適中是可以,如在午、未月令合作且賣熱的,就可能有熱火上升,有口角紛爭不歡而散情形,這就是所謂之動爻,所以不一定要再取一個數字當動爻,直接用時辰或月令或天氣都可代表動爻。

另外再以 3215 來說,3215 中 1 為甲木,2 為乙木,3 為太陽,5 為戊土,以上情形就是乙木一定依附在甲木之上,然後所有東西都依附在高山之土(戊

土），因從戊土角度來論乙木為正官、甲木為七殺，在傳統學術裏稱為官殺混雜，但以現在所學的理論不用傳統名稱反而是丙火化甲木之煞，稱官印相生、化煞為權，因太陽能量能讓木成長，讓土地有生機，最後所有東西歸戊土所有。

　　若車牌為 5168，是我依附在別人身上，因為這組數字以 8 為主體，8 為果實而果實一定依附在 1（甲木）之上，而 1 一定依附在 5（戊土）或己土（6）之上，如此就代表 8 會跟隨著 5、6 或 1，所以 5168 就會比較沒有主見，也可以說是要依靠別人才能生存，故只要有好的人際關係，就可以成就這組數字。

　　如上述 402-1 尾數為 1，如果同學是 1，代表大家可以得到癸水，代表得到印星學術理論，得到朋友（代表同學），得到無形智慧能量，所以大家來此上課，可以得到新同學以及老師的觀念與學術；如 3215 則主體在 3，而 3 為太陽，而太陽有升降，表示有移動情形，因此表示比較忙碌，比較適合於從事外務，另 0215 表示比較有無形智慧，也就是上車後會想到很多事情，因 0 癸水是來自於無形，來自看不到的能量，而 0 癸水可以讓 2、1、5 得到智慧，他也比較不會忙碌。

問題二： 住在公寓大樓，寢室樓上為廚房，這樣有沒有影響？

答： 取象方法：樓上為廚房為火（☲），下面住人所以用木來代表人，因木表有生命東西，住在裏面如有大小排序再用排序，如果沒有排序就直接用木取象，現在所住為女孩所以取象為巽（☴），如為男孩子則用震☳來取象，在家人排序雖是最小，但現在只有與母親同住，所以表示在現住屋裏沒有排序問題，所以直接用巽卦☴。

取象後組成為火風鼎卦☲☴，在這個象上的離火代表丁（因室內只有溫度，而丙為陽光），因為如果是丙則卯木遇上離火就會快速成長，因為鼎這個字，就是他的基本含意，譬如其上下交易為風火家人卦☴☲，離火取象就為丙，因太陽可以讓乙木快速成長，所以風火家人☴☲代表和諧和樂融融的象，代表興旺的象。

乙木2喜歡遇到太陽3丙火才能長得很茂盛，如果乙木遇到丁火，就與前述402雷同，為巽木遇到丁火而受傷，所以才稱之為鼎（火風鼎卦☲☴），在丁卯稱為美食專家，是因為卯木有火在烹飪，所以鼎為美食專家，如用在人事上有此柱的人，比較容易生女兒

或是不想結婚，也有結婚後不想生孩子情形，卯木遇到丁是卯木受傷，所以依此取象，表示住於該處會覺得有壓力，因此最好換房間，把此房間當成雜物間或是書房，如在那個房間看書，則丁的能量可以讓思緒更為清楚。如非住不可，則應加以裝潢，並裝冷氣讓溫度降低。

該房間若是男生所住，則成為火雷噬嗑卦，其取象則為丙寅，火雷噬嗑是樹幹被樹葉遮蔽，表示太陽照射在樹木，讓樹木蓬勃而生，但是在屋裏所以不能用丙火而是須用丁火，丁火可以讓寅木成長，所以男孩子是可以住的。

若樓下為廚房樓上住人，則是風火家人卦，但離火為丙火才能取象為家人，但是在屋內所以不能取象為丙火仍是丁火，如此也相同丁火還是讓乙木受傷。

風火家人卦主體為上卦，因太陽丙火可以讓乙木快速成長，另外家還有一個印星，上巽屬木而互卦（二三四爻）有一個坎水，水可以生木所以是印星，其中是因有太陽（三四五爻）能量可以重新轉換水的本質。

風火家人卦☲☴的巽是乙與卯的象,上卦木遇下卦火為家人之象,這就是代表離火為丙火,從家人卦來倒推離火為丙或丁,它取象用意為家人是用丙火,其意就是只有丙火,才能讓乙木快速成長,而快速成長代表和諧,和樂融融一家親的象,而巽為乙木而家人家也代表坎水(互卦),所以是水來生木,水來益木,水益木是代表印星,所以此卦是好的卦,因此在八字中這一卦稱為乙巳,由此取象是丙而非丁,而火風鼎卦☴☲是丁而不是丙,鼎在雜卦傳謂「取新」,所以用在人事上表示原來香火有斷層情形,如用在事物上因卯木有火在烹飪,所以為美食專家。同時鼎卦也有卯遇丁而萎縮,因此有容易生女兒,或是不想結婚或結婚後不想生孩子情形。

二、納支(納辰)

納干稱之為納甲而納支者稱之為納辰,天干符號有 10 個,地支則為 12 個,乾坤稱為父母,然後乾坤生六子,以三爻卦由下往上為初爻、二爻、三爻,兩個三爻卦組合就成六爻卦,而六爻卦最上面一爻稱之為上爻,所以羅盤中初爻會用刀表示初之意,上代表第六爻,如果將乾、坤二卦初爻陰陽對換,則成巽卦與震卦,將二爻對換為離、坎,將三爻對換為兌、艮。女兒是由乾卦☰所變化而來,兒子是由坤卦☷所變化

而來的。

易經符號是以少者為用，少者為君，也就是以比較少的為主體，如 ☳ 二陽一陰則以陰為主體，陰在初爻所以為長女，☶ 二陰一陽，以陽為主而且是第一次變化，因此是為長男，所以依序為中男 ☵ 、中女 ☲ 、少男 ☶ 、少女 ☱ ，由乾坤生六子的組合，生女兒是從乾 ☰ 體變化而來，所以生女兒與父親有密切關係，生男孩是由坤 ☷ 體變化而來，所以生男孩與母親有密切關係，所以生女兒是父親的功課，生男兒是母親的功課，可以經由這些符號，知道女兒與父親互動是比較密切，而男兒與母親互動相對也是比較密切，這就是乾坤二卦交媾後爻的變化。

在 12 地支中用排序陰陽配合天干的納甲，因為在六十甲子之中，為天干、地支各以排序陰陽，組合為一組干支，如甲1配子1，乙2配丑2，奇數為陽偶數為陰，所以天干排序1、3、5、7、9配合地支排序1、3、5、7、9、11，天干排序2、4、6、8、10，配合地支排序2、4、6、8、10、12，但地支多了二個，在六十甲子每旬中稱之為空亡；為用於納辰（納支）每個旬旬首為甲，計有甲子旬、甲戌旬、甲申旬、甲午旬、甲辰旬、甲寅旬共六旬。地支排序方式將陰陽分開。

　　初爻動的震卦☳為長男，是為陽卦，而巽卦☴為陰卦，然後依序由中男中女到少男少女，所以震是陽的1所以套入地支陽1（子），所以子與震是有關係，再來是坎與寅、艮與辰，而巽為長女是陰的第一位，在數為2所以與地支排序第2丑有關係，再來是離與卯、兌與巳，所以乾坤六子地支排出如上而納，而乾坤兩者？長男如父所以乾卦與震卦是同屬性，同一宮位所以也是子，而母親與長女思想有時是對立，所以長女為丑，因此母親就是為未（二者對立），所以在六爻卦子為乾、震二卦下卦初爻，午為乾、震二卦上卦初爻。

　　丑為巽卦下卦初爻，未為巽卦上卦初爻，而未為坤卦下卦初爻，丑為坤卦上卦初爻，餘辰戌代表艮卦下上卦初爻，寅申代表坎卦下上卦初爻，卯酉代表離卦下上卦初爻、巳亥代表兌卦下上卦初爻，這就是所謂納支，也稱之為納辰，三爻卦與三爻卦重卦屬性是相同，稱之為重卦或複卦，而複卦又稱之為六沖卦，非三爻卦重卦則稱之為雜卦，其屬性就不同，不管是複卦或雜卦都稱之為六爻卦，所以六爻卦包括複卦或雜卦。而在納辰之中以陽卦之納辰為順，陰卦之納辰為逆。

上述地支套入六爻卦之中，代表各爻情形如下：

乾卦內卦初爻配子、二爻配寅、三爻配辰。
（震卦各爻亦同）。
乾卦外卦四爻配午、五爻配申、六爻配戌
（震卦各亦同）。

坎卦內卦初爻配寅、二爻配辰、三爻配午。
坎卦外卦四爻配申、五爻配戌、六爻配子。

艮卦內卦初爻配辰、二爻配午、三爻配申。
艮卦外卦四爻配戌、五爻配子、六爻配寅。

震卦內卦初爻配子、二爻配寅、三爻配辰。
（與乾卦同）。
震卦外卦四爻配午、五爻配申、六爻配戌。
（與乾卦同）。
坤卦內卦初爻配未、二爻配巳、三爻配卯。
坤卦外卦四爻配丑、五爻配亥、六爻配酉。

巽卦內卦初爻配丑、二爻配亥、三爻配酉。
巽卦外卦四爻配未、五爻配巳、六爻配卯。

離卦內卦初爻配卯、二爻配丑、三爻配亥。
離卦外卦四爻配酉、五爻配未、六爻配巳。

兌卦內卦初爻配巳、二爻配卯、三爻配丑。

兌卦外卦四爻配亥、五爻配酉、六爻配未。

依納甲(納干)方式乾納甲、壬,坤納乙、癸,坎納戊、離納己,艮納丙、兌納丁、震納庚、巽納辛,所以與地支搭配時,乾卦下卦地支應配以甲,而上卦地支則配以壬,即乾卦下卦初爻配甲子、二爻配丙寅、三爻配戊辰,乾卦上卦四爻配壬午、五爻配甲申、六爻配丙戌(傳統者以初爻甲子、二爻配甲寅、三爻配甲辰、四爻配壬午、五爻配壬申、六爻配壬戌)。

坤納乙癸故與乾卦相同,上下卦配以不同天干,即坤卦下卦初爻配乙未、二爻配癸巳、三爻配辛卯,坤卦上卦四爻癸丑、五爻配辛亥、六爻配際己酉(傳統者以初爻乙未、二爻乙巳、三爻乙卯、四爻癸丑、五爻癸亥、六爻癸酉);其餘各卦就以其所搭配天干來配置。在配卦時上下卦必須分開,上卦配上卦地支,下卦配下卦地支。

三、震與離:

震與離為雷火豐卦䷶,代表甲木因為有火的能量、磁場,所以一直在茂盛,震代表甲、寅,如此離火為丁而不是丙火,因如是太陽照射,則是火雷噬嗑

卦 ䷔，因是丙火照射在大樹甲，我們看到的是他長滿了的樹葉乙，而沒有看到樹幹甲，因太陽丙火照射是成就了巽木 ☴ 而不是震木 ☳，所以是長樹葉而不長樹幹，因此才稱之為火雷噬嗑 ䷔，就是太陽丙照射在震木身上時，因為樹葉茂盛而遮蔽樹幹，和噬嗑卦一樣是乙木在成長，但是樹幹沒有成長，樹幹成長是在冬天或晚上，所以說甲木是透過丁在成長，而丁也意味著是香火傳承，所以說人要拜祖先，祖先就是丁，人不管男女都是甲木，所以當祭拜祖先時，可以得到無形的能量磁場助力。

◎古有言：「貓來富，狗來起大厝」，何以有此說？

因貓為虎（寅），而人為甲木，甲木遇到貓（寅）是為通根見祿，而狗為戌，表示甲木穩坐在高山之土，代表甲木扎根穩定，因為穩定所以說是起大厝，由這些成語語辭可以證明人是為甲木，所以甲木祭拜祖先（丁火），就可以得到祖先能量，丁火的能量是無形磁場，而無形磁場可讓寅木長樹幹，讓根基可以穩固，然後再用雞（天干屬性為辛，地支為酉）祭拜，表示可以讓甲木、寅木結成甜美的果實酉，所以是為豐收的象。

拜天公（丙）時不要拜雞肉（酉金），而是要用豬肉（亥水），因豬（亥水）為阿拉，天公最氣阿拉，因亥水會讓丙火失去情性，所以宰了阿拉天公會高興，而雞為酉是丙的使者，如果用雞，有如殺了其寵物而又向他炫耀，所以天公會生氣；拜拜也不要用罐頭或真空包裝，因為他們是在聞氣而已。所以雷火豐卦 ䷶ 在取象上是遇到丁而非遇到丙，遇丙是樹葉茂盛遮蔽樹幹的火雷噬嗑 ䷔ 。

四、二十四山方位

子、丑、寅、卯、辰、巳、午、未、申、酉、戌、亥為 12 地支，他是附在地球 360 度之內，所以每一個地支包含 30 度，如果配上天干的東方甲乙木、南方丙丁火、西方庚辛金，北方為壬癸水（戊己在中央不算），等 8 個天干（東、南、西、北），然後配上四隅卦（艮、巽、坤、乾）合計為 24，就是所謂的 24 個方位，簡稱為 24 山。

《易經》之六十四卦是透過 360 度的八卦二十四個方位來詮釋六十四卦，在每卦之六個爻，也是透過這些來表示其如何應用與進退之據，所以《易經》不只是「群經之首」，也是所有命相風水五術之學理來源的依據。

五、天干、地支與八卦關係

用天干來取象甲為震卦，天干顯於外、地支隱藏於內，代表天干突顯、地支隱藏，地支是藉由天干突顯，所以二者是表裡關係，因此甲與寅應為同屬性，故甲為震卦如此寅也是震卦。而巽是來突顯乙、卯，而地支卯也藉由巽來突顯乙，所以乙、卯也代表巽因為是表裡之關係，而在丙丁中只有一個取象就是火的象，這個火包括巳、午、丙、丁，再來庚金是來突顯申金，而庚代表乾卦如此申當然也代表乾卦，辛代表兌卦所以酉也代表兌卦，所以稱為辛、酉，還有壬癸水是沒有陰陽它都是代表坎，所以亥、壬、子、癸代表坎☵。

如此還少了戊、己土，在先天艮☶與後天艮卦☶方位上，戊藉由先天艮來突顯，而丑藉由後天艮來突顯，所以丑本氣雖然是己土，但事實上是艮☶，也就是丑藉由艮來突顯，然後戊也藉由乾來突顯，而乾為天是高高在上，所以在這裡戊也代表高山艮☶卦，因為他也是先天艮位。

而坤是來突顯未，所以它是代表坤卦☷，而辰是比較低陷代表水庫，但它本身也代表坤卦☷，因為它有柔性且比較低陷所以才能盛水，所以也有兌卦之情

性，而辰是透過三座以上的高山聚集而成水庫，因此所看到表象是由多座高山林立聚集而成，所以辰是在高山之內水庫，事實上它也是坤卦☷，是藉由多座高山聚集而成，但它又有艮卦☶的象，所以說辰土是含有艮☶及坤☷與兌☱的情性。

以上就是八卦屬性，八卦再套入 24 個方位（稱之二十四山）的屬性，若八卦單獨在八個方位又不是如此，但目前都會用到這些架構，所以必須把這 24 個方位取象熟記之後，如此往後在應用上就會非常方便。例如：假設講水，假如水進入沼澤裏面，他就變成困卦，因為水不流通。如反之澤遇水則為節卦，是水太多進入沼澤而有調節功能，也就是藉由高山把水做收藏，然後因人需要而做一個調節。所以水澤節卦䷻是我被困住，因為是我的水受限進入沼澤，要受到人家調節節制與制衡，而澤水困卦䷮是我來困住別人來調節別人。

將難經變爲易經第七講（2015/0/15）

一、問題提問與解說：

問題一：

　　個人居家門號為 239 號，在隔壁的 237 號住有一躁鬱症患者，時常來咆哮導致居家有諸多困擾，請教老師這應如何處理？

答：依據我們學理上組合，居家號碼尾數九是為水（在天干排序第九為壬而壬為水）隔壁居家號碼尾數七是為乾為天（在天干排序第七為庚，庚為乾為天），如此就成天水訟卦☰☵，因此就有天天爭訟咆哮情形，要化解可以在不妨礙進出門口地方，放置盆栽，但剛開始時可能會遭受破壞，所以不要買太好花盆（可用塑膠製花盆），另不要栽種花類植物，因有花開花謝，若自己門前有小花圃，則可於本四月十九日（乙丑日）卯時（早上五到七時），重新栽植小樹木。

　　然何以選擇卯時？最主要是庚金可以跟乙木產生牽絆，然後庚金遇丑是低溫可以把能量稀釋阻礙，選擇在乙、卯因卯是其祿位，所以是用巽為風☴☴，也就是用乙、卯的巽為風來與其庚金產生牽絆；巽為風的意義是隨風巽，「君子以申命行事」，七

剛好符合其申，隨風巽就會讓其有如自家人感覺，如此就比較不會有咆哮情形，另乙、卯牽絆庚金又產生黏密感覺，因此就不會有類似情形，這就是選擇對的時間做對的事情。

所以要記得用那一天、那一時，種植不開花的長青樹草，然後再於四月二十二日（戊辰日）辰時（七至九時）於花圃中放置可以種植蓮花寬口小盆子（記得長期置放，且須養漁以免滋生蚊蟲），此小盆子目的是要收伏七，也就是說利用盆子中的水（種植植栽目的是單放水不好看）。選擇戊、辰時也是要來收伏這個七，因目前本身具有水而成天水訟卦☰☵，再用盆缸也是辰，是要來收其庚金。乙丑日己卯時是為見祿，而祿是為巽，而巽為君子以申命行事，就是要與其有交集，使其感覺有如自家人一般，這樣就不會再有天水訟卦☰☵情形發生。

問題二：是否需要安太歲？有用嗎？
答：

一. **是否需要安太歲？**因每個人認知不同，故就有不同作法，就以老師自己立場，認為不用安太歲？因安了也是無作用的。

二. 但是因每個人認知不同,如果認為不安生活過得
　毛毛的,而安了太歲心情輕鬆、生活感覺愉快,
　那就不妨花個幾佰塊安個太歲。

三. 一般而言太歲年是走回自己熟悉環境,相對歲破
　才是生疏環境,對人而言在熟悉環境容易粗心大
　意,故在熟悉環境下不要粗心大意,而在不熟悉
　環境須加倍小心,勿做重大決策即可,所以說何
　須安太歲呢?對於風水、地理、命運、數字等事
　不要太過於在意,因太過於在意就會心煩意亂,
　而產生吉凶悔吝,常言道吉凶悔吝生乎動,不動
　就無吉凶。所以在研究命理之時不要用自己的八
　字生辰為研究對象,因用自己就會在意,就有鬧
　鐘原理。

四. 一般安太歲是依命官十二歲君吉凶來定。命官十
　二歲君排列如下表及說明:

2015 年命宮十二歲君排列

（太陰曆為乙未年，由則未年起算）

巳	午	未	申
順推： 11、天狗 逆推： 3、喪門	順推： 12、病符 逆推： 2、太陽	（1、太歲） 又未年順、 逆推均由 此起算。1	順推： 2、太陽 逆推：12 病 符
辰 順推： 10、福德 逆推： 4、太陰	目前在一般宮廟或五術界，有關十二歲君其用分別有順佈順推與逆佈逆推，所以說十二生肖幾乎非安太歲就是要制化（有關制化一般人也是安太歲）。		**酉** 順推： 3、喪門 逆推： 11、天狗
卯 順推： 9、白虎 逆推： 5、五鬼			**戌** 順推： 4、太陰 逆推：10、 福德
寅 順推： 8、龍德 逆推： 6、死符	**丑** 順推： 7、歲破 逆推： 7、歲破	**子** 順推： 6、死符 逆推： 8、龍德	**亥** 順推： 5、五鬼 逆推： 9、白虎

※附註：

一、十二歲君排列：一：太歲、二：太陽、三：喪門、四：太陰、五：五鬼（官符）、六：死符（小耗）、七：歲破、八：龍德、九：白虎、十：福德、十一：天狗、十二：病符。

二、十二歲君只有三吉：（太陽、龍德、福德），而有九凶：（太歲、喪門、太陰、五鬼（官符）、死符（小耗）、歲破、白虎、天狗、病符）。

三、一般而言；須要安奉太歲者為；一：太歲（太歲當頭座，無災恐有禍），七：歲破（犯太歲，與太歲為敵，無災恐有禍。）二項。但須制化、祭解的有七項，分別為：（天狗、白虎、五鬼、病符、死符、太陰、喪門。）共七項。（一般民間也都是用安太歲來制化、祭解）。

問題三：養鳥但都繁殖不成功是何原因？

　　　　卜卦（提出數字）為 0 與 4。

答：依天干 4 為丁火而丁火代表香火傳承，0（也是10）依天干 10 為癸，癸為癸水，如此即有癸水滅丁火情形，表示傳承出現問題，那當然就代表繁殖無法成功，如要成功須準備牲禮四果，於丁卯日（假設是今日（辛酉日）不成功，而選擇其對沖日丁卯日）卯時，將祭品放在養鳥的鳥櫥旁

焚香拜拜,如此之後就會有意想不到的效果,這也就是八卦錯卦的原理,而丁卯為火風鼎卦☲☴。

二、天干解說:

澤雷隨卦☱☳卦序第 17 卦

隨卦卦辭:隨:元、亨、利、貞,无咎。

象傳:隨,剛來而下柔,動而說,隨。大亨貞,无咎。
　　　而天下隨時,隨時之義大矣哉!

象傳:澤中有雷,隨;君子以嚮晦入宴息。

◎**澤雷隨卦☱☳,依一般傳統觀念是金剋木(兌為金,震為木),何以是澤遇雷為隨卦?**

　　如以「梅花心易」來論是一種凶象,因為是金剋木,然事實上並非如此,因為兌卦代表辛與酉關係(辛、酉為秋收為水果),其本來就依附在甲木,因水果一定是依附在樹木身上,所以稱之為澤雷隨☱☳(若金代表堅硬物體則是一種地象、物象,地象就是所居住環境,若有金剋木,代表居家附近有人從事裝潢、製材工作,而在人是取用天象,是人與人對應關係因此兌為金,《易經》六十四卦,大多在言人與人及人與自然關係),所以澤遇雷何以為隨卦或歸妹卦?依雷澤歸妹卦卦象,是為少女配長男,但在運用上透過六神取象法,則就非如此,而是金代表男而震代表

女,所以是為木女金夫。

雷澤歸妹卦☳☱卦序第 54 卦
大象傳:澤上有雷,歸妹:君子以永終知敝。

　　在易經雷澤歸妹卦☳☱經文上有帝乙嫁妹,而皇帝為帝乙,因此其妹為甲(男、女命六親表之相對應關係、六神取象表),從木的屬性如不分陰陽其母親是代表水,水會育木是木的母親,而木有甲木與乙木,故水是生二個木,如稱甲木為子乙木為女,則母為癸(乙木為陰而母親與女兒同性別,故應用以同為陰的癸水),所以帝乙之妹為甲,一般生剋口訣是剋我者為官星、我剋者為財,而依上述地象來說雷澤歸妹卦☳☱是金來剋木,並再依生剋口訣,查對女命六親表,則甲木的丈夫就為辛金,而辛金一定依附在甲木身上,所以才稱之為歸妹☳☱。

◎然何以上下交易為澤雷隨卦☱☳?

　　如從甲角度則兌為夫,是澤☱依附在雷☳上,前言果實是長於果樹上,所以是辛金依附在甲木之上才稱之為隨☱☳,因此只要娶了皇帝之妹,就可以擁有大權力與福氣,所以丈夫會以太太為主(辛金依附甲木),因此澤雷才稱之為隨卦,此卦在卦象是少女配長男,但由經文上稱帝乙歸妹,所以實際是顛倒(木女金夫)。

　　壬與亥、癸與子是同屬性，是代表坎卦☵，如上案例說明０與４是癸水與丁火，是癸水滅丁火，壬代表地面流動的水，而癸水是代表從天而降的水，０代表癸，是由天上降下水，而天上降下水後是由（癸水）０降為九（壬水）是由天而降的水成為流動的水，是０（癸水）依附著九（壬水），所以假設有二個人，一個為０、一個為九，那代表癸水會聽壬水之言，凡事也會以他為主，如將此屬性組合，則此一宮位就是夫妻宮，癸水依附亥水，也表示癸水會很遵從壬水，反之也可說是我的另一半會以我為主。

　　由以上邏輯對應甲木☳與乙木☴，則是乙木依附於甲木上，也就是樹葉依附在樹幹上，（如上述澤雷隨卦☱☳是果實依附於果樹之上，是娶妻後以妻為貴，所以才稱之為隨卦），再將甲乙木組合成卦，則為風雷益卦☴☳，是我依附在其身上而得到好處，反之甲木因有樹葉（乙木）在不斷成長，表示甲木有生命力，是還在生存，因此才稱之為雷風恆卦☳☴，如此表示兩者是白頭偕老之意，而澤山咸卦☱☶則為永浴愛河，所以取象是沒有脫離大自然定律法則。

　　若以甲來定位其母親屬水（五行上為水生木），甲為震卦如遇到水，水會育木，所以稱之為母親，在

六親關係上剋我者為官（剋有約束之意，含長官、上司、事業，從女命角度官也有丈夫），我剋為財（財為妻妾及我所能控制之物事），透過此二者陰陽關係，我剋為財、剋我者為官，如此就可延伸夫妻之道，如此母親屬癸水的丈夫則為戊土（土剋水，剋我者為丈夫，戊為陽土），戊土想控制癸水然這只是一種屬性，實際上戊癸夫妻之間並非誰可以掌控誰，由此卦象也可看出是高山（戊土）無法留住從天而降的癸水，也就是說丈夫無法掌控妻子，妻子隨時可能會離家出走，所以母為癸水、父為戊，如果要用卦象來取象，因坎未分陰陽，所以直接以水來代表甲木（震為雷☳）的母親，在易卦上水雷屯卦☵☳之象，就成了母慈滅子，因雷為甲木、壬癸為水，水太多反而讓甲木（兒子）受限，因此就成母慈滅子的屯卦☵☳。

另甲木（☳）之父為戊土（☶），兩者組成雷山小過卦☳☶，小過卦卦象是兒子立於父親之上，因此是有過錯的，但甲木依附於戊土之上而成長，在自然界中是天經地義之事，然而兒子（甲木）立於父親（戊土）之上，以人倫角度而言，則認為是有過錯的，但雷山確實是一種相依為命，因甲木沒有戊土則無法穩固，而戊土沒有甲木也容易產生土石流，兩者在六親是父子關係是相輔相成，所以甲木遇戊土，表示是遇到父

親;若從男性角度而言,剋我者為兒子,因此以雷山小過卦☳☶為例,站在父親立場是兒子(木)來剋我(土),以男命剋我者為官,官是代表事業、責任,依人物來說是為兒子,而父親戊土看到兒子甲木在成長,自己也覺得很榮耀、很有成就感,欣喜萬分。

再以媳婦角度來看,甲木(☳震)的老婆為己土(我剋為財,甲為陽,因此須以陰土的己土為對應),而老婆與母親是媳婦關係,因此有己土(老婆)會吸收癸水(母親)而成爛泥土情形,如此就有古德所言「多兒餓死父,多媳餓死婆」,故我想追求掌握的是為財星,而對我來約束、牽絆、產生責任、壓力受限都稱為官星。

女命角度官星也代表其夫,但丈夫並非一定可以掌控妻子,因從上面所述組成父母為戊癸,夫妻為甲己,雖都是天干五合之夫妻關係的結合,但並不代表二者是心綁在一起。

由上述的卦例中可以看出在六親關係上為合,但實際上並非是真心的合,如甲木(震為雷☳)遇己土(坤為地☷)是少了土,是為土不足所以無法穩固甲木☳,故傳統上甲己合化為土觀念是有誤,而應該是甲己合化期待戊土出現,以其可以穩固自己;所以六神

取象也是在言六親取象，此理都不脫離《易經》六十四卦的六十四種情境。

案例：
◎男女合婚如是甲、己，是好是壞？
（一）、合婚不看八字，只要心與心溝通就好。
（二）、不管兩者為何，切記不可說不好，以免造成雙方的心理壓力，一般要合婚只要為他們擇好的日子，並祝福他們就好。
（三）、我們學習此門課程最大意義，就是透過八字得組合探討來激勵或鼓勵，使人活著有希望有明天，以及避免自己被騙。

二、天干、地支與八卦相配表：

數目	1	2	3	4	5	6	7	8	9	10
卦名	震木	巽木	離火	離火	艮山	坤土	乾金	兌金	坎水	坎水
卦象	䷏	䷸	䷝	䷝	䷳	䷁	䷀	䷹	䷜	䷜
天干	甲	乙	丙	丁	戊	己	庚	辛	壬	癸
地支	寅	卯	巳	午	戌丑	未辰	申	酉	亥	子

將難經變為易經第八講 (2015/04/22)

一、問題解說：

問題：老師著作中有關撲克牌用法，應如何運用比
　　　較正確？

答：

　　有關撲克牌使用，對初學者方面應用一組牌即
可，不同紙牌代表不同屬性，如紅桃（心）代表火的
特性，金塊是屬金的特性，梅花是屬木的特性，黑桃
屬是屬水的特性；如當下選擇紅桃作為占卜工具，因
他屬火表示當下心境是付出了能量，火是八卦中的離
卦，表示喜歡付出、照顧別人，有大愛的特性，也表
示當下還很忙；如選金塊則是一種豐收的心態（代表
兌卦），凡事慢慢來不追求名利，但事實上他的內心
已是豐收；如選擇黑桃則代表坎卦的特性，是智慧、
學習、研究發展情性，而梅花則代表震卦的特性是創
業、創新、發展的情性。離、坎、震、兌四卦，一般
稱皆稱之為四正卦，為子、午、卯、酉之位。

　　卜卦時挑任何顏色撲克牌並無吉凶可言，（一般
準備四副牌，每副牌只用 1 到 10 之數，並將相同顏
色組合成一幅，11、12、13 以後之牌不用）但可由
其所選擇之牌種，做為他當下心境或心情判斷，一般

相命之人大都希望解卦上能與其想法相同，事實上在其內心上已有定案，假如當事者心境或事業上不好而求占，占卜解說者應以勉勵或鼓勵方式為之，如此可避免其走向更偏激的方向，因為占卜、星相也是一種心理學。

◎譬如問找工作？

則可言只要認真的找，最近幾天一定可以找到。切忌說多久以後才有，因如此一來占者就會不願積極去找，這樣哪裏會有工作？所以說要用勉勵或鼓勵方式，才能讓其認真、用心以對。

上面各種圖形也代表春夏秋冬，代表當下的心情是相當的準，也就是說論現象比較準（如有人緣），但論吉凶就不一定準。

◎又一般而言犯小人好不好？

會犯小人大部分是能力上超越他人而遭妒，所以從另一個角度而言，不犯小人代表能力、執行力不好，反而是要檢討自己，所以說小人多是好的。古德言：「圓融則無小人」，那是代表要經過很多過程才可能達成，故非一蹴可舉。以《周易》為例，《周易》是文王被囚於羑里時演譯，所以有很多卦意是在諷刺當

權者,從第四十四的姤卦,卦辭言:「女壯,勿用取女」,開始說勿娶坦己,繼而是在言當時酷刑而導致生命、傳承消失(萃卦、升卦、困卦、井卦、革卦、鼎卦);繼而暗示應如何起義以推翻暴政等(震卦、艮卦、漸卦、歸妹、豐卦、旅卦),所以說《周易》有很多卦義,是在隱喻當時社會與朝政情形,也代表一些屬性是當時的生活文化背景。

二、六親推演:

(一)天干五合:

甲、己合(數為1、6),乙、庚合(數為2、7),丙、辛合(數為3、8),丁、壬合(數為4、9),戊、癸合(數為5、0)。

以上五組可視為夫妻關係,在天干稱之為五合,因為相互之間相差之數為五,但非代表感情如何,在邏輯上夫妻並不一定就代表感情很好,不是夫妻就代表感情不好,所以夫妻是代表一種形式、現象、名稱。關係上如下表:

夫(陽)	1 甲	7 庚	3 丙	9 壬	5 戊
妻(陰)	6 己	2 乙	8 辛	4 丁	0 癸
夫(陰)	2 乙	4 丁	6 己	8 辛	0 癸
妻(陽)	5 戊	7 庚	9 壬	1 甲	3 丙

（二）八卦與天干關係：

巽卦 天干：乙	離卦 天干：丙、丁	坤卦 天干：己
震卦 天干：甲		兌卦 天干：辛
艮卦 天干：戊	坎卦 天干：壬癸	乾卦 天干：庚

（三）五行的生、剋順序，此也是四季春、夏、秋、
　　　冬排序：

生：

木（春）生火（夏）：

　　傳統上是木生火，但實際上最後兩者都消失，要
稱火來生木，兩者能共存。

火（夏）生土（質）：

　　是火土共長生、太陽能量普照大地，故稱之。

土（質）生金（秋）：

　　土生金是土裏有金礦物質，但實際上土生金是沒
有感覺，因要孕育而成須經過很長時間，所以假設媽
媽屬土，而子女屬金，雖然媽媽對他很好，但他也沒
有感覺，因為土生金得經過很長時間，金是沒有感覺，
然而如果是戊土（艮土）生辛金（兌金）就有感覺，
因為戊土產生辛金是很快的，這也就成了易卦上的澤
山咸卦䷞，但戊土與庚金（乾卦）則是沒有感覺，

反而覺得戊土是在阻礙他，因此在易卦稱之天山遯卦，原因就是戊土阻礙庚金，而庚金必須隱藏。

金（秋）生水（冬）：

金（雲霧）化為水速度是很快，會成為水資源。

水（冬）生木（春）：

因水可以育木，但如大水壬（水太多）則反而無法育木，因此可能就成了水雷屯卦☰☰。所以水生木要看是何種情性之水。（如亥水本氣為壬，暗藏甲，所以說甲木長生在亥）。生的功能也有母親與子女關係，但夫妻關係則用天干五合，五合含有一種剋存在，萬物要生存一定要剋，如只有生則很快就死亡，剋是求生存意志，也因如此才能成長成才成器，而剋也含有約束，因此由五行生、剋原理，就可推演六親關係，所以傳統五行之生剋其目的是推演六親關係的。

剋：

木剋土、土剋水、水剋火、火剋金、金剋木。

（四）六親推演：

1、男出生日為陽天干、女出生日為陰天干：

以甲（男）己（女）為夫妻，則己可為母親、甲可為父親。依夫妻陰陽相剋之理：剋我者為夫，我剋

者為妻；分定何者為夫，何者為妻，如妻為陰天干則夫為陽天干，如夫為陰天干則妻為陽天干。以象看是甲木種植在己土之上，為木剋土表示是我想約束他，但是他不一定可以約束得了，如此兩者之間就會有猶豫、不穩定，因此就形成雷地豫卦䷏，故甲己之合的情性並不穩定，何以如此？是因己土鬆軟不適合甲，所以傳統上甲己合化為土的論點這並不正確，而是甲己合化期待戊土出現以穩固甲木。

以甲己為夫妻，而己（土）可以孕育出很多金礦物質，因此生了庚金與辛金（何者為兒、何者為女，依其父母陰陽屬性而定，父陽、母陰則子陽、女陰，父陰、母陽則子陰、女陽），而庚金太太（己之媳婦）為乙木，然後辛金丈夫（己之女婿）為丙，而甲木的父親為戊（水生木因此依五行生剋道理母為水，然後按相同陰陽屬性，如此母為癸水，再依夫妻生剋道理則父為戊），甲木之岳父為壬，岳母為丁（亦如上述生剋屬性），由此原理來推展，如八字為甲木如此就不要與岳父（壬水）合作，因如此形成為壬水困甲木的水雷屯卦䷂，導致事業沒有辦法發展，所以可以從此邏輯上推演很多事情。反之岳父為壬亦勿與女婿（甲木）合作，因同是水雷屯卦䷂會被屯住。

依六親推演甲木的內孫婿為壬，如此就造成岳父與內孫婿同為壬，如此如何推論？就如以手機為例，如手機共構按鍵（進入、退出、選擇鍵）般，只要鍵入選擇鍵後就可逐一的選擇使用而不會模稜兩可。

以坤土為女命那其丈夫為震木，其兒子為庚金為乾卦，由此邏輯來推演女命為己土，其兒子為庚金，如此在己土眼中，對其兒子未來就有很大期望，期望他成為一個領導者（乾為天代表領導者），因此就會將兒子放在高位，所以就會有兒子比丈夫更好、更優秀的情形。

在六親表內上下相同者（可查史上最便宜、最精準、最實用彩色精校萬年曆第 26、27 頁男女命六親表），在八卦上稱為八純卦（上下卦相同、也稱之複卦，在卜卦上又稱之為六沖卦），八純卦是在言兄弟間的互動關係，上下不同者稱之為雜卦，如甲木遇乙就為姊妹，如此甲代表我則我的妹妹為乙，如八字上男命為乙木，則我的妹妹為甲木（陰陽屬性上配合），因此在易經上的雷澤歸妹卦就有此象，兌澤為辛金，震為甲木為，而歸妹代表乙兄將甲木嫁出，而甲木丈夫為辛（金來剋木，是陰陽之剋），如此就非所謂的甲己合、丙辛合，因此陰陽顛倒女命為甲、男命就成

辛，而此雷澤歸妹卦▆▆▆也成了甲木要嫁辛金丈夫。

　　所以在易卦雷澤歸妹卦▆▆▆爻辭上就有帝乙歸妹，就是把甲當成帝乙之妹，而所嫁之夫為辛，雖卦之組成也有長男、少女，但此仍另外一種解釋，所以當我們要論事項或現象之時不可用此方法；將卦成上下交易在上則成為澤雷隨卦▆▆▆，因如此即有辛金依附在甲木之上，代表辛金娶到了有能力的女人，就如前述卦之排序（漸卦、歸妹、豐卦、旅卦）歸妹卦之後就為豐卦，因娶到了有能力的女人就可豐盛起來，所以對《易經》六十四卦彼此關係，經由六親的推演可就更為清楚。

　　由上述甲、己之關係，其兒子為庚金女兒為辛金，從甲木角度是陽來剋陽，因此在六親上稱之為七殺，如果是陽對陰則為正官，所以七殺為兒子、正官為女兒，這是以甲為陽（男）而己為陰（女）之推演，試就從不同屬性來推演以增加其瞭解，以甲木推演其外祖父為丙（甲的母親癸），而內祖父為壬（甲的父親戊），如此推演就有很多共同之處，所以在論壬何人事地物時就須主動切換，雖是同一天干或地支，但可代不同人、事、地、物，也就是說當下要論何事就可予以切換。

2、男出生為陰天干、女出生為陽天干之推演：

如兩者相反其六親關係又有所不同。以夫妻算起點對照表如下：

男、女命出生不同天干屬性之對照表					
男（陽天干）	夫	甲	丙	戊	庚	壬
女（陰天干）	妻	己	辛	癸	乙	丁
男（陰天干）	夫	乙	丁	己	辛	癸
女（陽天干）	妻	戊	庚	壬	甲	丙

若乙木為男命則妻為戊土，兩者子女（由母親關係開始，再依五行生剋方式推演）分別為女兒庚金（與母同陽干屬性）、與兒子辛金（與母不同屬性），而女兒丈夫為丁（女婿），兒子之妻為甲（媳婦），外孫女壬（與母同陽干）、外孫男為癸（與母不同陽干），外孫婿則為己（外孫女壬），外孫媳為丙（外孫男為癸），而內男孫為丁內女孫丙，內孫媳為庚（內孫男為丁），內孫婿為癸（內孫女丙），而乙木之岳父為癸、岳母為丙，如上述以男命為甲木推演時，則不能與岳父共同合作事業，若為乙木時則很受岳父母很疼惜，其原因為乙木喜歡丙火照射，癸水滋潤，所以出生日為乙木之男命，很有岳父母之緣，所以岳父母對其也有加分作用。

　　再以此角度推演，因丁女婿（女兒庚）代表溫度，而庚金（丁火的老婆庚、乙木的女兒庚）為風代表乾卦而乾為天，所以乙木之女婿（丁火為溫度老婆為庚）很聽從其妻之言（男乙木之女為庚），而其子（辛金）就不同了，因子媳（辛的老婆甲）組合成澤雷隨卦 ䷐ ，是辛金（兒子）依附在甲木（媳）之上，所以兒子長期住在媳婦之家而不回，所以說每一個卦象，每一個天干地支的六親其感受是不同的。（有關六親關係可參酌老師所著萬年曆，男、女命六親對照表）。

　　由彼此相對關係再推演，如此戊日（戊為高山）的女命則其兄弟姊妹都會找其幫忙，因為戊的兄弟為己土（土為地），因此就有山地剝 ䷖ 之象，而水也會往己土而流，所以戊日的女命，其兄弟都會請其幫忙，且其也會幫忙這就是山地剝卦 ䷖ ，而為讓戊土幫忙，所以己土（兄弟）會很謙虛有理，此又成為地山謙卦 ䷎ ，整體上而言女命戊土之六親關係為：戊遇庚為母女，戊遇辛為母兒，戊遇壬為姑姑（也可代表外孫女），戊土女命的父親為癸、父親之姊妹為壬，戊土之老公為乙。

（五）綜述及六神屬性

從女命之角度我生者為子、女，從六神角度其名稱為食神、傷官，簡稱為子孫或食傷，若從男命角度，男生不會生直接用官、殺稱為子女，但從食神、傷官角度都是我所生，以此在身體部分代表口水、汗水、排泄物、頭髮、指甲、亦可代表肢體語言、能力、才華、學術等的表現；以老師與學生立場而論，老師之教授為表現食神、傷官，學生聽老師上課是得到印星(印星代表母親、老師、權力的掌握)，所以角度不同立場就不同，學生聽老師講授是得到印星，故印星屬老師而非學生所有，所以說食神、傷官才是自己所有（如老師提供其學術研究向學生講授），而學生在接受老師講授學術研究，表示是在接受印星，若要將老師學術研究，轉化為自己所有，就是要將它成為食、傷才是自己所有。

所以印星代表生我者，妻財為我剋者，因此以戊立場其印星為丙火、丁火，所以戊土女命(其女兒為庚，庚的老公為丁)的女婿（丁）很孝順，因丁可讓戊土有溫度能量，但丁會讓乙木（丁之岳父）有壓力，因此乙對丁感覺會怪怪，而乙木見到辛金（兒子）會有壓力，因為辛金會讓乙木受傷，反而會感覺媳婦(甲木）非常孝順，因為乙木與甲木關係係為風雷益卦

☳☴，所以可由彼此看其感受，不要直接論吉凶，也就是五行在一起之感受，在屬性感受會比較深。

再從此角度看可經由我的才華、能力或一技之長而得到財，所以謂食傷生財，所以戊土之財星為水（因戊土生聚集雲霧，而雲霧會化為水，而戊土想剋水，但水往山下而流，所以戊土無法控制壬水，因此成為山水蒙卦☶☵），水會育木讓木成長，表示有財就可買官（名份、地位），所以稱之為官星，而此官星會來約束土，也就是責任與壓力（木種於土中，木可穩固戊土，木依附於土，因此土有被侵佔感覺，兩者相成為雷山小過卦☳☶，土雖有被侵佔感覺，但木到最後是由山所顯，所以說木也會歸土所有），所以官星是來約束我，春天（木）之後為夏季（火），所以官之後就為印，因火可讓高山之土有生機，就如上述女婿（女兒庚、女婿丁）讓戊土產生溫暖、能量，所以印星是可以來生我，而官星會讓我有責任壓力，所以稱之官、印相生，如此就產生六神屬性。

三、問題
（一）澤風大過卦屬性為何？

澤風稱之大過，可從澤與風兩者屬性而論，甲木代表大樹、乙木為小花草，而花草幼苗直接就會受辛

金傷害，也就是辛金☱讓乙木☴受傷，所以才稱之澤風大過卦☱☴，若相反（上下異位）則是乙木（巽☴）成長最後結成甜美果實（兌金☱），所以稱之為風澤中孚卦☴☱，而中孚為誠信，是表示乙木可以結成果實。

陳如上述：辛金剋乙木，是有兒子不孝、忤逆父親感覺，而不孝那當然就為大過，所以二者屬性是如此，然而剛好透過媳婦（甲木）化解彼此關係，媳婦也會規勸辛金要能永遠孝順，因此二者又構成雷風恆卦☳☴，這也就是屬性間的關係，然後再看乙木與女兒（庚金）關係，因庚為乾，而乾為天，所以二者構成天風姤卦☰☴，因此母親見到丈夫與女兒互動就會有醋意。

◎然何以為天風姤卦☰☴？

因乙木☴（巽木）為小花草，庚金☰（風吹之意）來時可讓花草結成果實，但風吹過即走，所以才稱為天風姤卦☰☴，但角度不同（卦上下交易）則為風天小畜卦☴☰，是因為庚金來臨後，可讓小花草結成果實，也是只有讓小花草結成果實，所以稱之為風天小畜卦☴☰。

◎而何以山（戊土）天（庚金）為山天大畜卦？

在屬性上整座山都是黃金，因此才稱之為大畜，所以《易經》六十四卦卦名無不在大自然之中，這也是從戊土（艮☶）角度看，若從女兒角度則會抱怨媽媽，二者屬性構成天山遯卦☰☶，是為天☰要運行而被山擋住，表示媽媽會管東管西，對哥哥、弟弟很好，因與哥哥、弟弟構成是澤山咸卦☱☶，所以說角度不同感受就不同。

（二）天干五合之關係是固定？

假如男命為甲（震☳）則其妻為己（坤☷），但是在八字之中沒有見到己土，而甲也有結婚如此，則可由夫妻宮來推夫妻之關係，就一般而言甲、己之關係，並不優於由夫妻宮所見為佳，因甲、己之關係在前已說明，是甲木在己土之上根基不穩，所以甲己是少了戊土，是期待戊土出現。甲、戊雖是雷山小過☳☶但卻是相輔相成，甲、己則為雷地豫卦☳☷，因此就有不穩定之象，且其側又有亥水會困木，且己土為鬆軟之土無法讓甲木根基穩固，所以甲己期待戊土出現。因此有己者均是為甲之妻，而無己者則由夫妻宮來推找。

將難經變為易經第九講（2015/04/29）

一、問題與說明：

問題：

　　女命丙申年、己亥月、丁亥日（日主）、申或酉時（兒女宮）之八字，在六親、六神關係上如何搭配？

```
或  時  日  月  年
己  戊  丁  己  丙
酉  申  亥  亥  申
```

解答：

　　依上項八字是以丁（離火☲）為主體（日主），如此夫則為壬（坎水☵），兒子為戊土、女兒為己土（雖然兒女八字非戊與己暫且不去考量），丈夫為壬水（亥中藏壬），雖其中有己亥、丁亥，但非代表有二位丈夫，而是有二個責任或工作屬性，或曾經有二段感情，在兒女宮申中有戊為男孩，而酉中有己為女兒，與自己同五行、同陰陽是代表姊妹稱之為比肩，不同陰陽則為兄弟，所以丙與丁是不同陰陽因此丙代表兄弟，而丁之母為乙木，老公為壬，壬母辛金（婆婆）、壬父丙火（公公），所以丙可代表公公及兄弟，而辛代表婆婆，酉中有己代表女兒，因此女兒有己亥與己酉個性，如只生一個則以己酉代表（因為己酉為子女

宮），如此六親所有關係均已顯示。

　　由個別命盤導出我與六親的互動，是每個人與他們的互動關係，當然也可由他們命盤導出與自己關係，如自己與他們關係就會出現在自己命盤，如是他們與自己關係則出現在他們命盤，也就是彼此看法角度不同，如此感受就不一樣，由自己命盤可看出自己與家人關係，相同由家中每個人命盤看，則可由他們命盤看出其與我關係，當然主體為丁日生（日主），而女兒不一定為己日生，因此六親五行屬性不一定剛好相同。如子女為丙日那當然又不同，因丙日母親為甲，父則為辛。

　　依老師所著萬年曆第 26、27 頁，女命六親表查表，丁日女命甲為女婿、乙木為母、丙火為兄弟，丁為姊妹，戊為兒子、己為女兒，庚為父，壬為丈夫、癸為兒媳。

　　乙亥也可代表乙壬，乙木為巽卦而亥為坎，坎為水，因此有乙木隨著壬水載浮載沉，可代表乙木能入境隨俗；為乙木跟隨壬水所以成為風水渙卦䷺，是以巽為主體其上下交易為水風井卦䷯則以水為主體，在十二長生表癸水長生在卯，而癸水為坎而卯為

巽木，所以癸水長生在卯即成水風井卦☲☵，癸水因卯而出，水遇卯木是長生故會主動出泉，因此所構成之卦是很好的。

◎然何以稱之為水風井卦？

前人大都以井字作註解，依水風二字解水為癸、風為卯，而癸水長生（開始之意）在卯，是水遇風自然而然的出泉，因此才稱之為井卦(水風井☵☴)，又何以此處為癸水而渙卦則為壬水，因壬是流動之水才以渙稱之(風水渙☴☵)，而井卦是告訴大家，此處之水是主動生出。另有由壬申（水天需卦☵☰）組合之卦，也有水風井卦之象，因需為等待代表在孕育、醞釀，壬申為七月是醞釀狂風暴雨，所以可以井來代表，因壬長生在申，所以水天需☵☰有水風井☵☴之象。

因此說八字中如有壬申，大部分家裏會有滲、漏水現象（壬申滲漏比較大，癸卯則是潮溼而已），客廳或臥室會裝設水龍頭，在日柱有水或申者比較容易在臥室裝設水龍頭。月令如遇壬申月大部分會有狂風暴雨，如己亥年八七水災也是在壬申月。己丑年莫拉克風災也是在壬申月。

附表一：十二長生能量表（依陰、陽屬性而分）

五行＼能量＼陰陽	長生	沐浴	冠帶	臨官	帝旺	衰	病	死	墓	絕	胎	養
	+3	+4	+5	+6	5	4	3	2	1	0	+1	+2
甲木　陽	亥	子	丑	寅	卯	辰	巳	午	未	申	酉	戌
乙木　陰	午	巳	辰	卯	寅	丑	子	亥	戌	酉	申	未
丙火戊土　陽	寅	卯	辰	巳	午	未	申	酉	戌	亥	子	丑
丁火己土　陰	酉	申	未	午	巳	辰	卯	寅	丑	子	亥	戌
庚金　陽	巳	午	未	申	酉	戌	亥	子	丑	寅	卯	辰
辛金　陰	子	亥	戌	酉	申	未	午	巳	辰	卯	寅	丑
壬水　陽	申	酉	戌	亥	子	丑	寅	卯	辰	巳	午	未
癸水　陰	卯	寅	丑	子	亥	戌	酉	申	未	午	巳	辰

附註：

一、　陽為順行、陰為逆行，陽「長生」、陰為「死」。
　　　陰「長生」、陽為「死」。

二、　戊土與丙火同長生，丁火與己土同長生。

二、六親推演

（一）說明：

　　六親推演依天干五合之配及五行生剋推演，而五行木、火、土、金、水也代表四季圖，每逢每季終了轉換之際均為土，而土在地支之中以辰、戌、丑、未為代表。而土亦稱之為庫，因此就有庫煞，而庫煞在傳統擇日上為三煞（災煞、劫煞、庫煞之統稱）之代

表，故亦稱三煞，傳統擇日學上三煞與六沖卦都是為大凶。

◎天雷无妄卦是否為凶卦？

在六十甲子排序中庚寅為天雷无妄卦（庚乾天、寅震雷），是寅木有无妄之災，為何是寅木有无妄之災，是因庚金來劈寅木，又何以謂无妄，以无代表沒有想法，然無與无二者是有所不同，無代表完全沒有，而无則還有一點點，天雷无妄卦用此无就表示還有一點點想法，此想法就來自於寅中之丙，丙火長生在寅，所以寅代表太陽剛剛要昇起之時，丙火代表能量可以驅動庚金，故而不言剋庚金（庚金長生在巳），故丙火代表想法（火代表心）所以庚寅用此无，表示內心還有一些想法與觀念，而有此想法與觀念是來自於寅中之丙火。

天雷无妄卦 卦序第25卦

无妄卦卦辭：元、亨、利、貞。其匪正有眚，不利有攸往。

象傳：无妄，剛自外來而為主於內，動而健，剛中而應，大亨以正，天之命也，其匪正有眚，不利有攸往。无妄之往，何之矣。天命不祐，行矣哉？

象傳： 天下雷行，物與无妄。先王以茂對，時育萬物。

　　一般而言一年最冷之月在寅（立春）月，故庚寅之柱為非常冷，所以會比較沒有想法、慾望，因此稱之為无妄，既為无妄何以又有災難，也就是因為丙火驅動庚金，庚金反而剋寅木，所以讓寅木受傷，又此二者所構成為雷天大壯卦䷡，而大壯為止也，因此庚寅與甲申構成天雷无妄卦䷘，是以甲申无妄之災比較多，所以甲申日之人如長得高大（其象如樹大招風），就容易有无妄之災，甲木遇申是甲內心有申，代表是自我約束，而自我約束就會有壓力，會自我要求而產生責任心，因此就會要求部屬，故甲申之人也會要求別人，也因會要求別人因此也會傷害到自己，所以說庚金會劈甲木，因此庚與甲之關係，才會有災難之象，故才稱之為无妄之災，而无妄之有災其實是因丙火之驅動，也來至於內心的慾望所造成。

　　庚寅之人比較不會熱情，庚寅相反為甲申，庚金遇申為臨官位，故庚金之祿在申，甲祿在寅，如庚寅日甲申時出生之人，因庚金之祿在申，甲木之祿在寅，寅之馬在申，申之馬在寅，所以稱之為祿馬交馳，在擇日學上是很好時辰，也表示要做很多事情所以會有很累的情形，庚寅在傳統寅、申、巳、亥是為驛馬，

而驛馬之中只有寅不動,而寅為虎其如無丙火驅動就如睡貓,故八字有寅而無丙火、丁火、午火、巳火,就會整天懶洋洋,庚日才有甲申時,甲日沒有庚寅時,所以庚寅日的甲申時才稱之為祿馬交馳。

　　申與寅兩者以申溫度較高,申月也是一年最高溫的一個月,寅為農曆一月沒有颱風,而申為農曆七月是大熱天會有暴風雨、颱風,壬長生在申所以壬的申會產生暴風雨;火與溫度會驅動庚金(風),申與庚二者以申力道比較強,因天干是代表現象、而地支代表能量,也涵蓋時間、空間(方位)、月令、季節,因有時間、季節故地支就有能量。

　　天干是代表象,是在突顯地支能量,如甲為震卦甲是突顯寅的能量,所以寅也代表震卦,故寅是藉由天干來突顯,而甲也是紮根於寅,故甲、寅就含有震為雷的震卦☳,在傳統八字很重視五行,如甲、寅都視為木,但切忽略了甲、寅之柱是樹木生長茂盛,而樹能茂盛必須有足夠水份、陽光,所以從卦象可解析出這種現象。

　　在先天震是在東北方是寅、艮、丑方位,表示樹(寅木)有高山之土來穩定,所以說寅中藏戊,而卦象

卦中互卦（三四五爻）含有坎卦表示含有水份，但他不含火之象，故此柱不強調火，是溫度很低。再依老師所著萬年曆 23 頁（第八講最後一頁附表一），癸水長生在卯產生正 3 的能量，至寅為正 4，代表此處之水有正 4 的能量，而在丑時為正 5，艮卦為丑，代表有豐富水資源，所以說艮土、戊土會產生豐富水資源，因此表示艮土、戊土會生水，故說山之土會生水而不言土剋水，因此可以說甲寅（震為雷）溫度低但長得很漂亮。

不以傳統生剋談五行而以四季來看，在季節上是春後為夏再次為秋最後為冬，而傳統五行是木生火，但二者實際是二敗俱傷，因木燒光火也熄滅，然而事實上在大自然是火來生木，這個學理不是標新立異，而是早在伏羲劃卦，組成了重卦，定了卦名後就已告訴我們了，木遇到火才能長得豐盛，因此才有雷火豐卦的名稱組合。

所以春後為夏是太陽的能量讓大地有生機，在十二長生表中，丙、戊（寅）或丁、己（酉）其長生都是相同，所以說是火土同氣，再次夏後為秋，也是太陽的能量產生養份讓大地充滿生機，而土也蘊含很多金礦物質，因此戊土會產生辛金，而金礦多之處水就

豐富,辛金遇溫度會化為水,然後水來滋養木,所以這是一個生的循環,此生的循環是在強調四季的循環,故在求六親關係上是母來生子,而夫妻之間用剋的關係,來成就萬事萬物。

◎而何謂剋?

　　意為牽絆,如木來牽絆土,但實際上木、土是相依為命,也因相互牽絆才有雷山小過卦☳☶;在來土只是想約束水而已,因為水會主動侵伐土,稱之水剋土,因此才有地水師卦☵☷(壬水侵伐己土,如此代表出生日為己土,旁邊有壬水表示機會比他人更多,因為是壬水會主動而來,所以壬是代表己土的財星、機會)。

　　壬水想來滅火,為何只是想而已,而不是真的相剋?因為丙、壬不會相剋,因此才稱之為水火既濟☵☲,在八卦上言水火不相射;再來火可驅動金,二者是在強調丙、庚的關係,如丙火剋金則是在強調丙與辛及丁與辛之關係,是在強調丙、丁中丁與庚、辛及丙與辛的關係,而這些關係謂之剋,剋才能有創造力,才能倍增,生只是複製而已。

丙遇庚、辛雖為剋，但丙遇庚不稱剋而稱之為驅動，故才有天火同人卦 ䷌、火天大有卦 ䷍，天火同一氣也就是丙庚同氣，此二者先後天同位（同在南方），所以說丙火旺庚金就旺；剋意義是用在夫妻、上司與下屬關係上，而生則是母親對子女、長輩對晚輩的呵護，透過這些關係就可推演六親。

（二）推演之例：

1、陽（男、陽天干）陰（女、陰天干）正配：

　　論夫妻必須一陰一陽，男代表陽、妻代表陰，女代表陽、夫就代表陰；而論事就非一定是一陰一陽，因此六親推演是透過五行（金、木、水、火、土）及五合（天干五合）相互關係而推，例如：男命為庚金（為陽天干），則其妻為乙木（為陰天干），二人結婚由乙木生兒育女，因此乙木生丙兒子（陽干）、丁女兒（與母同屬陰性），然後兒女結婚，丙(兒子)之妻為辛（兒媳），而丁(女兒)之夫為壬（女婿），然後兒媳辛再生孫兒女，孫兒為壬（陽干）、孫女為癸（陰干），女兒為丁，其再生外孫兒為戊（陽干），外孫女為己（陰干），由此以下可依上述方式再不斷延伸。

　　庚金之父為甲（陽干）、母為己（陰干），其岳父為戊（陽干）、岳母癸（陰干），而乙木（庚金之妻）

內祖父為壬、內祖母丁,所以乙木與丙火之關係是為風火家人卦▤▤,但乙木與丁火關係則比較象火風鼎卦▤▤,然二者何以用此不同方法論述?是因八卦也須找象,因離卦本身不分陰陽,故在取象時要主動予以分陰陽,就坎卦本身亦不分陰陽,故取象時要主動予以分陰陽,所以在乙木(庚金之妻)觀念或感覺,認為女兒(乙木的女兒丁火)嫁出後已屬別人,而兒子(乙木的兒子丙火)才屬自己,所以才為風火家人卦▤▤象,但乙木對媳婦(兒子丙、媳婦辛)會比較有意見,因為丙火眼睛會遭辛金蒙蔽,故稱之為火澤睽卦▤▤,而辛金會剋乙木(乙木為婆婆、辛金為媳婦),是為澤風大過卦▤▤,因此會嫌棄媳婦,彼此觀念落差很大。

而庚金與兒子(丙火)就能共同經營事業,因庚與丙是為天火同人▤▤,且可同心所以也是火天大有▤▤,然與女兒關係,女兒會覺得父親是非常忙碌(女兒丁、父親庚),因庚與丁關係庚為強風導致丁溫度降低,代表庚金比較忙碌,與女兒丁火接觸機會比較少,而與兒子接觸機會比較多(兒子丙、父親庚),故說丙火不會剋庚金而是驅動庚金,但是庚與父(甲)關係又不同,是庚金劈甲木(庚金的父親甲),形成丙火驅動庚金,然後庚金霹甲木,因此彼此互動就不佳,形成二地而居,如此就類似天雷无妄卦▤▤,而在庚父(甲)立場看為雷天大壯▤▤,是事業忙碌壓力

甚大之時，所以說可以依此切入六十四卦組合，並融入天干地支。故父子不一定感情就好，就可共同經營事業，也代表婆媳就一定不好，一切都要看五行屬性而定。

再從丙火（庚金之兒子）立場看其與祖母（己，庚之母親）關係就很好，二者形成為火地晉卦☲☷，在己（祖母）認為丙（孫）為庚（父）創造很多財富，因丙與庚是為火天大有卦☲☰，故每一個組合是不同，另丙火也會讓乙木蓬勃快速而生，庚金與乙木關係在生完兒子後就會有發展，但乙木與丁火（女兒）關係就不好，因丁火（女兒）認為乙木母親對丙火（兄弟）很好，故而有所妒忌而產生不快與對立（丁火會讓乙木受傷），所以有火風鼎☲☴之象，由此也可看出丙火在家中是很有地位。

再看辛金（兒子丙火的老婆辛）會剋乙木，代表媳婦會忤逆婆婆，二者構成澤風大過卦☱☴，其原因是丙、辛關係綿密，導致乙木妒忌而產生不快造成對立的狀況，但對女婿（壬）就很好因又能跟隨壬水，二者構成風水渙卦☴☵或水風井卦☵☴，又乙木喜歡己土表示乙木與外孫女關係很好，此二者構成風地觀卦☴☷，而乙木與外孫兒（戊）二者構成風山漸☴☶，

160

表示感情是慢慢培養而來，而乙木與內孫（壬、癸）關係又很好，乙木能跟隨壬水而癸水內孫女可滋潤乙木祖母。

2、陽（陽天干為女）陰（陰天干為男）反配：
（對照表如下）

男、女命出生不同天干屬性之對照表					
男（陰天干）	夫	乙	丁	己	辛	癸
女（陽天干）	妻	戊	庚	壬	甲	丙

　　上表為男命陰天干，女命為陽天干之夫妻組合，以男命辛為例：則其妻為甲，二者構成澤雷隨卦☱☳，表示男子結婚後將會有所發展，由象看是辛金（老公）依附甲木（老婆）就可擁有權貴，二者結婚後甲木生丙女、丁男，丁男結婚妻為庚（兒媳），丙女結婚夫為癸（女婿），丙女再生為戊女（外孫女）、己男（外孫男）；丁之妻庚女再生為壬女（內孫女）與癸（內孫兒），甲女之母為壬（辛男之岳母）之父己（辛男之岳父），辛男之父為乙、之母為戊，以上就是陽天干為女、陰天干為男反配的六親關係。

三、六親關係

以上述為例丙（離火）與女兒戊（艮山）關係二者形成火山旅卦▦▦，就像太陽繞著地球在跑，也如旅行一般，因此就有非常忙碌的象，因此謂之火山旅卦▦▦，而母親丙火與兒子己男二者為火地晉卦▦▦，是己土可以快速讓甲乙木成長，由此丙火就會覺得很快樂、喜悅及榮譽感，且己男在丙火母親教導之下能力很強，因丙火母親可以讓己土兒子長出很多東西；丙火女命的兄弟為丁火（丁火為戊、己土的舅舅），而丁火只是溫度或是小燈光，因此丙火就會搶走丁的光芒，如此二者在一起時，大家目光全在丙火，然實際上丁能力比較好（因丁溫度高於丙），如此也表示丁火姿態比較低。

案例：

火地晉卦▦▦論，在論卦時將卦拆開，然後將卦分為主體與客體，以上卦為主體為我，下卦為客體為未來情形，卦象是太陽在己土之上，代表太陽照射大地，讓大地充滿生機，太陽可以讓己土生長花木，故問身體表示會增生（丙、己關係）長東西，如問事業則可以一直生長，問結婚對象表示很會理財，因己土會吸收丙火能量而生長花木，以丙火角度生木，是生我者是為印星（我生者為食神傷官是父母子女之關係，

反之子女與父母是印星關係），所以表示是結婚後會一直在生長，彼此感情也很好，因丙火☲可以呵護大地（坤☷己土），讓大地充滿生機。

如問與女兒之間的關係，則不論是父或母誰在問，就不用六親間相對待情形，六親相對待是在八字卜卦中使用，如以本卦男問與兒子關係，直接用卦主、客體（上、下卦）來說，因為是彼此相對待關係，因男不直接生子，故用陰陽來代表互動關係，而不再用火來生土方式來論。

澤地萃卦☱☷，將之轉為數字，澤代表辛金在天干數字為第八（此不是八卦的卦序，而是卦帶入天干），而地為己數字為六（此不是八卦的卦序，而是卦帶入天干），因此可以用八與六、辛與己、澤與地的關係，是同屬性是辛金依附己土，而己土可以長甲乙木，因此辛金可代表魂魄、種子，其依附在己土而長出甲乙木，所以謂之萃卦，依字象也有死亡士兵依附花草，所以萃是聚集是無形能量聚集，故卜到本卦表示有無形東西在干擾，因此要用大牲祭拜（一般三牲、而大牲為五牲），如果單獨解卦只有解釋一個字而已，但把卦拆開則可看到上下對應關係，就如先有六十四卦，才有文王演卦之說。

　　另同八字之人會因兒女或兄弟姊妹人數多寡，而造成不同命運，如現在為乙未年、庚辰月、乙亥日、辛巳時，假設上為男命，子女多就會有壓力，尤其是兒子，乃為辛金之故。子女是父親的官星，從乙木角度庚為女兒而辛為兒子，假如有二男二女，而在八字上並未出現，則必須由子女宮中（時柱）去找，又如男命找不到財星，就必須由夫妻官去找（我剋為財），如本身也無父母之印星，就須從父母宮（月柱）去找此星（星就是六神、宮就是年、月、日、時柱之位），所以可以先找星再找宮位。

　　與本人有關六親關係就是由上述推演而來，以天干推演六親關係比較複雜，如化做五行方式就比較簡單，因為五行不分陰陽，只有五個彼此間對應關係而已，如巽宮（乙木）對上未土、辰土並不分陰陽，都是為我剋而我剋為財如此都為妻財，對上亥水或子水成水滋養木，而生我者為父母，因此皆為父母，而木來生火，我生者為子女，如此巳火、午火皆為子孫，如是同五行者都是稱為（如寅、卯木）兄弟，而剋我者為官鬼。

　　若以天干而分則分為十個：生我者為正印、偏印，同陰同陽為偏印、不同陰陽為正印；剋我者為正

官、七殺，統謂之官殺，同陰同陽為七殺、不同陰陽
之剋為正官；同我者為比肩、劫財，同陰同陽為比肩、
不同陰陽為劫財；我生者為傷官、食神，同陰同陽為
食神、不同陰陽為傷官；我剋者為正財、偏財，同陰
同陽之剋為偏財、不同陰陽之剋為正財。

附表二：五行與天干對照表
（六親星關係又稱六神法或十神法）

五行用法	十天干用法	
生我者父母	**正印：** 陽生陰或陰生陽	**偏印：** 陽生陽或陰生陰
我生者子孫	**傷官：** 陽生陰或陰生陽	**食神：** 陽生陽或陰生陰
我剋者妻財	**正財：** 陽剋陰或陰剋陽	**偏財：** 陽剋陽或陰剋陰
剋我者官鬼	**正官：** 陽剋陰或陰剋陽	**七殺：** 陽剋陽或陰剋陰
同我者兄弟	**劫財：** 陽同陰或陰同陽	**比肩：** 陽同陽或陰同陰

附表三：天干十神參照表：

主體 \ 對應			1甲	2乙	3丙	4丁	5戊	6己	7庚	8辛	9壬	0癸
朋友	比肩	客戶	1甲	2乙	3丙	4丁	5戊	6己	7庚	8辛	9壬	0癸
朋友	劫財	客戶	2乙	1甲	4丁	3丙	6己	5戊	8辛	7庚	0癸	9壬
能力	食神	部屬	3丙	4丁	5戊	6己	7庚	8辛	9壬	0癸	1甲	2乙
能力	傷官	部屬	4丁	3丙	6己	5戊	8辛	7庚	0癸	9壬	2乙	1甲
金錢	偏財	感情	5戊	6己	7庚	8辛	9壬	0癸	1甲	2乙	3丙	4丁
金錢	正財	感情	6己	5戊	8辛	7庚	0癸	9壬	2乙	1甲	4丁	3丙
事業	七殺	責任	7庚	8辛	9壬	0癸	1甲	2乙	3丙	4丁	5戊	6己
事業	正官	責任	8辛	7庚	0癸	9壬	2乙	1甲	4丁	3丙	6己	5戊
權利	偏印	保護	9壬	0癸	1甲	2乙	3丙	4丁	5戊	6己	7庚	8辛
權利	正印	保護	0癸	9壬	2乙	1甲	4丁	3丙	6己	5戊	8辛	7庚

附表四：地支十神表

亥壬	戌戊	酉辛	申庚	未己	午丁	巳丙	辰戊	卯乙	寅甲	丑己	子癸	地支 日主
偏印	偏財	正官	偏官	正財	傷官	食神	偏財	劫財	比肩	正財	正印	甲
正印	正財	偏官	正官	偏財	食神	傷官	正財	比肩	劫財	偏財	偏印	乙
偏官	食神	正財	偏財	傷官	劫財	比肩	食神	正印	偏印	傷官	正官	丙
正官	傷官	偏財	正財	食神	比肩	劫財	傷官	偏印	正印	食神	偏官	丁
偏財	比肩	傷官	食神	劫財	正印	偏印	比肩	正官	偏官	劫財	正財	戊
正財	劫財	食神	傷官	比肩	偏印	正印	劫財	偏官	正官	比肩	偏財	己
食神	偏印	劫財	比肩	正印	正官	偏官	偏印	正財	偏財	正印	傷官	庚
傷官	正印	比肩	劫財	偏印	偏官	正官	正印	偏財	正財	偏印	食神	辛
比肩	偏官	正印	偏印	正官	正財	偏財	偏官	傷官	食神	正官	劫財	壬
劫財	正官	偏印	正印	偏官	偏財	正財	正官	食神	傷官	偏官	比肩	癸

將難經變為易經第十講（2015/05/13）

一、問題與說明：

問題：男用數字3與0問婚姻？

答：3代表火的情性，0則屬水，因此是代表丙與癸關係，在婚姻上為忽晴忽雨，婚姻狀況不是很穩定，但不會有離婚情形，只是情緒上一些起伏而已，是太陽與癸水關係，因下雨就會遮蔽太陽，因此有忽晴忽雨狀態，另外此男很有責任感。

問題：乙未年生之人可否於乙未年修繕房屋？

答：乙未年生之人在乙未年修繕房屋是沒有關係的，如果房屋重建當然須重新擇日。

問題：如果女性求姻緣數字為0、8，是不是一定要透過神明？

答：數字0、8求姻緣必須拜求註生娘娘而非月下老人，一定要透過神明力量比較強，如果說是否會不請自來，依象來看8（辛金）為雲霧，而0（癸）為雨水，如果二者見面也不敢主動，是不夠積極所以不容易不請自來，如果是9（壬）、0（癸）則癸水會落入壬水，如此就能不請自來，而0、8是雨水落入雲霧，如此就是烏雲密佈下起雨，

當然機會渺茫，所以說就算坐在一起，也不敢互相表示，必須要有第三者協助幫忙。

從 0(癸水)關係看是金來生水，是生之關係所以是求註生娘娘，然何以不求月下老人而求註生娘娘，因結婚是為了傳宗接代，所以求他就會有好的姻緣而很快結婚。0、8 數字之姻緣在本月（辛巳）就可浮現，如沒有在二個月後就會有，因二個月後為癸未月（國曆七月七日），這個意思就是在找應期（斷時間），而要找應期就是找最後的落點，然後再找一個輔助的，也就是往前推第二個時間點，所以說 8（辛）之時辰比較準，如(辛金)8 沒有就會到 0（癸）時辰，以上都是以天干取算，如化為地支就比較複雜而沒有辦法集中。要記得太陰曆每年起始是由立春開始，約是國曆的 2 月 4 日起。

問題：何謂早子時與晚子時。

答：在太陰曆今日為乙未年、辛巳月，己酉日，以今日（五月十三日）子時來講是 23（五月十二日晚 23:00 至 24:00）時至 01（五月十三日凌晨 00:00 至 01:00）時，所以如果出生年、月、日記載為，乙未年、辛巳月，己酉日、子時這是錯誤，一定要寫幾點幾分，以上例應記載為 104 年 5 月 13

日凌晨 0 時 40 分，這樣名卻的記載才不會有換算錯誤的問題發生。

有的派別以每天 0 時（24 時）為換日，對上述時間就稱之為早子時，如果為 104 年 5 月 13 日深夜 23 時 20 分，此時尚未超過凌晨零時，這樣就稱之為子時，但此派別在 5 月 13 日凌晨 0 時 40 分天干上早子時為甲子時，而再經過十二時辰後子時，因尚未超過當天零時，因此日之天干地支並未更動（一樣是己酉日），但時辰就更動為丙子，假設：己日亥時是為己日乙亥時，而乙亥時在往後一個時辰就為丙子時，因此 104 年 5 月 13 日深夜 23 時 20 分稱之晚子時，日一樣是己酉日，但時辰已換成丙子時了，也就是說晚子時之八字只換時而不換日。

老師所採用的方式則因已過 23 時，所以含日干支都更動往前進一日，所以此日為庚戌日的丙子時。所以出生時間直接寫〇年〇月〇日〇時〇分，如此就可避免所謂早子時或晚子時之類錯誤。所以甲己之日丙子時，是因採用晚子時關係才有，否則一般用法甲己之日只有甲子時並無丙子時。

二、八字中四柱求法（年柱、月柱、日柱、時柱）：

（一）、四宮位萬年掌中訣：

在八字中四柱求法，當然可以直接查萬年曆，但當手中無表可查時就以下列方法推算八字四柱天干。（下表由左至右依序代表食指、中指、無名指、小指）。

四宮位萬年掌中訣表

己巳	戊午	丁未	丙申
庚辰			乙酉
辛卯			甲戌
壬寅	丑	子	癸亥

1. 本表可年取月、日取時，時取分，上面已配的干、支各組是固定不變的。
2. 年柱求月柱時由寅宮順推至丑止不能在進，逆推則至寅止不能再退。
3. 日求時、分時，由子宮順推至亥止不能在進，逆推則至子止不能再退。

說明：

　　由上表可以年柱求月柱、日柱求時柱，時柱求分柱，然一般在農民曆上皆已有年、月、日之干支，而時、分則比較少，以現在時間為巳時（上午9至11時），而其對沖為亥時（21至23時），一個為白天（陽）一個在夜晚（陰），因此就稱之為陽（巳時）陰（亥時），而何謂陰陽就是從白天到晚上的相對待，而此對待也稱之為沖，而二者相差也為六，所以當此處為巳時對沖就為亥時，在使用上幾乎百分之百的人都不敢用沖，其實用沖才知道陰陽情性，也就是處陽也可考慮到陰，處陰之點也可考慮到陽，所以八字（年、月、日、時）有沖之人是比較聰明，因他懂得陰陽情性，而八字中都是合或生之人就比較安逸、享成，思維、處事上也比較窄小及缺乏積極，所以說沖不用怕。

　　現在此時為乙未年、辛巳月，己酉日，巳時，現依上表掌訣查時辰之天干，依上表就直接有己巳時，因此就不必再往前或往後推算，就是己巳時。另外八字除上表萬年掌訣所配十組干支，同時具有相同年月日時分干支外其他均不可能，例如有己巳年、己巳月、己巳日、己巳時、己巳分，甲戌年、甲戌月、甲戌、甲戌時、甲戌分，癸亥年、癸亥月、癸亥日、癸亥時、癸亥分等等；用日干求時辰天干時，子、亥間

順推或逆推不能再退或進，若用年求月柱逆推至寅止
不能在退，順推則至丑止不能再進，其原因是為每日
十二時辰自子迄亥而止，而天干只有十位。

（一）、以年干求月份之天干：

◎以本年乙未年為例求月天干？

　　要找月之天干，依萬年掌訣配置先定位於乙（年
天干），然後推算至所要求之月（依十二地支排列，
子為十一月起，而月算法是依節氣，如寅月（一月）
始於立春經雨水終於驚蟄），順推者天干數要加（如
1.2.3…10），逆推者天干數要減（如10.9.8…1），故
本月為巳（太陰曆四月）月（依節氣巳月始於立夏終
於芒種），因順推至丑不能逾越而達巳月，故改為逆
推（乙、甲、癸、壬、辛），因此本月為辛巳月（如下
表）。但年求月份之天干在查詢萬年曆時就已記載，
所以不用再推了。

辛巳	壬午	癸未	甲申
辰			乙酉
卯			戌
寅	丑	子	癸

（二）、以日干求時辰之天干：

◎以本日己酉日為例，求亥時天干為何？

　　要找亥時依萬年掌訣之配置，先找出己之位（地支固定不變），如逆推至子位之時因不能逾越而達亥時，故只有順推為之。然後由己起往前順推為庚、辛、壬、癸、甲、乙，因此時辰是為乙亥時（如下表）。

己巳	庚午	辛未	壬申
辰			癸酉
卯	由己巳數到亥為乙亥		甲戌
寅	丑	子	乙亥

◎求丙日之午時？

　　要找丙日午時，依萬年掌訣之配置，先找出丙之位（地支固定不變），然後由丙起往前算為丁、戊、己、亥為己，因順推至亥不能逾越而至午時，故改為逆推，因此由丙逆數至午為甲午時（如下表）。

巳	甲午	乙未	丙申
辰			酉
卯			戌
寅	丑	子	亥

然而在癸日的癸時,則有二種天干時辰,分別為癸亥與癸丑,由萬年掌訣之配置算,順可至亥而逆可至丑,所以在此表中子、丑宮位,也是戌、亥宮位,其原因為天干十而地支為十二,所以丑也是亥宮而子宮也是戌宮,因此戌的天干也是子的天干,即亥的天干也是丑的天干,所以子、丑的天干會同步在戌、亥,例如壬日的庚時,分別有庚子時與庚戌時,所以戌與子,亥與丑是重複。

例如:丁壬之日的 12 時辰天干。(如下表)

乙巳	丙午	丁未	戊申
甲辰			己酉
癸卯			庚戌
壬寅	㊛辛丑	㊛庚子	辛亥

(三)以日天干求分之天干:

現在為乙未年、辛巳月、己酉日、己巳時、32分(萬年曆 19 頁查表 32 分為卯分),然後由己(因本時辰為己巳日故由己起算)推算至卯,因順推時至亥宮為乙亥,宮位就不可再逾越,而無法推達卯位,因此只有逆推為之,從己巳、戊辰、丁卯,所以分為丁卯分(如下表)。

己巳	庚午	未	申
戊辰			酉
丁卯			戌
寅	丑	子	亥

（四）在時鐘上時、分之算法：

按每日為十二時辰，而時鐘時針從十二（零）開始繞一圈回到十二（零），代表十二個小時，也僅代表六個時辰，再繞完第二圈後才算完成一天十二時辰，依此時鐘時針須由 12（零）時位置，移到 2 時位置，才算完成一個時辰，再以分針計算則須由十二（零）開始繞二圈再回到十二（零）時，所以一個時辰為 120 分鐘，而地支數為 12 個，故每一地支代表 10 分鐘。

現在巳時起算當第一圈時的第一個 10 分（9 時 0 分至 9 分）其地支為子，然後 9 時 10 至 19 分為丑分，20 至 29 分為寅，依序至 9 時 50 分至 59 分為巳分，這是巳時時鐘分針第一圈，也稱之為時頭，然後 10 時 0 分至 9 分為午，再依序至 10 時 50 分至 59 分為亥分，這是巳時時鐘分針第二圈，也稱之為時尾，如此分針才算完成一個時辰，這就是地支代表分鐘方

式，所以在單數（奇數）時上分鐘為時頭，而在雙數時（偶數）分鐘為時尾。以現在 9 時 35 分（時頭），9 時的 9 為單數(奇數)所以是從子、丑、寅、卯、辰到巳分止，即是巳時卯分，若為 10 時 35 分雖仍是巳時但已是分針第二圈（時尾）所以是為酉分，10 時的 10 為雙數時(偶數)所以分是從午、未、申、酉、戌、亥分止。求此分鐘地支目的，是要依分鐘所屬地支，然後依上項掌訣，求所屬分鐘天干。求此干支目的是在透過時間來論命。

三、地支所代表之神祇意義

　　一般酉代表觀世音菩薩（酉為西方），戌為彌勒佛（山如彌勒佛大肚乃容），亥為濟公（如水之走動顛來顛去，但卻有固定的曲線），所以地支酉、戌、亥代表此三尊菩薩，而神祇排列有的為酉、戌、亥，有的為亥、戌、酉，此二種排法其道理相同，但結果不同，酉、戌、亥轉為易卦，戌與亥關係為山水蒙卦，是水往外流，此情形就如老師說完了，同學也忘光了，就如蒙卦卦辭：「蒙：亨。匪我求童蒙，童蒙求我。初筮告，再三瀆，瀆則不告。利貞。」，戌與酉關係如從酉方看是為澤山咸卦，表示如此拜拜會很有感應，如果相反亥與戌關係，就有水一直在漲潮情形，此種狀況就是拜拜後，會激發鬥志與積極之心，

也因此就會有所成就，所以神明擺設，皆可從易卦或天干地支獲得合理解釋。

◎神明可由易經第二十卦風地觀卦☴☷來說明。

風地觀卦☴☷卦序第 20 卦

觀卦卦辭：觀：盥而不薦，有孚顒若。

彖傳：大觀在上，順而巽，中正以觀天下。觀，盥而不薦，有孚顒若，下觀而化也。觀天之神道，而四時不忒，聖人以神道設教，而天下服矣。

象傳：風行地上，觀；先王以省方，觀民設教。本卦之意是聖人以神道設教，讓人民精神上有所寄託及嚇阻犯罪，在十二辟卦中觀卦之前為天地否卦。

否卦卦辭：否之匪人，不利君子貞，大往小來。

否大象傳：天地不交，否：君子以儉德辟難，不可榮以祿。

　　在十二辟卦中否卦為農曆七月，觀卦為農曆 8 月卦，否卦是果實即將要豐收（上卦乾為庚金代表未成熟果實），而在即將豐收之際，就容易引起小人覬覦（下卦坤卦代表小人），觀卦上卦為巽卦（為卯或乙木），下卦為坤卦（己土也為未土），而乙在己土之上代表財，是為看到即將擁有了財，此也代表是果實即將豐收之象。

◎七月為申月、八月為酉月，而申月何以為否？

否的原因是由於庚金很有執行力，但不懂約束自己，也就是庚金在己土之上的風行天下，太過於直接及意氣用事，因此稱之為否，申十二地支屬猴，所以申月生之人就如猴子之急躁，風地觀卦▤▤為八月是豐收之期，而在豐收之期怕引起覬覦而遭偷搶，因此設立宗教、神明，以善惡之報鬼神來嚇阻犯罪，讓人內心有神之存在。

再以卦象▤▤看是在寬闊土地上（下卦坤為土地），建立一個精神指標（整個卦象如一精神指標），然後讓心可以止息（上互卦三四五爻為艮為止），如此就可阻止不當之慾望，這就是觀卦的意思，然而為了要讓人有所仰望，當然就會雕塑神祇等標的物（形象）情形。

繫辭下傳第二章：古者包犧氏之王天下也，仰則觀象於天，俯則觀法於地，觀鳥獸之文，與地之宜，近取諸身，遠取諸物，於是始作八卦，以通神明之德，以類萬物之情。由此可知易經六十四卦都是由觀卦而來。

《易經》、八字、干支等都是一種形象，所以在我們周遭一切，都可以透過這種形象來解讀，就如把頭定位為甲（甲為木），當庚金一來就如頭部受到撞擊受傷（金剋木），而木也可代表筋骨，因此也會有筋骨酸痛情形，若木遭大水（壬水）圍困就會受傷，所以甲木遇壬水就如人有慢性病，因此門牌、手機號碼為 19 或 91 號者，都會有慢性病此就是水來困木而非水生木，卦象為水雷屯卦☵☳；所以說此等都是透過各種形象來解讀，一般透過文字敘述很容易就瞭解，但如果是形象就不容易，如 1、0 或 2、1 等數字排列，一般人就無法瞭解其意涵，但如透過形象從新組合，就可知曉其意。

從天干而言 1 代表甲木，0 代表癸水，2 代表乙木（樹葉），由此就可瞭解其相互對待關係，如癸水可讓甲木滋養，乙木茂盛是表示甲木在成長，所以也是一種修復能力，所以 2、1 在易經上為雷風恆卦☳☴，而恆就是代表一直在成長，永續經營之意：故現所教學理是透過不同符號解釋相同事情，然此學理所依據也是由易經卦而來。

附註：

一.年上起月（柱）法

歌訣： 甲己之年丙作首，乙庚之歲戊為頭，丙辛之
位從庚上，丁壬之位順壬行，戊癸再從甲寅
起。

歌訣說明：

十二地支代表十二月，所以各月地支是不變，如
一月為寅月、二月卯月、三月辰月、四月巳月、…依
序類推至十二月丑月，所以年天干以甲或己為首時，
其一月天干由丙起，即一月為丙寅、二月為丁卯、三
月為戊辰…，以下依序類推；其他各句歌訣其意同上。
**註：年起月於查閱萬年曆時，即可找到。此歌訣是古
代留傳下來的。**

二.日上起時（柱）法：

歌訣： 甲己還加甲，乙庚丙作初，丙辛從戊起，
丁壬庚子居，戊癸何方法，壬子是順行。

歌訣說明：

十二地支代表十二時辰，所以各時辰地支是不
變，如 23 時起為子時，01 時起為丑時，03 時起為寅
時、05 時起為卯時、07 時為辰、09 時為巳時、11 時

起為午時、13 時起為未時、15 時起為申時、17 時為
酉時、19 時為戌時，以下依序類推至 21 時為亥時，
所以日天干甲或己為首時，其子時固定配甲為天干，
即甲子時然後為乙丑時…以下依序類推至乙亥時，其
他各句歌訣其意同上。

三. 日之干支可由農民曆，每月初一干支逐一起算。

　　　註：但可從查閱萬年曆時直接查詢，即可找到。

將難經變為易經第十一講（2015/05/20）

一. 問題與說明：

問題：八字（四柱）為甲辰、戊辰、癸丑、辛酉，是
否具有行事能力、談吐時聲音宏亮及幽默感？

答：要具有上述能力，這八字之時柱一定有誤，應該
是在庚申時才會有此屬性，為什麼會是庚申時？
因為庚申在易經上庚為乾而乾為天，辛、酉為兌
而兌為澤，因兌澤會被丑收藏，丑代表寒冬、寒
氣、結冰，因此酉會被丑收藏，如此談吐聲音就
會變小，而酉為豐收之時，如此個性會比較安
逸，因此比較喜歡接近宗教，故此種時辰之人比
較不怕鬼神。

但庚申時(陽氣乾為天，剛健自彊不息)就不同，
因為丑土為凍結而癸水進入丑土就是凍結，凍結後借
由庚申來執行，因此展現出來是庚申特性而非辛酉，
而此時辰之人其個性怕無形之物，是因丑會將這些事
物吸收進來，並由辰將此等物事裝存，也就是怕將此
等吸收裝存，因此就會產生恐懼感，所以說會藉由庚
申來表現，來隱藏怕亥、子、癸、辛等事，所以說如
為辛酉就比較喜歡接近宗教，就不會對無形之物有所
懼怕。所以在論斷時對八字時辰必須經過校正，因為

有時會有時差存在。

另外戊、癸或癸、戊兩者屬性是不同，戊、癸為
山水蒙卦，是水往下流為財往外，代表比較無法
掌控錢財及所屬人事地物，但如癸遇到戊則為水山蹇
卦，蹇為寸步難行，因此就有力爭上游之意；從
癸屬性戊是其官星（事業、壓力、女命丈夫、責任），
如此表示癸不會被戊所約束，也就是說此人不會被事
業所約束，代表此人在事業上有其獨特能力，能夠自
在不會被事業壓力所約束，反之戊無法約束癸時則成
財往外流，所以此二者屬性是不同，一個是在談官一
個在言財。如果以夫妻想法來論，則是彼此之間不會
有較大約束且較為開放，然而彼此對自我言行舉止會
有所約束。

若上述八字改為戊辰日或癸未日，則其屬性又不
同，因日主戊的水會往辰庫（辰、巽、巳是水庫代表
先天的兌卦），此位之兌卦是先天兌卦位置，表示所
產生水資源會入辰庫，所以戊辰日之人很會理財也很
有福氣，且也會為自己或他人製造機會，也因會入辰
庫而加以收藏，所以說戊辰日之人很有福氣，而日主
癸未是癸水被未收藏，而未為高溫因此一直在吸收水
分，然聚集到一定重量後就會有傾盆大雨，所以本身

沒有安全感會把財往內抓,與戊辰屬性完全不同,沒有安全感處事就會比較謹慎,但日主戊辰因機會多心情比較輕鬆,因此就比較隨緣,也因隨緣而得到更多機會。

再以戊申日來說,戊申日是山下會生泉,十二長生表壬長生在申,所以戊角度申是其水資源(水為財),代表是室內為製造生產工廠,戊申在神煞法中為「土猴常獨臥」傳統上為犯孤鸞,然戊申因會出泉,故金錢來源沒有問題,但掌握錢財(理財)會有問題,其原因是水會往外流;而戊辰是戊財往外流但辰為水庫,因此會將此財予以收藏,所以戊辰之人機會較多且會掌握機會;所以戊辰比戊申更好。

問題:是否可以選擇自己喜歡八字?

答:既然說更改地理、風水、改名對運勢有效,何以改八字會無效,或許有人會說八字一出生就註定?那既然一出生就註定,如此更改地理、風水、改名又有何用?所以在同理上,如更改地理、風水、改名對運勢有效,那一樣也可更改八字且也一定有效,這就是所謂同理推演,所以說八字不好也可以改一改;剖腹生產所選時辰是一定有效,惟其所選時辰不一定是好時辰,因為每

一個命理家所學不同，在個人認為最好的時辰，並不是代表每個命理家都認同，就以個人而言是以《易經》六十四卦之大自然的理論為基礎，但也不是每一個老師都認同於此是對的。

二. 由年天干求月天干，由日天干求時天干，及由時天干求分天干：

四柱宮位萬年掌中訣表

己巳	戊午	丁未	丙申
庚辰			乙酉
辛卯			甲戌
壬寅	丑	子	癸亥

1. 上表可年取月、日取時，時取分，上面已配的干、支各組是固定不變的。
2. 年柱求月柱時順推至丑止不能在進，逆推則至寅止不能再退。（可直接查閱萬年曆即可。）
3. 日求時、時求分，順推至亥止不能在進，逆推則至子止不能再退。

今天為乙未年、辛巳月、丙申日，現在為早上九時 22 分是為巳時，依萬年掌中訣來查現在之時干，首先找出表中天干丙(日干)之位，日干丙在申位，然後順、逆數數看，結果順數到亥(己亥)後因不能再逾越至巳，因此只有逆數，所以如下表巳時天干為癸。

癸巳	甲午	乙未	㊒申
辰			丁酉
卯			戊戌
寅	丑	子	己亥

復依據地支在時鐘分鐘分配上（第十講），早上九時 22 分是時鐘上該時辰第一圈(第一圈子、丑、寅、卯、辰、巳分，第二圈為午、未、申、酉、戌'亥)因此 22 分為寅分，而九時 22 分為癸巳時，依萬年掌中訣找出表中時之天干癸之位，然後順、逆數數看由癸數至寅位，結果順數癸後(癸亥)因不能再逾越至寅，因此只有逆數，所以分為甲寅分如下表：

丁巳	戊午	己未	庚申
丙辰			辛酉
乙卯			壬戌
甲寅	丑	子	㊒亥

如果 10 時 22 分就非甲寅分而是庚申分，雖同為巳時但因 10 時 22 分是為時鐘第二圈（午、未、申、酉、戌、亥，每個地支含十分鐘。所以 22 分為申分）是為申分，依萬年掌中訣找出表中時（癸巳時）之天干癸之位，然後順、逆數數看由癸數至申位，順數至癸（癸亥）後因不能再逾越至申，因此只有逆數，所以分為庚申分如下表。

巳	午	未	庚申
辰			辛酉
卯			壬戌
寅	丑	子	㉕癸亥

在掌中訣上所配的甲戌、乙酉、丙申、丁未、戊午、己巳、庚辰、辛卯、壬寅、癸亥，等十組干、支是固定不變的，所以也只有這十組才有相同年、月、日、時、分干支（如丙申年、丙申月、丙申日、丙申時、丙申分）。

以 31 年 01 月 12 日 07 時 22 分來換算天干地支，查表年為壬午年（亦可從萬年曆中直接查一月十二日為何月?何日就可以，不必再用掌訣）。

然後再依萬年掌中訣找出表中年之天干壬之位，結果
不用順、逆數，壬位即是壬寅月，所以月為壬寅月如
下表。

巳	午	未	申
辰			酉
卯			戌
壬寅	丑	子	亥

　　而日為庚戌日，07 時為辰時，再依萬年掌中訣找
出表中日之天干庚之位，結果不用順、逆數，庚位即
是庚辰時，所以時為庚辰時如下表。

巳	午	未	申
庚辰			酉
卯			戌
寅	丑	子	亥

07 時 22 分時為庚辰時，復依據地支在時鐘分鐘分配上，七時 22 分是時鐘上該時辰第一圈，因此 22 分為寅分，因此依萬年掌中訣，找出表中時之天干庚之位，再由庚直接逆數至寅，所以分為戊寅分，如下表。

巳	午	未	申
庚辰			酉
己卯			戌
戊寅	丑	子	亥

上述 31 年 01 月 12 日 07 時 22 分，經由換算干支為壬午年、壬寅月、庚戌日、庚辰時、戊寅分。在月令部分非依所述月份為準，必須依二十四節氣來換算，如一月起於立春終於驚蟄，二月起於驚蟄終於清明，餘各月亦依二十四節氣逐一換算，但最快速簡便的還是直接查對萬年曆最快，所以掌訣只適用在日起時及時起分。

三、何謂八字時空？

假如對方不知道自己八字，或自己不知道自己八字，可以以當下之時間做為其八字，這也就是八字時空之意（有類似梅花易數的取象方法），如現在為乙

未年、辛巳月、丙申日、癸巳時、丙辰分，此時如有
人來發問，即可依此做為其八字，也就是可以透過當
下時間來瞭解其狀態，就如現在只有一位同學與老師
有對話，因此這位同學就進入了這個時空，現在就用
這一組八字當下時空，來瞭解他對這套學術認知有多
少。

```
分  時  日  月  年
丙  癸  丙  辛  乙
辰  巳  申  巳  未
```

日主之丙代表太陽，代表呈現於外、眾所皆知，
以及對學術瞭解，然一般所謂瞭解是嘴巴講而已，事
實上老師所教是不是真的有感同身受或吸收，再看丙
通根至巳時，表示老師所講內心已明白，但如要運用
真的會用嗎？因丙入辰庫表示老師所講能瞭解，但在
使用上還不是那麼明瞭。因為辰、戌會收服丙、巳火
的能量。

另外巳與丙是同屬性，而乙木在未土之上生長很
快速，乙木是丙火的印星，此處之印星代表學術、智
慧、知識，表示這位同學對這個理論聽過且聽說很好
用，但一直沒有在用且不懂其理論架構，而今天聽完
雖然瞭解，但在使用上尚有一些難度，然後由申（申

代表言行、舉止、內在思為想法、也代表行動力與執行力）而入辰庫，表示他是一個認真之人會投入學術的研究。

丙（離火）申（乾金）合為火天大有卦☲☰，表示其財務、經濟狀況不錯（丙火的財星為庚、辛、申、酉之金），又由丙火而巳火，即丙是由自己出現，而巳火可以讓未土、辰土有溫度，表示內心懂得照顧別人，也捨得付出，因此有很好人際關係，而且知名度也不錯（同時入辰庫表示連外地亦出名，且也代表對廟宇有所捐獻，而被刻名於其上），另外這組八字火旺，因此要注意心臟與腎臟問題，因火旺水會不足，心律會不整，所以要透過甲寅來降溫，也就是在卯時或酉時，多到樹林花草多的地方，如公園等地散步就可得到修護，自然就可將溫度降低，如此服用之藥就會有效。

故可不用瞭解對方八字，而由「八字時空」來作推論，所以可以用此理論反推擇日，既然由「八字時空」斷得準，因此用此架構反推擇日，也是可以得到這些靈動力，譬如遇事不知如何解決，找一個好的時辰來尋求解決，其方法是可行，為什麼呢？從同理心角度來看就知道是絕對可以的，因為能如此用心找好

的時辰來尋求解答,表示在遇到阻礙時也會用心來排除困難。

分　時　日　月　年

庚　己　甲　辛　乙

午　巳　午　巳　未

　　當下的時空八字為乙未年、辛巳月、甲午日、己巳時、庚午分,從地支排序巳、午、未來看由未至巳表示降溫,由巳到午又表示升溫,再看上述排序未到巳,再由巳到午,又從午到巳、巳到午,透過巳、午、未、三個字排列組合,看其溫度升降共有三次,如論疾病則表示此病已重覆三次,這個八字也可透過配帶甲寅來降溫,但此人個性不會公然配卦,只會暗自配帶,因為巳為庚金長生,表示當溫度上升時,內心想配帶,但自覺不好意思,且有點違背自己原則,所以只會暗地裏配掛。

　　巳、午、未三者皆是為離(離為火),而火如此之旺也代表有發炎情形,如就醫掛十五號表示看了會好,如卦 17 號則是腰酸背痛,必須要好幾天才會有起色,因掛 15 號表示火的溫度被往下拉,也就是說看了醫生後會馬上有效果,如 17 號表示腰酸背痛全身都已發炎,沒有那麼快痊癒,而何以說掛 15 號看

了會好,是因為卦15號代表在前往就診之時溫度已
降,而17號則表示尚在發炎當中,因此服藥就沒那
麼快好,這就是一種透過號序反推患者看病後的一種
結論。

　　切記上面15、17並非是一般所謂的用沖,如用
沖則是用午日的酉時就可降溫,如此才代表子午沖後
溫度才下降;原因是由掛號號碼,來反推論患者本身
當下病情可能發生的狀況,所以說掛15號表示未至
醫院就診溫度就已下降,所以與醫師並沒有直接關
係,是一種反推。

　　所以17為陽金剋陽木(1為甲木為震卦,7為庚
金為乾),所以代表筋骨酸痛,庚金為乾卦☰他必須
透過火來驅動,其力量才會比較強,因為出現7所以
又有丙庚同遁於戌,即太陽在戌時均已日落,故易經
天火同人卦☰☲就在說明庚火同屬性,是代表先後天
同宮位(先後天同在南方卦之位),另天山遁卦☰☶
其這個天也代表有庚火同屬性之意,所以說丙庚同遁
於戌,在此卦代表乾有力量來剋木,是因有火來驅動,
所以代表在發燒,庚金代表火旺因此見到庚金,表示
有火來驅動所以可以推論是在發燒。

以數字方式來算（梅花易數方式），17（用數字天干切入，不是卦序）代表雷天大壯卦 ䷡ 而現為巳時，巳時在地支排序為6，因此要找大壯卦動爻，為1加7加6後為14再除以6餘數2，因此動爻在第二爻，（這是一般數字換算為易卦方法），表示對這一件事情論斷是動了第二爻，所以傳統運用方式有動爻之卦代表客，沒有動爻之卦代表主，故主為震卦屬木，客體為乾卦屬金，上互卦（三四五爻）為兌卦屬金，下互卦（二三四爻）為乾卦亦屬金，而第二爻動下卦為離卦，這稱為主客互互變，所以用法上主體（代表自己）為木，而被這麼多的金所剋，而又有火來驅動，所以說也是在發炎。

木卦象為金剋木，又傷到木而木代表筋骨、背部，所以是代表筋骨酸痛在發炎，且現仍在發炎何時會好？有1與7而兩者相加為8所以代表就診後八天才會好，因為八天後為辛金（辛在天干排序為8，代表兌卦）代表溫度已下降。所以此卦代表木受傷在發炎，而動爻後為雷火豐卦 ䷶，表示是火剋木而非木生火，是木被火驅動金來剋所以傷到木，而木為筋骨故是筋骨受傷。

◎剛剛提出小孩已有宿舍但仍要到外租屋，原因為

何的問題為例？

現就用當下時間來論斷，現為 104 年 5 月 20 日巳時（巳地支排列為 6），因此可以 1 加 0 加 4 加 5 加 2 加 0 等於 12（年月日數字相加），12 除 8 其餘數為上卦（這是八卦的八進位算法），12 加 6 為 18 除 8 餘數 2 為下卦（年月日時數字相加），動爻之算法為總數（年月日時數字相加）18 除 6（卦為六爻）為整除，所以動爻在第六爻，由此可以推定小孩有異性朋友。

雷澤歸妹卦☳☱卦序第 54 卦
大象傳：澤上有雷，歸妹：君子以永終之敝。

因組合後上卦為震卦（甲木），下卦為兌卦，是為雷澤歸妹卦☳☱，表示有女孩子在跟隨，住在裏面有所不方便，而變卦為火澤睽卦☲☱，是太陽被辛金遮住，表示此人被愛情蒙蔽，所以才會有如此作為，而火澤睽卦☲☱也有違背之意，代表父母親不太認同。此法用當下時間轉換為易卦這也一種工具之一，此即一般所稱「梅花易數」。

現在把雷澤歸妹卦☳☱拆開，☳為甲木、震木，☱代表豐收果實，而果實一定依附在甲木之上，所以才稱雷澤歸妹卦☳☱或澤雷隨卦☱☳，從兌的角度為

澤雷隨卦䷐，從震卦角度是為雷澤歸妹卦䷵，這是主客體不同而產生不同名稱，透過天干☳是為甲木，而☱是為辛金，所以辛金（兌卦☱）一定依附在甲木（震卦☳），此處不言官星因為官星有官星解釋，所以不說金來剋木是為官星；從甲木角度來推演，二人在一起不小心會懷孕，因甲木的子女為正官、七殺，依六親推演甲木兒子為庚金、女兒為辛金，而☱是為辛金是子女星，所以說不小心會有懷孕情形。

如論感情則代表當前彼此感情不錯。其爻動後變卦為離（火）所以主體為火，代表非常喜歡但也會牽絆及約束她，故如有不符合其要求也會有所責備，因為火會改變他，以辛金角度為澤火革卦䷰，革是為改變所以說是想改變他，故說男生一直在調適女生一些行為與觀念模式，在兩人改變後還是相聚在一起且更為成熟（因辛金有火來成就官星會更成熟）。

◎卜卦論天氣、國運、生男、生女？

以卜卦論天氣、國運、生男、生女未必會準，生男、生女直接到醫院檢查最快、最準；國運要由國家元首親自卜或有委託才可以卜，但論家運就會準，其原因在於自己有參與及融入其中，所以說卜自己才會準，如以上述之卦雷澤歸妹卦䷵論天氣，因有辛金

出現表示有雲霧而且會下小雨。

另外也可由卦象六爻，來論一天心情起伏，其方式以陽爻代表動、忙碌、積極、事物比較多，而陰爻代表穩定、安逸，惟陰陽二者不代表好壞，純粹是心情起伏與工作樣貌而已，定爻方式初爻為起床時間，然後依序起算（如辰時起床，則辰時代表初爻；如卯時起床則初爻為卯時，第二爻為辰時、第三爻為巳時、第四爻為午時、第五爻為未時，第六爻為申時，然後再回到初爻為酉時、第二爻為戌時、第三爻為亥時、第四爻為子時、第五爻為丑時，第六爻為寅時），以雷澤歸妹卦䷵而言卯時、辰時、午時、酉時、戌時，是較為繁忙且事物比較多，其餘時辰則比較穩定、安逸。

所以說如果要看好壞其論法就要看卦象、卦義，如以澤雷隨卦䷐而言就代表有收獲，因澤雷隨卦是辛金在跟隨，而辛金為雲霧是無中生有，所以代表今天會有收獲。

四、二進位法：

二進位法是從 0 到 1 二者最大數為 1，0 是沒有能量，（十進位則是 0 到 9）所以 1 加 1 為 10，（加法：

$00+00=00$，$00+01=01$，$01+00=01$，$01+01=10$
（進位規則是「逢二進一」，借位規則是「借一當二」），
二進位的數據是用 0 和 1 兩個數碼來表示的數。它的
基數只有 2 個，如 $1+1=10$、$10+1=11$、$11+1=$
100，$100+1=101$，$101+1=110$）。

表一

1	5	9	13
3	7	11	15

表二

2	6	10	14
3	7	11	15

表三

4	6	12	14
5	7	13	15

表四

8	10	12	14
9	11	13	15

　　用 0 與 1 的二進位法，就可猜出任何人默認表一
到表四中任何一個數字，舉例來說如請對方默認一個
數字，然後詢問默認者，從表一到表四何者有，何者
沒有，如說表一、二沒有，表三、四有那默認數字為
12，何以如此？簡單可用各表第一個（最小）數字相
加來推算，表一、表二沒有為 0，表三、表四有，所
以就以 $0+0+4+8=12$，因此為 12，如為 15 則是表
一到表四多有，因此就用 $1+2+4+8=15$，餘依此
類推即可知道對方所默認數字，依上述二進位加法計

算，亦可得出所默認數字為 12，因 12 排序為 1100（依序相加後為 12）。再以 8 為例表一到表三沒有、表四有，如此二進位法 8 排序為 1000（依序相加後為 8）。如以 9 為例表一有，表二沒有，表三沒有、表四有，如此表一為 1 加表四為 8，1+8=9，所以二進位法 9 排序為 1001。

將難經變為易經第十二講（2015/05/27）

一、從河圖與洛書演化說起（九宮格之運用）

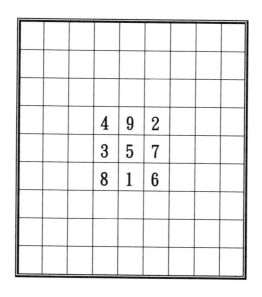

  上表中央九宮格，格中直線、橫線、對角線數字相加均為15，此九宮格代表不論要由任何角度進入都沒有弱點，都要承受最大硬度與密度，所以不容易予以擊破。

  如將此表放大為25、49、81宮格依序填入數字後，直線、橫線、對角線數字相加亦相同其方法有二：

第十二講

（一）第一種方法：（以五宮格為例說明）

1. 數字往右後進二格後增加：即 1 往右後進二格為 2。

   如 1 往右後進二格為 2。2 往右後進二格為 3，3 往右後進二格為 4，但已超出原來 25 宮格之外，將其依原位移置於表內。

2. 數字往右後進二格後受阻（所要填之處已有數字），則於本格上升一格增加：

   如 10 往右後進二格已有數字 6，故於其本格上升一格增加填入 11，15 往右後進二格有已 11，所以
自
   升一格填入 16，20 往右後進二格已有數字 16，故於其本格上升一格增加填入 21。

   如下圖：

17	6	25	14	3
11	5	19	8	22
10	24	13	2	16
4	18	7	21	15
23	12	1	20	9

（二）第二種方法：（以五宮格為例說明）

1、數字往下斜一格後增加：即 1 下斜一格後為 2。

202

如 11 往下斜一格為 12。如 12 往下斜一格為 13，
如 13 往下斜一格為 14，如 14 往下斜一格為 15。

2、數字往下斜一格後受阻（所要填之處已有數字），
則於本格上升一格增加：

如 5 往下斜一格後已有數字 1，故於其本格上升
一格增加填入 6，10 往下斜一格後已有數字 6，
故於其本格上升一格增加填入 11。

如下圖：

11	18	25	2	9
10	12	19	21	3
4	6	13	20	22
23	5	7	14	16
17	24	1	8	15

直線、橫線、對角線數字相加合計之公式：

$(1+25) \times 5 \div 2 = 65$，故直線、橫線、對角線數字
相加後均為 65。

二、二進制：

以八宮各卦組合來說，目前所使用之六十四卦就
是為二進制，各宮方位圖如下表：

先天八卦各卦之各宮方位如下圖：

2 兌 ☱ （東南）	1 乾 ☰ （南方）	5 巽 ☴ （西南）
3 離 ☲ （東方）	（中土）	6 坎 ☵ （西方）
4 震 ☳ （東北）	8 坤 ☷ （北方）	7 艮 ☶ （西北）

以震卦為例：

假如人站上表中土之位，往四周環視則各卦之卦象，乾為 ☰、兌為 ☱、離為 ☲、震為 ☳、巽為 ☴、坎為 ☵、艮為 ☶、坤為 ☷。先天八卦卦序乾 1、兌 2、離 3、震 4、巽 5、坎 6、艮 7、坤 8。

當人立於中土之位，震卦與先天各卦重卦（組合），由東北轉向北繞行依卦序為：一為天雷無妄卦 ☰☳、二為澤雷隨卦 ☱☳、三為火雷噬嗑卦 ☲☳、四為震卦 ☳☳、五為風雷益卦 ☴☳、六為水雷屯卦 ☵☳、七為山雷頤卦 ☶☳、八為地雷復卦 ☷☳。（其順序為 14、24、34、44、54、64、74、84）。

　　以陽爻為 1、陰爻為 0 則各卦在二進位法（如第十一講）中換算而成。乾為三陽為 111、兌一陰二陽為 110、離陽陰陽為 101、震陰陰陽 100、巽陽陽陰為 011、坎陰陽陰 010、艮為陽陰陰 001、坤為陰陰陰 000。

二進位加法：

　　加法：$00+00=00$，$00+01=01$，$01+00=01$，$01+01=10$（進位規則是「逢二進一」，借位規則是「借一當二」），二進位的數據是用 0 和 1 兩個數碼來表示的數。它的基數只有 2 個，如 $1+1=10$、$10+1=11$、$11+1=100$，$100+1=101$，$101+1=110$，）。因坤全為陰爻全為 0，所以依先天八卦排序，由乾卦開始依上項二進法加法，依序為 $00+01=01$、$01+01=10$、$10+01=11$、$11+1=100$、$100+1=101$、$101+1=110$、$110+1=111$

　　依上項八卦之二進位方式，用 2 次方的方程式列表說明，乾卦為 2^0 為 1 所以卦序為 1，兌卦為 $0+2^1+0=2$，所以排序為 2，離卦為 $2^0+2^1+0=3$，所以排序為 3，餘依上述方法計算。

八卦在二進位法上之排序表

	2^0	2^1	2^2	2^3	2^4
1（乾）	1	0	0		
2（兌）	0	1	0		
3（離）	1	1	0		
4（震）	0	0	1		
5（巽）	1	0	1		
6（坎）	0	1	1		
7（艮）	1	1	1		
8（坤）	0	0	0	1	

　　因坤卦排序為 8 所以為 2^3，坤 $0+0+0+2^3=8$ 位以排入，排序表所示為當該格數字為 0 時表示為 0，而該格為 1 時則表示是有該格上方 2 次方的數，而目的是在瞭解該卦卦序，如乾卦 $2^0+0+0=1$（2^0 為 1），所以卦序為 1，兌卦為 $0+2^1+0=2$，所以卦序為 2，離卦為 $2^0+2^1+0=3$，所以卦序為 3，依此二進位法可排出六十四卦各卦在六十四卦方圓象數圖中之卦序。

　　六十四卦方圓象數圖掛序，是陽順起於地雷復卦 ䷗（冬至一陽生）止於乾卦 ䷀，陰逆由坤 ䷁ 起

止於天風姤卦☰☴（夏至一陰生），依震卦為例在震宮中各重卦排序之算法，天雷无妄卦☰☳依二進位排法為 100111，將其依 2 次方程式方式來算 1（$2^0{\times}1$）+2（$2^1{\times}1$）+4（$2^2{\times}1$）+0+0+32（$2^5{\times}1$）＝39，再加坤卦的 1 卦為第四十一卦。澤雷隨卦☱☳依二進位排法為 100110 所以為 0（$2^0{\times}0^0$）+2（$2^1{\times}1$）+4（$2^2{\times}1$）+0+0+32（$2^5{\times}1$）＝38，再加坤卦的 1 卦為第三十九卦。餘各卦之數字依此類推。

伏羲六十四卦方圓圖：

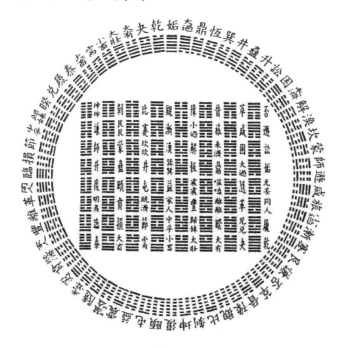

三、時間卜卦法：

時間標示方法：

以現在為例：

時間：104 年 5 月 27 日 10 時。

　　　　小時以 24 時制，現為 10 時，如以 12 地支表
　　　　示現為巳時，巳時為 6（在 12 地支其排序為 6）。

◎如以干支（農曆年）表示則為：乙未年、4 月（農
　曆、辛巳月）、27 日、巳時。

◎小時制的用法依自己習慣不要混淆即可，所以
　用 12 地支或 24 個小時都可以。

◎卦之組合以先看到之象為上卦，如爻則為初爻由下
　往上（因卦組成各爻是由下往上）。

組卦方法：

◎年、月、日之數相加後除以八卦數 8，其餘數為
　上卦。

如：年（1+0+4）＋月（5）＋日（2+7）＝19

　　19÷8＝2 餘 3，3 為離卦（先天卦之排序為 3）。

◎年、月、日、時之數相加除以八卦數 8，其餘數
　為下卦。

如：年（1+0+4）＋月（5）＋日（2+7）＋時（6）＝25

　　25÷8＝3 餘 1，1 為乾卦（先天卦之排序為 1）

◎年、月、日、時之數相加除以爻數6，其餘數為
　動爻。

如：25÷6＝4餘1，所以動爻為初爻。

　　將上下卦組合為火天大有卦䷍，離為火為丙，
乾為天為申，運用方式可以直接用這個卦，來轉為另
外的一個卦，因動爻之後為火風鼎卦䷱。另外其互
卦為澤天夬卦䷪（以火天大有卦䷍二三四爻為下
卦，三四五爻為上卦），因此就成本卦（開始），互
卦（過程），變卦（結果）。也可以直接取象將卦拆
解，上卦☲為主體，下卦☰為客體為對應關係，然後
也將變卦☴取出，這樣也是形成開始、過程、結果。

◎譬如當要處理事物時卜到本卦，那表示是處理何
　事？是否可以達成目的？
◎依卦象離☲為開始，主體是火而火為公開透明，
　表示此件事已經有很多人知道，而要處理何事？

　　從火的角度乾金（從六神關係我剋為財）為財
星，所以是要處理錢財之事（貨物亦代表錢財），所
以是火要處理金錢之事，但到最後會變成何種結果，
按卦象是由火（離）而金（乾）變成木（巽），此處
之巽木代表乙木（印星），因此可以瞭解此件事可以

透過合約（巽、印星為文書、契約）來切入，但會有財損，為何有財損，因由財星變成印星，因此財就會減損，而減損多少？乾卦三陽變成巽卦為二陽一陰因此代表減少三分之一。

若透過二進位法 0 與 1，0 代表沒有而 1 代表有，巽卦為 011，如此代表減少三分之一，如果不是少了三分之一，則會少了多少？用二進位法並依上述卦之開始、過程、結果來論，原來對應乾卦為 111 為 7（$2^0+2^1+2^2$），而現在變成巽卦（結果）的 011 為 3（2^0+2^1+0），7-3＝4，所以說是少了七分之四，所以說是可以處理但會有所減損，也就是用打折方式，並透過公開透明文書、契約與公務機關來處理（離代表公開、文書、契約、政府單位），如此可由七分之四減少至三分之一或更低損失。

所以說是可以索回，因為離火（離為火也為陽光）可以讓巽木蓬勃而生；但以卦象火風鼎卦☲☴則離就代表丁（卯）的象，就有木受傷情形，表示木（木也代表人）的生機出現問題，所以要有人頂替是香火傳承有問題；所以只有有陽光（丙）巽木才可蓬勃而生，所以說現在外面如有陽光（丙）表示可以索回。

◎若以數字7與6作為處理上述事件之卦情形又為何？

　　7在天干為庚金代表乾卦，而6在天干為己是為己土，二者組合為天地否卦䷋，表示木有折損（否卦為木字少了頭），代表有小小損失，其實7與6在論事是代表很好溝通，然為了節省時間可能採取了減少損失方式解決。

　　否卦䷋綜卦為泰卦䷊，泰就表示錢財很多，泰是春天的象，在十二辟卦為寅月為木很旺，而否卦為木不見，否之象如以二進位法表示為000111，只有7之數，而泰卦為111000為56之數，以十二個月太陽能量之消長（十二辟卦、十二消息卦），由一陽生開始是代表地支子的地雷復卦䷗（冬至一陽生，代表陽遁）。

◎一般皆知否卦不好而泰卦好，然否卦何以不好？
　原因為何？泰卦好又好在何處？

　　二者可由形象字意拆解，而7(庚金)與6(己土)所代表為7(庚金)是積極要處理，而且處理過程均在平地上所以會很順利，但一開始還是有一些小阻礙，而其阻礙來至於戊土，庚金遇到戊土（艮卦）表示遭受阻礙，但到最後可以迎刃而解，但是會有小小損

失。故論事時可以將六爻卦拆解成三爻卦，這就是卦用之道。

上述案件依卦象前已發生一次，但還是可以查得清楚並處理完成，因一開始為丙，然丙仍有很多暗藏之處，因為外面下雨而產生辛金，所以丙遭辛金蒙蔽，因此所看到的表象是完整，但內部所暗藏比較難以查證，就如上述丙為公開，所以說此件事一開始就有很多人曉得。

綜上所述非測字而是在說明其原理，如申月天地否卦 ䷋ 是甲木長到極點，由申字看是甲木出頭，將申橫置有如抬棺，但其實是甲木長到極點可以當為棟樑，而申月是立秋也是颱風較多之時，故有狂風暴雨情形，因此在取象上，為木遇颱風受到折損，且水會入澤，所以說並非拆字，而是解釋其原本意思，因此會下此字其原因也就在於此。所以申月為天地否卦 ䷋，是水混濁入澤受困，且不能為人所用，而寅月地天泰卦是水很多，是可以飲用的水，所以以底下有水泰字為卦、為春天之水。

◎十二辟卦之消長

子月為一陽開始，然後陽氣越來越旺，依序為丑的地澤臨卦☷☱，寅的地天泰卦☷☰，泰是為開春之卦在寅月，寅月之時水還很多，所以泰暗藏很多水，依萬年曆中癸水在寅有正4能量（萬年曆23頁），在丑有正5能量，所以在泰卦時水多，是因在寅之時癸水能量很旺，故寅月時水氣很重，是冰要溶化因此天氣也很冷（丑為冰土至寅開始溶化因此水很多），繼而陽氣再上升陰氣越來越少。

所以接續為卯月的雷天大壯卦☳☰，大壯代表樹木茂盛、再而辰月的澤天夬卦☱☰，然後巳月的乾卦（乾為天☰☰）；在巳時全部為陽，而在亥時全部皆陰（坤為地☷☷），巳後的午就開始轉陰，所以午月成天風姤卦☰☴（夏至一陰生，代表陰遁），再而未月的天山遯卦☰☶，是太陽即將西下但其溫度仍很高，繼而是申月的天地否卦☰☷。

當寅木茂盛時代表泰卦(地天泰☷☰)，而到了申月（農曆七月）則會有狂風暴雨情形，所以樹木很容易折損，而且所有水會進入沼澤（否字底下之口代表沼澤、代表兌、酉金或辛金），且狂風暴雨之水，是混濁不清而無法使用，所以否所代表就是此種意義，

而泰卦之水是可以使用的，故此二卦之水就有所不同，然後至酉月的風地觀卦▤▤，是果實成形將近成熟採收之時，因此就以神道設教嚇阻犯罪，如果果實不採收則將剝落腐爛，戌月的山地剝卦▤▤，再進為六爻皆陰亥月的坤卦▤▤。

問題： 有一組八字甲申、丙寅、丁丑，庚戌，年柱不變其他改為何柱較佳？

答： 因為在此有木（甲）受傷情形，而甲有寅木雖可恢復，但透過辰可以直表來化解申的力道，申子辰申會入辰，申遇辰其力道可以減弱，因有類似天山遯卦▤▤情形，而其也代表巽木，所以也有天風姤卦▤▤，所以代表其能量可以受到減弱，如此甲木受傷情性就會減少。所以將其改為甲申、丙寅、戊辰、乙卯（農曆 93 年 1 月 29 日卯時）為最佳。

　　由此組八字可反推，其母事業有很多處（甲、乙、寅、辰、卯為木代表事業），然後集中於一點（戊土）管理，以這組八字如要開早餐店是作不成，雖有寅，卯，辰，但當下時空已逾早餐時間故說其作不成。如果想做也只有在丁酉年或丙申年、丁酉月才會開得成，然雖開得成但也只有做二個月又八天就會結束。

將難經變為易經第十三講（2015/06/03）

一、問題與說明：

問題一：以撲克牌占卜財運準確為何，其生剋方法為
何，如抽到1與3是否為木生火？

答：以撲克牌占卜如用在偏財方面是不會準確，譬如
說卜買大家樂、六合彩等，如用在正當方面則準
確度相當的高，可達百分之九十以上甚至可達百
分之九十五。

生剋用法在個人或認知上可能會有所不同，撲克
牌占卜第一張代表我，第二張代表對應關係，抽到
1(甲木)與3(丙火)如用木生火概念或理論是錯誤，
因為上課所講者是在強調氣而非物，如用物觀念則木
生火是對的，但所面對對象是人而非物；但在求六親
之定位公式時會用木生火之順序來推六親。

1在十天干中代表甲，而甲即為甲木、大樹，因
此八卦中有震卦☳情性，而3為丙有火的情性代表離
卦☲，兩者組合成卦為雷火豐卦☳☲，此卦並非強調
木生火，而是在說明木因火(溫度)而長得非常茂盛，
故由此角度而看是火的能量來孕育樹木，讓木成長茁
壯所以才謂為豐卦，而非木被燃燒才稱豐，木如被燃

215

燒表示將準備死亡，所以木生火特性是木在死亡，而木燒盡火也將熄滅。

　　故在言氣時才說是火來益木，所以此卦非木來生火，是火來生木，如果站在木的角度此卦是好卦，但占卜是要針對所卜之事項做結論；如問投資則馬上可以看到成果，但此成果也會帶來很大的壓力，因為速度太快有讓人難以取捨感覺，故會帶來壓力與痛苦，所以說不是火帶來能量讓樹木快速成長就會是很滿意，反而是帶來更大壓力，所以這個豐是很怕有意外，如去年甲午年壬申月（農曆七月）之狂風暴雨讓樹木連根拔起。

◎去年（甲午年）曾經有同學問在農曆七月壬申剖腹生產如何？

　　去年問此問題，因此其答案只有為今年（甲午年）壬申月，那代表祖上來源傳承有問題，表示非第一次婚姻所生，何以能如此斷定（其正確答案為女孩子已嫁了三次）？因為此非水來生木，木來生火，因甲午代表雷火豐䷶，而豐卦很怕狂風暴雨，因為一被引動甲午就會因狂風暴雨而折損，所以說傳承上有問題，婚姻上會很不順，也因問題是甲午年壬申月剖腹生產如何才會有如此的論斷。（甲木代表人而午代表

火因此有香火之意）。

問題二：手機號碼為 409，身份證字號 09，那此人
身體狀況等如何？

答：如先說 409 然後再說 09（壬）代表 4（丁）不見，
4 也代表果實、心臟、血液循環，而 4 是唯一財
星所以說財沒了，因此是收入不敷支出，其所代
表心臟、血液循環也可說是不見了，表示心臟漸
有漸無力而找不出病因情形，而果實則代表香火
傳承，因此也表示有香火傳承出現問題；但如反說
09 與 409，是由 09 而 409 表示 4 產生，這樣就
表示這些狀況都恢復過來，所以說這是角度問題，
因為條條道路通羅馬，明知此路不通何不另尋他
路，或許路程較遠然確可保安全。

以整排數字是以最後一個數字為主體，然後由主
體找對應關係，依六神表 9 對 4 為正財（可查萬年曆
20 頁）。因此 9 遇到 4 是為財星（六神法推展而來 9
為壬、4 為丁，是水來剋火是我剋為財）是 4 的能量，
而 4 沒有了，代表 4 所屬人事地物都會受傷，反之見
到了 4 則一切又恢復。

　　因此針對問題（一）中 1 對 3 之數字，在投資理財方面都是好的，如果二者相反為 3 對 1，代表 3 的丙火是一直在付出，代表投資理財有問題，在表現上看不錯，但一投資後 3 的丙火會來育木，所以 3 是沒有辦法掌握。

◎剋好或不好？

　　譬喻 5（5 為戊，戊為高山）對 1（1 為甲，甲為木）為七殺（萬年曆 20 頁），代表事業，如傳統八字在七殺、傷官、劫財等都有懼怕或怪怪感覺，事實上 5 對 1 是好的，因為木一定種在高山，是所有東西歸我所有，因此在學理上就會喜歡用 1、2、9 的七殺，可為我所用。

問題三：昨日上課時有一對夫妻坐在一起，丈夫問
　　　　要買一台機械好不好？多少錢可以買得到？
　　　　買回來後有無作用？

答：昨日當下時間為國曆 104 年 6 月 2 日 20 時，換
　　算八字為乙未年、辛巳月、己酉日（日主）、甲
　　戌時、庚午分，機械是為庚金，而庚金為乾卦，
　　而乾何以為機械？因為乾是自強不息一直再轉，只
　　有乾卦為全陽且是剛健自強不息，所以定位為機
　　器，而此機器有火（庚下為午為火）在驅動，表

示有能量有電源,所以代表其功能性是很好,沒有問題。

◎多少錢可以買得到?

時柱為15(甲為1戊為5),再以一般理則推論,何種機機器其價值多少做判斷,所以說此機器約150萬可以買得到,當此一解說結果與所問者問題不謀而合,而何以甲、戊做為機械價值判斷?因當時太太坐於丈夫之旁(甲己為夫妻關係,有我剋為財對應關係,所以取象於甲戊為1與5的象),所以由此對應時柱來推算,若太太坐於遠方則就另取他柱。所以說學理是非常簡單,不用想像太複雜。

問題四:用乙未年、辛巳月、己酉日、癸酉時、丙辰分這組八字,開餐廳好不好?

答:這組八字有現在在想,但回到家裏後就不想情形,在這組八字中雖有二個丙火(丙、巳)表示有想要開二間餐廳情形,而辛、酉代表已成形不用再煮,但這只是理想而已還是沒有結果,因為最後都落入了辰庫(代表落入深淵),就如乾卦第四爻或躍、在淵,進無咎,在十二地支取象中由卯經辰(代表水庫)到巳,表示由卯到巳須跳過辰庫,跳得過則可達巳、午(代表開得成餐廳),

而跳不過則落入辰庫而被收藏表示只有想法。

在地支申子辰為三合，一般解釋是此三者在一起會化成水，所以是為水很旺，但以我們的學理，認為是水入庫入澤是水受限，事實上辰、巽、巳（東南方）是先天兌卦之位，而兌為沼澤水庫，而巽也代表乙木，所以辰、巽、巳代表乙木長得很好，其可以生長得很好，是因乙木有好的土質、水分、陽光，所以當辰變成巳時，代表巳跳過辰庫是或躍進無咎，但如果由巳變辰那就表示在淵，然而在淵還是須往前走，才能脫離險境得到光明的喜悅。

問題五： 前生意（水餃）小有名聲與成績，現已搬回住家並縮小，但為想讓其得以延續，想與人結盟或技術轉移其機率為何？

答： 就以當下時間來作說明（八字時空），現為104年6月3日9時31分其五柱為：乙未年、辛巳月、庚戌日（日主）、辛巳時、辛卯分。

依這五組八字中辛代表水餃（辛金代表水果，是有表皮包住果實），戌、乾、亥為阿拉（阿拉代表豬肉，戌雖為狗但不能言狗肉，因在台灣沒有狗肉水餃，而此三者在同一宮位，而亥為豬所以言豬肉），而豬肉上面為庚金，表示肉與蔬菜比率為三比一（五柱

當中庚金一而辛有三,故說其內餡配方為蔬菜三份豬肉一份),另處於卯之宮位,表示水餃是非常注重品質(寅卯辰為春天,代表品質好且新鮮,如落點為戌則不一定新鮮),想讓其得以延續而不走入歷史,只要對外公布就有二位企業界人士會來洽商(五柱中有巳有未,而未與巳二者均為火,故代表名聲在外有二位知名人士或企業,會來依附於日主之戌土),還有一些比較屬於家庭式(卯木在品質為新鮮,在人喻為家庭式)也會來洽商,所以說只要將資訊公佈,就可如日主(庚金)之天山遯卦☰☶,當一個在幕後操盤者。

◎何以為遯仍退而不休?

因只是太累了想休息而已,所以只要找到合意人選,就會在幕後操控(辛為雲霧雖表示他遮蔽太陽,但其意為前面有掩護,而實際是在幕後操盤,故其象是好的),所以說雖遯但確是退而不休;水餃每顆金額雖然不多,但實際上賺了很多錢(由乙入卯),也由這個生意讓妳買了四間房子(同時有未、巳、戌、巳等)。

天山遯卦☰☶之所以不遯,是因他尚有火能量在驅動;而庚與巳就有天火同人卦☰☲之意,而天火同

人就有退居幕後，想與他人一起合作，而合作目的就是為了火天大有☲☰，也就是想要有一定利潤，如沒有一定利潤縱使要合作，也不會想要將技術轉移；而卯巳代表風火家人卦☴☲，表示當全部物品具備好了之後，就可在家坐領高薪，因為從巳角度，庚、辛為其財星（巳也為丙，而丙遇庚、辛為其財星，萬年曆 20 頁），在這裏最重要的就是要將資訊對外公佈（巳為丙為火代表公開），如此就可繼續進行，否則巳就會變成亥那就只是個人想法而已，而亥就會破壞未、巳、卯因此就會不了了之，所以說一定要將資訊對外公布，如此成為離火就不會後悔與退縮，就可照著自己理念執行，而只要去執行就可以成功（落點在卯；另也因火沒有出現於外，故如過了壬午月進入癸未月以後（國曆七月七日以後）就不會再有想要公佈想法）。

問題六： 小孩子讀高中之時就無法安定下來，現已高中畢業雖介紹好的工作，但也是無法安定下來，但其非學壞而是待在家裏當起宅男，不知其何時可以安定下來？可否從事餐食業？是否用小孩八字來論究。

答： 不用小孩八字來論究，就用當下時間就可以，當下的時間是目前的狀況；現為乙未年、辛巳月、

庚戌日（日主）、辛巳時、癸巳分，剛剛分柱為辛卯分表示尚未跳過辰庫，所以說或躍在淵，而現在已在癸巳分，表示已躍過辰庫不會在淵，因此說可以安定下來，日主庚戌為天山遯卦☰☶，表示根本不想讀書只想在家裏（不會往外跑），就如上項說明風火家人卦☴☲，所以說喜歡待在家裏，而又有火天大有卦☲☰，表示家庭環境不錯，有吃的用的什麼都有。

另也有巳辛的火澤睽卦☲☱（巳有二個辛金），表示眼睛被蒙蔽，看不到前方事物，只有一直在幻想而已，所以說是一直待在家裏做春秋美夢，只要將小孩帶至天公廟拜拜祈福就可以，拜拜時辰用丁巳日、丙午時，並備四菓由小孩子自己說出目標心願，如此就可跳過辰淵而達於巳，因為到了丁巳日表示火已離開，同時丁也得到了能量，如此小孩就會開始往外活動。

此小孩對未來是有夢想，現在已跳過了故說未來是沒有問題；所以說朝拜玉皇大帝後就可以達成心願，因為庚巳為天火同人☰☲，而巳庚為火天大有☲☰，從庚角度巳為其官星，所以其對上課、事業就會積極，若從事於火鍋餐飲業方面是可以的，因有辰為水

庫，爐裝美食情形，又有辛（果實食物）及巳（事業）故是可以。

　　前面何以不用小孩八字，因為就算是同年、同月、同日、同時所生之人並不代表就會具有同樣的特性與性質，而會選擇當下時間來問就表示有符合其契機，所以契機會比八字更準，如果沒有八字時空則凡事都沒有作用（八字時空也有意味更改出生年、月、日、時、分八字意義），若出生八字已定，那姓名學、風水地理等等求運之五術還有何用，所以說不用太在意出生年、月、日、時、分之八字，因為隨時都可以用自己喜歡時空，來重新確立八字，如同認為自己手機號碼不吉利，而重到電信公司選號一樣。唯在改完八字之後，應將新改之八字寫於紅紙上，備四菓到天公廟拜拜向玉皇大帝秉明，然後將寫於紅紙上八字燒化。

問題七：有房客因生意不佳，於上月底請求將房租展延到本月十日，不知屆時可否收到租金？另在契約未終止前，是否也不要主動提出同意解約之事。

答：10 日一定可以收到，何以說可以收到？剛剛才以 48 年 8 月 8 時來定時空，而現在 1 出現

（10 代表 1）代表前面數字都發生作用，如果沒有 1 則前面都是空的，就如在多少個 0 字之前如果沒有數字那都是空的，對於契約未終止前，確實也不要主動提出同意解約之事，一切要按照契約彈性行事。

何以租金取象為 25.000 元？因其租金沒有 48.888 元價格，但也沒有那麼沒有價值，故將其折半為 4.444，然租金皆以整數為之，所以取象為 25.000 元。這也是取象上一點技巧。

二、二進位複習：

天風姤卦 ䷫ 其二進位所得數為多少，依第十二講二次方程式算法為 1（2^0×1）+2（2^1×1）+4（2^2×1）+8（2^3×1）+16（2^4×1）+0（2^5×0）=31，依卦爻由上而下如上六爻為 2^0=1，第二爻 2^1=2 依序算至初六爻，而陽為 1 陰為 0，所以屬於陽爻者為 2 次方乘以 1，陰爻者為 2 次方乘 0 為 0，另坤卦為 0，所以所算出之數須再加 1 才為卦序（**伏義六十四卦方圓圖卦序**），所以天風姤卦 ䷫ 為第 32 卦。

依六十四卦方圓圖由坤卦開始，依逆時鐘方向而行止於姤，然後 33 卦由地雷復卦 ䷗ 開始順時鐘方

向至乾卦，因乾為高峰（第六十四卦）然後依次下降，由坤卦（為0卦）逆時鐘而行是逐漸得到能量故稱之為益，由乾卦開始逐漸遞減故稱之為損。這就是伏羲六十四卦方圓圖原理。

依方圓圖坤全部為陰爻，六爻寫法為000000，算法為上爻0（$2^0 \times 0$）+五爻0（$2^1 \times 0$）+四爻0（$2^2 \times 0$）+三爻0（$2^3 \times 0$）+二爻0（$2^4 \times 0$）+初爻0（$2^5 \times 0$）=0，依序第一卦為剝卦，剝卦上九爻為陽爻為1餘為陰爻為0，六爻寫法為000001，算法為上爻1（$2^0 \times 1$）+0（$2^1 \times 0$）+0（$2^2 \times 0$）+0（$2^3 \times 0$）+0（$2^4 \times 0$）+初爻0（$2^5 \times 0$）=1，第二卦水地比卦六爻寫法為000010算法為0（$2^0 \times 1$）+2（$2^1 \times 1$）+0（$2^2 \times 0$）+0（$2^3 \times 0$）+0（$2^4 \times 0$）+0（$2^5 \times 0$）=2，其他各卦可依此方式逐一算出，反推第三卦應是上爻1（$2^0 \times 1$）+五爻2（$2^1 \times 1$）+0（$2^2 \times 0$）+0（$2^3 \times 0$）+0（$2^4 \times 0$）+0（$2^5 \times 0$）=3，所以六爻寫法應為000011，畫為卦畫為☴☷所以是為風地觀卦☴☷。

所以當擁有亥（在十二辟卦坤卦代表亥）之時，比較容易掌握機會，因坤卦全部為0，使其隨意而行也一定會是在一以上，是都可以得到好處，但當處於乾為天之時，就容易處在損之位，因處在最高峰只要

稍有閃失就會有所損，所以伏羲六十四卦方圓圖也是在言卦氣，故此圖也可說是真正卦序，這與《易經》上下經卦序是不同的，所以說卦有很多卦序，而此卦序才是為最元始的天地定律。

　　二進制或二進法，最大數字為 1 最小為 0，因此就符合上述原理，所以 1 為 1，如再加 1 則為 10，所以說當言 10 時代表是為 2（因他是 1+1），如在加 1 為 11 是代表 3，然後依此次序遞增（如第十二講，八卦在二進位法上之排序表），六爻卦卦序也是如此方式來排列組成。

將難經變為易經第十四講（2015/06/10）

一、問題與說明：

問題一：亥戌為退潮那是屬於何種現象？

答： 亥與戌位於西北方，以九宮格而言是右下角，而此宮位十二地支排列上起於酉、經戌、下止於亥，也是太陽（乾）下山之處，先天卦位為艮位、後天卦位為乾卦，故有天山遯卦▤▤之象。

此宮位由戌（山）變成亥（水），故其象有水往外流情形（高山之亥向下流出），故本身為戌而遇到亥，表示是水往外流，故有山水蒙卦▤▤退潮之象，此等現象代表水（坎）是無法被掌控，而水代表智慧、財星、利祿，故當水往外流而無法掌控時，代表智慧、利祿流失，也就是所學的東西學過即忘，或事業在走下坡，所以山水蒙卦▤▤（六爻陰陽寫法 010001）就有退潮之象，也就是運勢往下滑。

在此宮位酉戌亥順行（由上而下），而亥也代表天干壬水，因此有亥藏壬，也就是亥的本氣為壬，在酉（西方）為樹木結果之時，到戌則是果實落於戌（山）土，因此卦象就成為澤山咸卦▤▤，而咸也代表酉金越來越茂盛，到此是酉變成戌是果實剝落於戌（山）

228

之土，實際上是代表了一個重新的循環，因果實剝落
於戌土稱山澤損，果肉腐爛後種子後會重新萌芽，所
以稱之為澤山咸卦☱☶，酉由高往低到亥稱澤地萃，
是為種子重新萌芽而長。

　　站在酉角度遇到戌，就是果實剝落來到了高山
（艮山），而高山聚集雲霧產生水資源，所以讓果實果
肉腐爛留下種子，有機會重新萌芽成長，繼而至亥是
重新萌芽而成甲木，所以由戌變成亥，代表水往外流
也代表退潮；但這裏假設為坎水遇到了戌（高山），
坎水為了與山齊高，就必須不斷升漲就如漲潮一般，
因此就有努力奮鬥之徵。

　　所以當八字出生日為亥而成長在戌時，代表此人
很有企圖心很有鬥志，一直在力爭上游，因為須不斷
努力才能漫過山頭而流出，把此二者組合成卦則為水
山蹇卦☵☶，而蹇意為寒足是寸步難行，表示從山上
往下走是艱難於行，所以必須小心翼翼，在小心之中
就可克服困境、突破重圍及至山下，即可脫離險境，
因此亥戌與戌亥兩者的象是完全不一樣，亥戌之人心
性懶散身上之東西任其流失，而戌亥之人知其道路不
好行走，如不小心可能隨時有失足之險，所以此人就
比較有企圖心與鬥志，故亥戌為退潮而戌亥為漲潮之

象，就也就是水山蹇卦☵☶與山水蒙卦☶☵之象。

九宮天干地支卦位配置圖

地支:辰巳 八卦:巽東南方 先天:兌	地支:午 天干:丙丁 八卦:離南方 先天:乾	地支:未申 八卦:坤西南方 先天:巽
地支:卯 天干:甲乙 八卦:震東方 先天:離	天干:戊己 中央	地支:酉 天干:庚辛 八卦:兌西方 先天:坎
地支:寅丑 八卦:艮東北方 先天:震	地支:子 天干:壬癸 八卦:坎北方 先天:坤	地支:戌亥 八卦:乾西北方 先天:艮

二、人應立於何處看卦象：

先天八卦四正位之卦（乾、坤、離、坎）無論如何翻轉，其卦象都是永遠不變，但四隅卦（震、兌、巽、艮）則不同，因其正反則互成對方之卦，以震☳而言在對立面看就成艮卦☶，而艮☶也可能成為震卦☳，兌☱、巽☴二卦亦為如此，為符合初爻為陽一邊（依順時鐘方向起於震止於乾）陰一邊（依順時鐘方向起於巽止於坤）也就是地支的丑寅卯辰巳午為陽之天道之理。

所以看卦象就必須站於中土向外而看,若不站於中土而望則可能造成陰陽混雜,如此就不符合天道。人類也是立於地球而俯仰外在環境,而非立於天空而望地球,所以卦之符號成形就須立於中土(如上圖九宮天干、地支卦位配置圖)向外而望,若無符號那當然就只有陰陽,而只有陰陽時當然所站立位置,就可以隨心而之,上述所說卦之符號成形須立於中土,是因為氣之形成必須符合初爻為陰陽各一片之天道,所以才有陽從左邊團團轉,陰從右路轉相通之言;也有所謂的左青龍、右白虎、前朱雀、後玄武之子、午、卯、酉後天四正位之卦。

三、地雷復卦由來與其意義:

先天艮卦☶(西北方)與後天艮卦☶(東北方)二者是牽扯到地支之排序,由先天艮卦☶卦位地支排序到後天艮卦☶位,依序而下是為戌、亥、子、丑、寅(配合天干為戊、亥、子、癸、丑、寅),從象而言戌代表高山,而丑也代表高山,何以此二座要形成高山?

因為這二座高山是要來保護有生命東西,也就是要保護成果,西北高山之上為酉(西方)也就是成果,而東北高山是生命剛形成(種子萌芽),如果沒有高

山加以阻擋，則生命將被水淹沒死亡，所以丑是陰的主體，在八字上丑的本氣為己土，所以是陰體陽用，本身是一座高山，如何證明其為高山？因為他要阻擋這些水（亥、壬、子、癸）不要來破壞這些生命。

以方位看北方先天為坤卦，西北為艮卦，東北為震卦，由西北（艮☶）而北（坤☷）組合而成山地剝卦，然後地與地為坤卦，再而地（坤☷）與震（雷☳）的地雷復卦䷗，這也是十二辟卦的形成，山地剝卦䷖是陽爻處於最高點可能隨時都會不見，所以剝要保盈，保有上九爻，碩果不食，才能反復其道；而當其不見表示墜落於地而成坤卦，所以此處也是地支亥，然後亥後為子是冬至一陽生，是剛下返上，雷在地中，因此稱之為復，所以復為有生命東西。

復卦卦辭言：復亨，出入无疾，朋來无咎。

反復其道，七日來復，利有攸往。而復之所以亨是陽氣上升陰氣下降，因此就構成上下合是有陰陽在交媾，上面陰氣下降而下面陽氣會上升，所以才是亨之象，而出入無疾出代表兌卦，入代表巽卦，因此二者也有風澤中孚卦䷼之象，也就是說要讓陽爻向上延伸，必須抱著虛心態度，才有辦法復其見天地之心成就這個復䷗。

　　陽滿陰虛乃物極必反之道，復卦也是因乾卦陽滿陰氣入侵，致陽爻往上逐漸剝落，由姤（夏至之時）、而遯（為未月，是天氣最熱之月因此要人能有所休息）、否（申月）、觀（酉月）、剝（戌月）、坤（亥月）、復（子月一陽生，稱冬至一陽生），復卦䷗是爻的升降經過了七次重新再返回，所以復循環周期為七日，故言七日來復。

　　因此到了地支子之時是雷在地中復䷗，復卦言「先王以至日閉關，商旅不行，后不省方」。表示在子月之時應休養生息，卦象外卦為坤卦為靜為順，內為震卦為動，表面上是靜守，其實內心氣血是在運行，有如坐禪所以是內斂之象，而「至日」其意含有夏至（午月）與冬至（子月）等二氣，所以當運行至子月之時，是陰氣逐漸下降，陽氣逐漸遞升，因此就有出入無疾之象，所以由下往上為往為出，由上往下為入為來為復故稱之出入無疾，（代表不急、沒有疾病），所以說至日閉關是要人修行靜坐，讓陰氣下降陽氣上升。

　　另有所謂的抽坎換離，也就是離☲、坎☵二卦有火上升而水下降兩者無所交集之情形，導致人之心火過熱，虛火上升而誘發重病，因此就須將水往上提升

將心火下降，也就是將離、坎二卦中爻（第二爻）互換成為天地定位，天地定位者乃代表水火既濟之意，而要能如此就須觀想，即將上下之氣凝聚於丹田之上，互相推移而產生往復循環，如此才稱之為地雷復䷗。

復卦䷗是代表母親在培育長子，讓長子可以成為六陽乾體（大人），所以當要培養六爻為乾體之時，必須外有行動力而內有謙虛之心，如此才能容入更多內涵，所以說須有風澤中孚之情境，也就是能夠出入無疾，這就是復卦之象，因此復卦象傳才言「雷在地中，復；先王以至日閉關，商旅不行，后不省方」，所以也說冬至一陽生，告訴人們在冬至之時須溫、熱補，如此才能有甲、己之合，所以此象也是己甲合，己甲之合為復是因為土裏有能量，而其能量至大可以衝破層層土地破殼而出，就如冬天地下之水為溫熱之情形，所以說需要修行讓體內陽氣上升，才能達到身體健康。

當氣運行至此（東北方）何以為後天艮卦？因為在先天之內就有震☳，因此先天震☳是後天艮☶，而先天震代表種子有辦法破土而出，所以東北方在地支、八卦為丑、艮、寅，然後破土而出為甲、卯、乙，

代表這些東西能量是從震破土而出,然後成為甲、卯、乙開始蓬勃而生,因此艮震組合就成山雷頤卦 ䷚,頤卦就是要頤養,代表破土而出時要慎言語節飲食(慾望),所以代表丑是為保護這些生靈,不讓水來破壞。

　　艮是保護水不傷木、不傷果實、儲存果實,若水來破壞則成為水雷屯卦 ䷂,所以說不能一直屯住,因此當艮卦形成之後,就不可以一直停留於第一線,一定要破土而出,所以說這二座(東北方、西北方)高山,是來阻擋收伏位於其中(北方)的亥水,不讓這些水來破壞成果與生命,故此二座高山是先天造物而來,就如人之雙眉阻擋阻止水往下而流,如此甲、卯、乙才能成長。

　　復卦 ䷗ 是所有生命的延續與開始,所以在冬、夏二至必須重視並對身體加以調養與保養,尤其山雷頤卦 ䷚ 是由1變成0,又從0變成1,成始成終都是由艮卦(後天艮、先天震,稱之山雷頤)這裡開始,正如復卦象傳所說:雷在地中,復;先王以至日閉關,商旅不行,后不省方。所以在此二至須靜養以待,以防陰氣日深傷及身體,或讓剛萌生之陽氣被群陰所壓而歸於零。

四、亥寅與寅亥二者之差異：

　　亥寅之卦為水雷屯卦☳☵，其象是由亥而寅，而屯代表剛出生是蒙昧無知，所以當亥變成寅之時稱之水雷屯卦☳☵，因亥的本氣為壬（坎水），暗藏了甲木（震為雷）的長生，所以亥也是水雷屯☳☵；亥中之甲由來是酉（西方）落下果實種子於戌土（西北方），然後遇水發芽，但甲在一般八字老師都認為是大樹，依上述情形其實並非如此，實際上亥中之甲是剛萌芽胚胎；由西北方延伸到北方宮格中為戌、乾、亥、子，所以亥也有代表北方宮格中坤地情真，因此形成卦象就有乾為天☰、坤為地☷，而亥本身藏壬甲，稱之水雷屯☳☵。

　　亥其前面則是由戌就成山水蒙卦☶☵，戌亥之中夾四隅位的乾，又成了水天需☵☰及天水訟☰☵其後則繼而為地水師卦☷☵，此為先天、後天的坤、坎同宮之師、比，因此西北方位形成乾、坤、屯、蒙、需、訟等易經上經前幾卦，所以六十四卦也是脫離不了天干、地支，所以學《易經》最快的方法須學八字，而學八字也須以《易經》為主體架構兩者是一體只不過是先後天而已；所以亥與寅彼此間的關係是由此而來。

　　寅、亥代表樹木長大（長大成人之意），開始可以自立行事，因此稱之為雷水解卦☳☵，當在亥寅之時是為蒙昧無知之時，是水還在困木所以為水雷屯☵☳，當寅遇到亥後是變成大木（人），而成為大木就有能力處理事物與危機，因此才稱之為雷水解卦☳☵，所以解卦代表已經有能力克服困難、解除水患。《易經》的象也是串連於六十甲子的天干地支，而天干地支、六十甲子的道理也是來自於《易經》，因此兩者一定要結合，少了任何一樣就不完整，如有魂無體、有體無魂。

　　所以寅亥與亥寅是天差地大，就如上述己甲為復，是土下有能量（種子）要破土而出才為復，如果是為甲己則又成猶豫不決之象，因為二者合為雷地豫卦，因為甲木喜歡戊土，甲木遇己土表示大樹要深入己土之時，心理會有不穩定感並有壓力，而甲己又何以為豫是因為中間有坎（亥）水，所以己甲是己可以掌控甲，稱地雷復卦☷☳，而甲己則是猶豫不決，稱雷地豫卦☳☷。

　　所以己甲地雷復卦☷☳能量會優於甲己雷地豫卦☳☷，是可以隨心所欲，也就是只要積極從事於工作，就能加以掌握且可隨心所欲，因為甲木要棲息在

己土是非常簡單，表示經營事業是很簡單，而甲己是
丈夫與妻子或是與錢財處於不穩定情形，所以傳統上
才有甲己合化為土，而實際是甲己合缺少了戊土，因
此期待戊土出現才能讓根基穩固，而己甲相同也是期
待戊土出現。

丑、辰、未、戌所代表之土，其情形丑土為艮卦，
未土為坤卦，是為鬼神出入之門，所以二者是生門也
是死門，在奇門遁甲中艮為生門坤為死門，但在我們
理論當中二者是生門也是死門，所以丑未稱之為門，
是神鬼出入之戶，在奇門遁甲中開、休、生、死位置
在先天八卦位分別是艮（開）、坤（休）、震（生）、巽（死）
卦之位，也是因為震卦是成始成終。

而辰、戌二位，戌是遮住太陽（遮住了天），乾
為天、為火，所以才有天火是同為一家之人，也是為
將軍是皇帝命令將軍執行事務，而到戌位太陽下山，
是遮住太陽故為天羅，因此處是天山遯卦▆▆，而辰
代表水庫是在網水，所以稱之為地網，前有所謂天狗
食日，那就是代表戌（天羅），在此宮位太陽已下山只
剩餘光因此為艮卦▆之象，而辰位是太陽剛剛上升春
雨綿綿，是為兌卦之位，所以辰是網水，丑、辰、未、
戌四土作用也就是如此。所以將辰未定位為坤▆，而

戌丑定位為艮☶。

丑、未簡稱為生死,鬼神出入之門,所以安奉土地公(未土)代表高溫,而高溫可以吸收水份,而水為土的財星,所安奉土地公就可吸水,財就會主動而來,所以從事生意之人,喜歡拜土地公原因也是由此而來。從事生意如拜彌勒佛(戌)表示為人慷慨大方,所以錢財比較沒有辦法掌握。因為戌是在釋放水而水為財之故。

但若是營業處所安奉彌勒佛,表示他有大愛有慈悲之心,故要請其捐獻則很樂意(代表戌土)為之。所以擁有辰、戌、丑、未會比擁有其他東西更好,但必須掌控得對,即當有戌有丑之時,必須連帶有木與火才能為自己所用,若有戌有丑而旁邊有水則是代表在損財,戌也可代表天干數字的 5(戌代表天干戊土,天干排序為第五),所以當擁有數字 5 時前面一定要有 1、2、3、4、8,如此才有辦法掌握,如尾數 5 而只有 9(山水蒙卦)與 0 則是代表在損財之象。

五、八字(四柱)對應之關係:
(以丙戌、乙亥為例)

論八字有二種方法,一是將八字認定為是自己個

人，如此每一個字都代表是我，只是代表不同宮位、時間性的能量增減；另一個方式就是要以自己八字，來推論周遭一切的人、事、地、物，也就是從自己八字來推周遭人事地物，即六親關係（如直、旁系血親與姻親），周遭朋友、生活環境、從事之事業等等，除與自己無相關者外其他物事都可加以推論。

$$丙戌 \longleftrightarrow 乙亥$$

　　現在這位同學與我有互動，所以就用當下這兩組天干、地支來加以推論與說明，現在以老師為定位所以我就用丙戌為主體（此雖為八字但可視為代表當下契機），而這位同學可以用乙亥，如此就可推出其情性，也就是可以用丙戌來反推乙亥，現在依此來加以說明：由亥到戌是為漲潮（水山蹇卦☵☶），代表他是很認真小心且一直努力精進，不計其年紀仍在追求自己所想要的學問，而且可以追求得到此一學問，因為從亥的角度丙是有能量（因為當下時間外面是陽光普照，其意也是代表當下契機。也就是同一個八字在不同時空中，因所處環境不同，所產生效果也會有所不同），所以推論時要注意契機。

　　現在外面陽光普照有能量，代表戊土也有能量，所以也代表丙(太陽火)的能量能付於亥水，所以亥水是最大受益者，會吸收丙的能量，而且會讓乙來乘載，所以乙木（小花草）會乘載在亥（水流），也就是無根之草可以飄浮在亥水之上，此亥不會破壞乙，反而讓其有生機，所以從亥水角度反推，乙木是子女（五行水生木，我生者為子孫），而子女很精進而且亥水的財星為丙火（五行水剋火，我剋為財），所以丙火會付於亥水能量，因此代表他也不缺錢財，而且錢很多，且放於金庫（丙落入於戊、戊也代表櫥櫃、金庫），且櫥櫃之中有亥水，表示所存放之錢財也有受潮之象。

　　所以也可用此反推為乙木（子女）依附在亥水，代表其與子女同心，如果是戊申（五行土生金，我生者為子孫）則是子女與其不同心，因為申金代表有自己個性，但乙木不同他會以亥水為重，且亥遇戊是力爭上游，所以說是不計年紀努力的在學習精進。

　　此象是亥水吸收丙火太陽之氣，所以丙火太陽就代表了他的收獲，也就是老師所付於給他的能量，代表他有得到所想要及所追求東西，而且也可以將這些學問講解（因為從亥角度乙木為食神、傷官，代表表

現之意，也就是乙木可將亥水表現出來），而且其表現可以讓人很喜悅。因此由這二個象就可互相來反推講解。

所以從對方角度是為水山蹇卦 ䷦，假如這組天干地支為這位同學時，則他也是水山蹇卦，因為由亥而戌所以是為漲潮，反之則是戌在往外而流是為退潮，這組屬老師則是老師由戌而亥是在退潮，代表老師無私的在教學。

在八字上如要推論自己那與日主是沒有關系，因每一個宮位都是代表自己，譬如說用乙代表自己頭部，那則是頭部面對這些宮位時，可能發生的任何事項狀態故，如乙遇亥就有隨波逐流，因此表示有失智（憨）恍神的情形，要避免此情形發生，就要讓乙木有好的根基，所以就必須要戊、辰，也就是他們能把亥收藏，讓乙木有穩定根基。

所以每一個宮位都可定位為我，當然每一個宮位也可定位為他人，只是角度看法變更而已，如地雷復卦 ䷗ 與雷地豫卦 ䷏，地（☷）與雷（☳）兩者都是相同，只是由不同方向組合而已，所以推論自己與日主是沒有關係，日主只是在定位自己與周遭人事地物關

係,如定位為自己則每個字都可代表自己,就如上述將乙定位為自己頭部,而有乙遇亥則是自己有頭昏失神情形,也就是每個字都代表自己本身情形。

譬如日干支為乙亥,表示此人肚子很會裝水,代表他很會亂吃東西,因亥水為混濁之水,所以出生日為亥水之人,比較會胡亂吃東西,但不會傷到身體,所以在不同宮位就會產生不同習性,因此說每個宮位都可代表我,不一定由日主才代表自己本身;又如時柱在亥水之人比較麻煩,因亥時沒有太陽丙火(21至23時),所以亥時出生之人,不管前面有多少的丙他都是受傷的,縱然是丙午年、丙申月、丙午日、己亥時;這些丙、午也都是受傷的,所以說推論上不是在言物上的杯水車薪,而是在言氣丙、午之火受到傷害。

時	日	月	年
己	丙	丙	丙
亥	午	申	午

另外如說亥時是沒有太陽,此象代表此人家裡溫度很低,那也是在言物,而言氣是這些火都是受傷的,如此代表火所屬人事地物會因為亥時而受傷,若亥時生之人前面都沒有丙、丁、巳、午火,那是心態上

而已，不是火受傷。

◎何以是心態上？

　　因為丙為家中男主人、上司、長輩、長官，那只是代表此人心中比較沒有上司等人存在而已，但如出現丙火，亥水就會傷丙傷火，也就是丙所屬人事地物都會受傷，但如亥水在亥日、亥月、亥年就不會傷丙反而需要丙，這就是屬性不一樣，所以每一個字，在每一個宮位就不一樣，因此學八字千萬不要算有多少個金、木、水、火、土等五行。

　　天干、地支的五行在每一個宮位、每一個地支年月日時它的能量是不一樣，就如前述只要時柱有一個亥，則亥前面的丙都受傷害，如果前面為丁其能量還是會被往下拉，所以說亥時出生不是凶，是亥時出生不要再出現丙、巳，亥時出生而沒有丙，那只是心態上比較沒有上司等人存在而已。

　　假如有丙又有亥水出現則須反身修德，就是不要站在丙火太陽角度，而是站在亥水的角度，即將本身角色變成亥，如此就不會讓亥來破壞丙火，因丙為高調好名，所以從現在起就認真做，不求高調好名丙火就不會受到傷害，如此不僅這些丙火不會受傷害，反而這些丙火可以來照射亥水，而亥也就可以儲存能量，

因此所有丙火太陽就會聚集在亥，所以說雖然最低調但可以得到最多，故不要站在丙角度而是站在亥的角度，就是所謂反身修德，也就如《易經》的錯卦、綜卦之用的道理。

上所講述的都是一種工具應用，所以說在八字運用上，給與多少字就用多少字來推，如果都沒有字時，則可用時間來推論，這也就是當前學習的學問，譬如現在為 10 時 48 分，我們就可以用此來推論，10 時 48 分主體為 8（用數字推論時，最後一個數字為主體）。然後他遇到 1、0、4，如此 8 遇到 4 會有壓力，因 4 會破壞 8。

◎就以同學所問的有二位朋有交惡，何時可以得到和解？

依此象有 4 剋 8 因此有交惡情形，同時也是 4、0 沖，唯待 1 出現就好了，何以 1 出現就好？因 4 破壞 8，0 會破壞 4，表示此二人在言語交惡（0 為癸水代表講話），而 4 對 8 也造成肉體上的壓力（因 8 已受傷害，所以表示為肉體），所以 8 因 4 而受傷，二位如果都為男性，可請太太出來說明就可和解，如二人都未結婚，則可由一位異性（代表甲木）出來調解說明就會和好，也就是只要 1（甲木）出現就可，因

為 1 可以吸收 0 與 4，而 8 會依附於 1，故主體 1 出
現就沒有問題，所以說遇任何東西都可取象而不拘泥
於其他形體。

當時間不同時情境也就會隨著改變，如時間改為
10 時 38 分就會不一樣，因為 8 會讓 3 眼睛遭受蒙蔽，
就成了澤火革卦，但從 3 角度則為火澤睽，
是我的雲霧蒙蔽了 3，所以 3 會喜歡 8，但是 3 會讓
8 渾身不對勁，因角度不同一個為革卦一個為睽
卦；在 4 與 8 是丁破壞了辛，而 3 是太陽與雲霧
8 關係是共存，所以稱之為 38 合（16 合、27 合、38
合、49 合、50 合），就是太陽與雲霧合，因為只有
38 共存，因此只有澤火革卦，就是辛金會因為太陽
變成為水而從山上落下。

澤火革卦為 49 卦是坤卦（第 2 卦易經卦序）與
左（第 24 卦易經卦序）地雷復卦、右山地剝卦（第
23 卦易經卦序）等相加之數，（24+2+23=49），所以
是從一陽剝落後變為坤（為 0），然後這一陽再反其
下而成復卦是為一陽出生，所以從剝卦到坤卦到復
卦，為 49 卦的澤火革卦，目的就是要改變，也就是
要改變也要有改變能量才有辦法破土而出，如果一直
處於高峰而不懂得謙卑那就將變成剝卦，所以須懂得

改革精進,才能有一陽復生的,「復亨,出入無疾、朋來無咎」。

　　「至日」閉關至有夏至及冬至,所以夏至為午,冬至子,子加午為六陽六陰,二者除2是為三陰三陽,所以又回到了乾坤定位,地天泰卦,所以六十四卦是至為錯、綜、復、雜。在推論事物時,須以當事人提問之時間為之,若時間變更數字也隨著改變,那就是屬於另外事物的因果關係,另外對出生之時的周遭環境如能詳記,如此對當事者推論可更為準確,譬如七月生狂風暴雨較多,故此出生之人其抗壓性比較強,但也可以說成申月出生之人命運比較乖舛(天地否卦☰☷),反之在柔和天氣下出生之人,則抗壓性比較低,故在酉月(澤山咸卦☱☶)出生之人命運比較順遂。

※附註

1、六神(或十神法):正官、七殺、正財、偏財、正印、偏印、比肩、劫財、食神、傷官的總稱。

2、對可以改變號碼或數字如電話號碼、車牌等可考慮改變。

3、對不可以改變號碼或數字如身份證號碼、出生年月日時等,就不要在意他理會他,要用最少時間與金錢得到最大的好處。

將難經變為易經第十五講（2015/06/17）

一、問題與解說

問題：現在時間乙未年、壬午月、甲子日、己巳時、
甲子分，問有朋友要買房子抽數字排抽中 38
號，如現在要買房子可以嗎？如要買應買何方
位房子？

<table>
<tr><td>分</td><td>時</td><td>日</td><td>月</td><td>年</td></tr>
<tr><td>甲</td><td>己</td><td>甲</td><td>壬</td><td>乙</td></tr>
<tr><td>子</td><td>巳</td><td>子</td><td>午</td><td>未</td></tr>
</table>

答：就透過卦象來解析，第一次抽為 38（將數字轉為
天干的卦，而非用卦的排序），而 3（離☲）與 8（兌
☱）在卦象為火澤睽卦☲☱，睽卦代表眼睛被雲霧蒙
蔽，而睽也有二個影子，是以同而異情形，在睽卦上
卦為離火為眼睛，而互卦（二三四爻）也有離火的眼
睛，就如眼睛散光一樣，所以說是以同而異情形，因
此在此象就不是很好，因為是丙火被蒙蔽，然後再由
時間來看，甲為震卦，而震最喜歡午火（能量、溫度），
所以是為雷火豐卦，而最後落點在子，而子會沖午，
所以是坎水會來破壞離卦，因為原本有能量溫度，結
果變成沒有能量溫度，所以由此卦象看，短期內買房
子是比較不適合。

我們可以從午到子排序上跳了6位（午未申酉戌亥子），所以說要買房子應該在六個月後，如果說不等那麼久，那麼就應在三個月後癸酉月，因從甲子而言的酉排序為癸酉，若從壬午月起算則為乙酉月，因到癸酉之時是甲木☷得到甜美的果實，是甲木☷得到他所想要的印星正印，所以到了酉月☷這個卦象就是好的，如在乙酉月可以代表甲子遇到乙酉是緊密結合，就是乙木會依附在甲木，是為雷風恆卦☳☴與坎兌同宮，所以在乙酉月才能找到想要的房子，最近還不是時侯。

有關三個月算法是由壬午開始經癸未、甲申到乙酉是三個月，所以由月排序來算是乙酉月，從甲子起算則是癸酉月。（萬年曆12頁年柱起月柱排列表）。乙酉與癸酉跟甲子都是契合的，是坎兌同宮而甲又喜歡遇到乙，甲遇乙是代表木在成長，所以又稱為雷風恆卦。

◎何以可以用甲子或壬午？

這就是《易經》上所謂的變卦、錯卦、綜卦及互卦的應用，但我們所要找的是應期，而二個酉都符合，就如火澤睽卦☲☱，上下畫二個圓而找出交集之部分（共同點），而二者共同點剛好是坎，而這個坎

剛好符合坎兌同宮，所以是透過 38 的數字再來連接
這些象。

　　有關座向屬羊（生肖排序為 8）之人儘量不要座
南，在傳統上未喜歡午，因屬六合之午未合，所以屬
羊之人喜歡用午的方位，或嫁、娶屬馬之人的午未
合，不然就是亥卯未三合，事實上未是屬於高溫，如
果又座在丙午上會火上加火，所以住在裏面的人，脾
氣都不好很容易吵架，所以屬羊之人最好在寅、甲、
卯、乙，辰、巽等方位，而座與向為陰陽顛倒，所以
座在對面的庚、酉、辛、戌、乾但不要座在亥，如住
座北朝南剛開始賺錢很快，但住一年以後就會覺得到
處都不對勁，對房子之事開始在引動之時，雖然還沒
有進入但就會有感覺，如果座東朝西是不錯。

　　土地公不可安奉於北邊，因安北邊可以快速招
財，但半年後要換位子，不然身體會開始感覺怪怪
的，因土地公屬未，而將未安在北邊就會有此種事
象，所以土地公盡量安置在東邊的寅、甲、卯、乙，
辰、巽，因為土地公是高溫，如水一進來就會產生水
火交戰，會產生辛金而辛金就是所說腫瘤，所以土地
公不要安奉於北邊。

　　甲子日變成甲子分何以在一邊不論沖（壬午月柱與日主甲子日），而到了另一邊要論沖（壬午月柱與甲子分），因為一邊是現在環境，而另一邊是未來環境，所以未來環境要找的東西就會產生子午沖，所以子午沖就造成了不好現象，就是會沖到想要的房子所以說不適合。

二、由數字探討六十四卦之象

　　民間一般言現在天公（玉皇大帝）為第十八世，並由關聖帝君所執掌，關聖帝君生日為 6 月 24 日，所以其數字為 18、6、24，如果把他拆開，重新組合成為 2、4、6、8、10，而將這些數相加等於 30，而 1、3、5、7、9 等數相加等於 25，所以符合生成之數，而 1 到 10 相加為 55，是為天 1 地 2，天 3 地 4，天 5 地 6，天 7 地 8，天 9 地 10，即如繫辭上傳第九章所說的天地之數。（繫辭上傳第九章「天一地二，天三地四，天五地六，天七地八，天九地十。天數五，地數五，五位相得而各有合。天數二十有五，地數三十，凡天地之數，五十有五，此所以成變化，而行鬼神也」）。

　　將生日的 6 月 24 日拆開為 6、2、4 剛好也符合天、地、人的筆劃，而伏羲一字劃天地為 3 與 7，而

3、7相加為10，1加0為1，所以1是開天闢地，再來6月24日的24是為地雷復卦，在地雷復卦 ䷗ 的震卦卦序為4，坤卦卦序為8，所以是4、8，4加8為12，而6、2、4相加也是12，然後拆開1加2為3是代表為屯卦，是開天闢地後而為屯，而水雷屯需要有火的能量，才能脫穎而出，所以在2、4、6、8、10相加地數三十，而30為離卦，所以水雷屯卦有水有木，所以透過火就可以成長，上面這些數字組成感覺很奇怪，好像有一些玄機，而且東方38為朋木，西方49為友金，3乘8為24，拆開2加4為6，6是老陰，4乘9為36，拆開3加6為9，而9又符合老陽，以上這些都是由數字探討《易經》六十四卦暗藏玄機之象。

三、地理納甲與京房納

　　1、3、5、7、9為陽代表天數，2、4、6、8、10代表地數代表陰，所以在這個天地裏面，就用1、6為天一生水地六成之在北方；2、7為地二生火天七成之在南方；3、8為天三生木地八成之在東方；4、9為地四生金天九成之在西方，5、0為天五生土地十成之在中央，以上這是為河圖之數。1、6共宗水1代表壬水、6代表癸水；2、7同道火2代表丁、7代表丙；3、8為朋木3代表甲、8代表乙；4、9為友

金，4 代表辛、9 代表庚；5、0 同途土 5、代表戊 0 代表己。將數與天干組合即為地理上之納甲，而地理納甲是中央戊己土進入中宮。(如下表)

地理與京房納甲表

甲	乙	丙	丁	戊	己	庚	辛	壬	癸
3	8	7	2	5	10	9	4	1	6
乾	坤	艮	兌	坎	離	震	巽	乾	坤

京房納甲為甲納乾、坤納乙，丙納艮、丁納兌，戊納坎、己納離，庚納震，辛納巽，壬又納乾、癸又納坤。

在先天八卦離代表太陽升上，而坎為太陽下山，所以由東到西的線，是太陽運行軌道也代表水火，所以戊己剛好在這條線上，原本地理 5、10 是進入中宮，但這裏坎屬陽代表戊，離屬陰所以代表己。如此天干多了二個，但因坎離水火也代表乾坤(因先天乾卦為後天離卦之位、先天坤卦為後天坎卦之位)，所以最後是乾坤納終始，又恢復到 1、6 的水火日月乾坤。詳如上表地理與京房納甲表。

四、先後天八卦之位

先後天八卦各卦位置圖

方位：東南方 先天之位：兌 後天之位：巽	方位：南方 先天之位：乾 後天之位：離	方位：西南方 先天之位：巽 後天之位：坤
方位：東方 先天之位：離 後天之位：震		方位：西方 先天之位：坎 後天之位：兌
方位：東北方 先天之位：震 後天之位：艮	方位：北方 先天之位：坤 後天之位：坎	方位：西北方 先天之位：艮 後天之位：乾

五、坤與坎關係：

地水師卦 ☷☵ 卦序第 7 卦

師卦卦辭： 貞，丈人吉，无咎。

象傳： 師，眾也，貞，正也；能以眾正，可以王矣。
剛中而應，行險而順，以此毒天下，而民從之，
吉又何咎矣！

象傳： 地中有水，師；君子以容民畜眾。

在先後天八卦各卦位置，從北方開始為坤、坎二
卦，坤為地☷、坎為水☵，二者組合成為地水師卦

䷆，上卦代表主體，下卦為客體，然後將上下卦拆開，上卦代表第一張牌，代表事情開始，下卦為第二張牌、代表事項對應關係，事情結果，因此從這個卦象可以看出師為侵伐，是水主動來侵伐土，如果以此卦象問運勢好不好？坤代表土，坎代表水，如此水會主流動到土，在傳統上認為土剋水，但其實是水主動來侵伐土，而土是被動的，所以代表機會他會自動來，是好的象。但地水師卦䷆如果問事情會不會結束？表示還沒有結束，還會再來，也就是尚無法了結。

如問賺錢機會，也是會自動來，所以只要把產品品質做好，讓大家認識你，客人就會自動而來。

如問病況如何？則有再次感染問題。若問腳痛會不會好？則是會好的，因從靜止坤到流動坎卦，代表腳可以動可以走路，所以是會好的。

所以把卦拆開平鋪，直接看其對應關係，這樣在解卦速度上會比較快，也就是先教大家知道如何使用，至於卦爻辭往後在慢慢說明，所以看地水師卦䷆卦象，就知道是水會主動而來。

◎如再地水師卦 ䷆ 問東西不見了是否可以找到？

是可以的，因為會自動來，但因東西不可能主動來，所以表示並沒有丟掉，只是被遮蓋住而已，坤卦卦序為 8 而坎為 6，由 8 變 6 代表六日後可以找到，所以可以將卦序論為一個應期。

◎問如買房子好嗎？

因主體為土，水為財，所以買此房子，財會自動而來那當然是好的。

如是問房子會不會淹水？因水自動而來所以是會淹水的。

◎如問考運如何？

是我所準備的都有考出來，表示成績也不錯。

所以看卦是把卦拆開平鋪，如此也就不再找其動爻，直接看其對應關係，要論吉凶一般習慣性都會找動爻（吉凶悔吝生乎動），如沒有動爻那來吉凶，但透過此種方式雖沒有動爻，還是可以找其吉凶，所以論卦不是整卦來看，而是可以拆開來看，所以師卦自己是被動，別人是主動，如果是自己主動而別人是被動，那就變成了水地比卦 ䷇，此二卦是地水師卦 ䷆ 比較好，因為財、機會會主動而來，而是水地比

卦 ䷇ 格局較大，因為水地比陽爻在九五君位，是三軍統帥，師卦陽爻在九二，為一帥稱之為師。

現在所論 8、6（坤 8 坎 6）是八卦的卦序，與用 10 的倍數（天干）的 8、6 是不同的，如果是天干的 8、6 則是辛金與己土，所以強調問卦那 8、6 就是易經卦序，所以 8、6 就為地水師卦 ䷆ ，如沒特別強調，那就用 10 倍數的天干來排卦，那 8、6 則是己、辛的辛未柱。

號碼為 65110，是一種付出的格局，是與他當朋友的都會得到好處，因最後一個 0 代表癸水，而癸水為雨露之水，他可以讓甲木（1）成長，而甲木成長後，這個 5（戊土）反而會釋放水資源給 0，也就是 2 個 1 會依附在 5，而 5 的水流也會往 0 的地方來流，所以當他在付出的時候，反而會得到更多的回饋，所以這組號碼是不錯的。

一般都認為尾數要大，以前也都認為如此，但個人認為只要符合習性就好不一定要大，如果真要認為大則 0 也可為 10，比 9 更大，但大小並非如此衡量，我們是用五行生剋來論，所以說這組號碼是不錯的，當在付出的時候，反而是得到更多的收獲，就如為了

大眾、公事在做事時反而會讓自己得到更多，因公字
裏面就有了厶（私）。

　　有關前面所說納甲的1，是在談太陽運行軌道，
是太陽由1地方昇起到西方落下，所以是言太陽運行
軌道，但凡易卦是有卦序，卦序是在講陽爻的能量，
但在二進制上算乾卦陽爻能量為7（1（2^0×1）+2（2^1
×1）+4（2^2×1）＝7），然後依序兌為6、離為5、震
為4、巽為3、坎為2、艮為1、坤為0，所以平常所
說乾、兌、離、震、巽、坎、艮、坤，是乾開始終於
坤卦，因坤是沒有陽爻所以能量為0，但在排序之中
0還是有排序，所以排序就成乾1、兌2、離3、震4、
巽5、坎6、艮7、坤8，是由最高能量乾開始，到沒
有能量的坤，所以坤的能量是最低的，他最沒有私
心，所以坤卦為厚德載物，如同母親照顧子女是沒有
私心，如此反而所有的東西都要依附在坤土而生存，
此也證明無私是得到最多。

　　以上就是卦的排序，也是卦的能量，而這種能量
也是太陽上升後所照射能量，所以當太陽高掛時，坤
卦全部是暗的，若把太陽照射分成三等份，當太陽在
震卦之位時，所看到的陽光只一等份，其餘二等份為
暗，然後逐漸上升，到了正中之位已三等份全部為亮，

是為三陽,所以也是先天八卦卦序,所表示的是太陽能量。

水地比卦☵☷卦序第 8 卦

比卦卦辭:吉。原筮,元永貞,无咎。不寧方來,後夫凶。

彖傳: 比,吉也。比,輔也,下順從也。原筮元永貞,无咎,以剛中也。不寧方來,上下應也。後夫凶,其道窮也。

象傳: 地上有水,比;先王以建萬國,親諸侯。

　　地水師卦綜卦是為水地比卦☵☷,第一張☷為主體,第二張☵為客體為結果,以地水師卦看此人是很積極的,因在內是坤土不動,而到了外面是流動坎卦,代表此人是很積極,而水地比卦的人就不積極,因為他在屋內講得頭頭是道,但到了外面則切是靜悄悄的,是靜止的土沒有行動力,而地水師卦在家會想,到了外面會表現,所以上卦為開始下卦為過程與結果。

　　而過程也可組合一卦,如地水師卦☵☷其互卦(二三四爻、三四五爻)就是其過程,本卦是坤土☷坎水☵是開始結果,而過程就在互卦,他又多了一個

坤卦（三四五爻）與一個震卦（二三四爻），因此在這個過程看是水在慢慢的流，但事實上是很有動力，很有作用與動能（因有震卦），所以他想要成為一個領導人物，因此在地支中亥本氣為壬，還有長生的甲，所以此處為壬（下卦）甲（互卦二三四爻震卦），亥是行動流動而藏了壬甲，這個就是過程，而最後才是結果論，所以卦象可以如此來拆解。

而水地比卦䷇，的過程，互卦有艮☶（三四五爻）有坤☷（二三四爻），所以說為什麼會變成不積極，因（坎☵）水流動到坤土☷就不動，原來是有一個艮（☶山止）土，主體坎☵代表在家裏或內心之中是流動的，但當往外流動遇到坤土就停止，所以是從積極變成不積極。

◎如問人的情性象無頭蒼蠅一樣？

如果抽到水地比卦是否會改變，表示會改變因從坎變成坤，原來互卦裏有艮卦（三四五爻），艮為止，所以水的流動沒有那麼快，但從何時開始會改變，如直接以卦象排序為8（坤卦排序），所以可以找8的月令（酉月），水地比卦也可代表癸丑，也可代表癸未，因其象很多，因上為水下為土，所以在白天或夏天問代表癸未，在晚上或冬天問代表癸丑；當然癸丑

也有水澤節即水山蹇之象。

　　所以卦會隨著時間季節而改變，因此卦是有生命，在不同時辰、季節來問雖同一卦但也會改變，所以卦不可單一而論，如水地比卦 ䷇ 在冬天來問則是凍結沒有行動力，而水凍結代表此人沒有言語，不會與人打交道，如果是癸未則是喜歡講話，所以水地比卦 ䷇ 與地水師卦 ䷆，是師卦比較好，比較有機會，但是水地比卦 ䷇ 格局高。

◎如果水地比卦 ䷇ 要問工作好不好？

　　從坎水角度己土是他的官星，所以論事項不同結果就不同，因此他的事業是好的，因為他的工作不會來約束他，己土是平地表示這個工作對他來說是沒有阻礙，所以從事事業是很輕鬆，沒有人會約束他，比較像自由業或較沒制度考隨心所欲，但如果是水遇到艮卦（艮為戊土）則為水山蹇卦 ䷦，雖艮卦 ☶ 也為土但他是戊土情性，代表工作會有約束，做事戰戰兢兢會因為工作有制度而受限，因高山無法讓壬水為所欲為，也表示這是比較屬於有制度公司，而水地比是輕鬆做所以比較象自己在當老板，水山蹇卦 ䷦ 則象受顧或是比較有制度約束的大公司。所以兩者屬性完全是不同。

有艮卦代表止、約束、公司制度，也沒有辦法很自由，而坤卦為自由自在，水地比卦䷇的考運，因水沒有被約束，代表此人很會讀書，雖不是很認真，但過目可以不忘，坎水只要遇到溫度就可以吸收能源，所以所讀的都能記起來，所以壬癸水的人比較會讀書，但壬水之人讀活書，而癸水之人較讀死書，但總說二者都很會讀書。因為水可以儲存溫度、能量代表所講所聽都可記起來。

六、震卦與艮卦

雷山小過卦䷽卦序第 62 卦

小過卦卦辭：亨，利貞。可小事，不可大事。飛鳥遺之音，不宜上，宜下。大吉。

象傳： 小過，小者過而亨也；過以利貞，與時行也。柔得中，是以小事吉也；剛失位而不中，是以不可大事也。有飛鳥之象焉，飛鳥遺之音，不宜上，宜下，大吉，上逆而下順也。

象傳： 山上有雷，小過；君子以行過乎恭，喪過乎哀，用過乎儉。

震卦☳與艮卦☶合為雷山小過卦，位於東北方，先後天同宮位，有成終成始之作用；何以為小過卦䷽，因從震卦的角度艮為其男命的父親，而且大的

樹木本來就依附在高山之土，這是天經地義之事，小過是因為木掌握土，事實上是土擁有了木，所以是角度不同，土都是被木控制，但事實上是木被土所操控，所以二者是相輔相成相依為命，感情是相當好的。

◎如問此人出國工作會不會回來？

是不會回來，因到了那裏就落地生根，但什麼時候才會回來，差不多要七年才會回來，就是當庚金來的時候，當艮土在變化的時候，而艮本身也是 7（卦序），從庚金角度庚也是七（天干排序），因為七會讓甲木想要改變，而艮卦本身也代表 7，所以說剛好是七年（當然也可代表七個月），不然就是在庚年或庚月，因庚金會劈甲木。

◎雷山小過卦☳☶如問他會中意她嗎？會結婚嗎？

答案是會中意的、會結婚，因是甲木依附在艮土，現在來看其過程，前已說上卦代表主體，下卦代表結果，互卦為過程，其過程為兌卦（三四五爻）與巽卦（二三四爻），所以從甲木的觀點兌卦與巽卦對甲木是有加分作用，因甲遇到兌卦表示有甜美果實是雷澤歸妹☳☱，遇到巽卦代表甲木在成長是為雷風恆卦☳☴，雷山小過卦本身就是一個好卦，不是有過就不好，其過是在最後木為土所有，但他本身也是心甘

情願，而其容納他其也很高興，但如果在別人觀點就會不一樣，如兒子老是跟著媳婦走，當媽媽心裏難免有異樣感覺所以是為小過，事實上二者工作事業是穩定的。

要記得互卦是過程，是當上卦（主體）遇到上互卦（三四五爻）的情性，或是上卦（主體）遇到下互卦（二三四爻）的情性，而不是將互卦再組成一卦（澤風大過卦）來論，如果由小過而透過上互、下互組合而成變成大過卦則又是站在不同角度或是由不同的問題、事項切入用的。

一般傳統方法是本卦，然後透過互卦，然後找一個變卦（之卦）來論斷吉凶，譬如山雷頤卦☲☷且第三爻動，然後其論斷看其本卦，上互卦、下互卦、變卦，來找吉凶，本卦上卦為土、下卦為木、上互為坤土，下互卦也為坤土，變卦火，所以就說土土比旺，最後結果又火來生土，所以是好的，而剛開始是木剋土不好。

現在所教的是一個比較簡單工具，直接由開始、過程、結果是木依附在土，所以依事項來論，而不會依卦名而來決定他的好壞。

◎山雷頤卦☶☳如問此人官司可以處理好嗎?

是處理不好,因木依附在土,隨時牽連著。如問交女朋友會相愛?事業有幫助?因木依附在土,所以是會相愛,且對事業會有幫助。

◎山雷頤卦☶☳又問病會好嗎?

震木成長不是一朝一夕,且木依附在土,所以是陳年老病因,還是連在一起所以要較長的時間調養或復健才會改善。但如問身體健康嗎?則身體是健康的,因木依附在土成長。

◎山雷頤卦☶☳如問買此房子好嗎?

表示家裏之人很團結、和諧,因木依附於土,下了班都會回來,大家都很有責任心。因為在家感覺柔順溫暖,有上陽爻與下陽爻保護住,住在裏面的人脾氣都很好。所以是以所問問題來解析這個卦,因此卦不是名稱而產生吉凶,名稱是原理、過程,而是二者五行屬性互動來決定吉凶。

雷山小卦過程互卦變成澤風大過卦,這也是一種過程,但是這個過程只是有他的想法而已,他不會一成不變,所以在這個時間點是為大過,但事實上日後會成為豐收甜美果實。如老師當學生從事學習之時,

就會從教導者角度來切入自己學理，如此好像違背教導者，而有大過之象，但日後會變成自己甜美果實，然後理論可以延續。

◎震卦☳與艮卦☶上下交易為山雷頤卦，其過程（互卦）為兩個坤卦（二三四爻及三四五爻），如問從事此事業好嗎？

　　從事這個事業是好的，因為木會依附在戊土，是自己可以掌控的，此人從事事業是很認真，因隨時將事業放在身邊（甲木依附在戊土），雖然全部依附，而艮本身又是高山是硬的土，給人感覺是強硬的，但實際上他會用柔性角度處理，他可以完全承載而且很快樂（因過程為坤☷為柔順）。

將難經變為易經第十六講（2015/06/24）

一、元、會、運、世：

元會運世：是宋儒邵雍（邵康節）所著皇極經世中計算時間方式，一元為十二會（十二會以 12 地支代表，每一地支代表一會），每會三十運，每運十二世，每世 30 年，依此計算每運是 360 年，每會為 10,800 年，所以一元為 129,600 年。此元會運世就如同天地定律的大太極，如用一年的小太極稱之為一年為 12 個月（一元為十二會），一月為 30 日（一會三十運），一日十二時辰（一運十二世），一時辰為 30^0（一世 30 年），所以一時辰有 30^0x12 時辰x30 日x12 個月=1 年（一元）走 129,600 度（一元為 129,600 年）=360 天。

由地支子至亥繞行一周，並將此一圓周配以《易經》六十四卦（即是先天六十四卦方圓圖的架構），然後乾、坤、坎、離四卦不計，將所餘六十卦除以十二會，所以每一會包含五卦，每會為 10,800 年，而一會為五卦，所以每卦統攝 2,160 年。

一元有十二會，即十二地支：子、丑、寅、卯、辰、巳、午、未、申、酉、戌、亥。所以每個地知、

每會由 5 卦統攝：

子會：復、頤、屯、益、震。

丑會：噬嗑、隨、无妄、明夷、賁。

寅會：既濟、家人、豐、革、同人。

卯會：臨、損、節、中孚、歸妹。

辰會：睽、兌、履、泰、大畜。

巳會：需、小畜、大壯、大有、夬。

午會：姤、大過、鼎、恒、巽。

未會：井、蠱、升、訟、困。

申會：未濟、解、渙、蒙、師。

酉會：遯、咸、旅、小過、漸。

戌會：蹇、艮、謙、否、萃。

亥會：晉、豫、觀、比、剝。

　　依上述每一卦所統攝的時間為 2,160 年，再將 2,160 年除六爻，則每一爻代表 360 年，當時間進入該卦時即由該卦統攝，然後當時間所進入之爻，該爻即成為動爻（陽爻變陰爻，陰爻變陽爻，該時即由動爻所變之卦統攝），依據皇極經世推算法則，當前是處於午會大過卦☱☴統攝之中（午會計有姤、大過、鼎、恒、巽等卦），所以大過卦時間代表 2,160 年，依此計算第一個 360 年為大過卦初爻，初爻一動為澤天夬卦☱☰（這 360 年即由夬卦所攝）、然後依序為第二爻

變的澤山咸卦 ䷞，第三爻變的澤水困卦 ䷮，第四
爻變的水風井卦 ䷯，第五爻變的雷風恆卦 ䷟，第
六爻變的天風姤卦 ䷫。

圖一

主 2160 年	初爻變	二爻變	三爻變	四爻變	五爻變	六爻變
䷛	䷪	䷞	䷮	䷯	䷟	䷫
大過↓	夬	咸	困	井	恆	姤

2160 年除 6 爻為每爻 360 年
目前為午會由澤風大過統攝：

　　因每一爻代表 360 年，所以統攝這 360 年的卦除
以 6 爻每爻為 60 年，譬如第六爻動後的姤卦，將其
所統攝 360 年除以 6 爻每爻為 60 年，依上述時間所
進入之爻，該爻即成為動爻方式，姤卦初爻變為乾卦
䷀，二爻變為天山遯卦 ䷠，三爻變天水訟卦 ䷅
，為四爻變巽卦 ䷸，五爻變為火風鼎卦 ䷱，六
爻變為澤風大過卦 ䷛，如此依序動爻後之卦每卦統
攝 60 年，再將 60 年除以 6 爻，所以每爻為 10 年。

圖二

360 年除 6 爻為每爻 60 年 目前為午會由澤風大過統攝：						
6爻變	初爻變	二爻變	三爻變	四爻變	五爻變	六爻變
䷫ 姤	䷀ 乾	䷠ 遯	䷅ 訟	䷸ 巽	䷱ 鼎	䷛ 大過
→ 360年	60年	60年	60年	60年	60年	60年

　　再依皇極經世推算法則，民國 73 年甲子年（西元 1984 年）為鼎卦之初爻為火天大有，83 年甲戌年為第二爻變為火山旅，93 年甲申年為第三爻變為火水未濟，103 年甲午年為第四爻為山風蠱，所以我們現置身應為鼎卦的第四爻，因此在這一元到 104 年計為 69,032 年（從子會開始到午會的第二卦大過卦第六爻所動變之姤卦，再為姤卦第五爻所動變之鼎卦，因每會為 10,800 年，由子到巳會已過 6 會，所以乘以 6 會為 64,800，午會第一卦姤卦已過，表示已過了 2,160 年，而現在為第二卦大過卦第六爻，大過

270

卦每爻為 360 年,所以乘 5 爻等於 1,800 年,第六
爻一動為姤卦,而現是處於姤卦第五爻,姤卦每爻為
60 年,所以乘 4 爻等於 240 年,第五爻一動為火風
鼎卦,而火風鼎卦每爻 10 年,現為第四爻第二年,
等於是 32 年, 將 64,800 年加 2,160 年加 1,800
年加 240 年加 32 年等於 69,032,所以說此元到現
在民國 104 年乙未年為整整 69,032 年,到 105 年丙
申年為第 69033 年)。

　　常言道天開於子水,地闢於丑(土),人生於寅
(木),所以天開於子就需 10,800 年,而地闢於丑也
是 10,800 年,人生於寅,表示在寅會之時萬物開始
生長,而現在是走到午會,然後為未,再而來到申而
申為秋收之始,故表示將是開始收人之時(春耕、夏
耘、秋收、冬藏),再來的酉則為收地,戌為收天,
因日落於戌,至此太陽也就沒有,己土長生在酉,而
戌土死於酉,而人生於寅因此到申之時是開始收人
(寅申沖),己土長生而戌土死,所以說酉會為收地,
再而進入亥(六陰之地)又回到什麼都沒有的混沌之
地,然後再重新子開天、丑闢地、人生於寅的復始循
環。

在邵雍看來，人類文明的發展週期為 129，600年為一循環。此後地球進入冰河時期，一切生命重新誕生，人類文明再次復興。周而復始，無窮無盡。在這一元中，文明的生滅嚴格按照他所畫的六十四卦圓圖而進行。這就是邵康節皇極經世推演的天地循環期程。

現今為火風鼎卦䷱的第四爻，而第四爻一動就為山風蠱卦䷑，蠱卦是為亂世須要整治，（蠱象傳：剛上而柔下，巽而止，蠱。蠱，元亨，而天下治也。利涉大川，往有事也。先甲三日，後甲三日，終則有始，天行也。）寅卯辰為青陽期，巳午未為紅陽期、申酉戌為白陽期，亥子丑黑陽期（冰河期）。

二、年卦之算法：

以先天六十四卦方圓圖為依據，在此圖中的乾、坤、坎、離四正卦，不納入計算，也就是說在前進時遇乾、坤、坎、離四正卦時將其跳過不計，因此餘為60卦剛好配合了六十甲子。如上述知道現今是處於火風鼎卦䷱，而鼎卦是主管公元 1984-2043 共 60年，所以邵雍就以鼎卦作為 1984 年的年卦。在六十四卦方圓圖上，按順時針方向看鼎卦後是恆，巽，井，蠱，升，訟……以至於大過卦。而 1984 年年卦為鼎

卦,因此順推 1985 年的年卦就是恆卦,1986 年的年卦是巽,1987 年的年卦是井,1988 年的年卦是蠱,以次類推 1989 升卦,1990 訟卦,1991 困卦,1992 未濟卦,1993 解卦,1994 渙卦,1995 蒙卦,1996 師卦,1997 遯卦,1998 咸卦,1999 旅卦,2000 小過卦,2001 漸卦,2002 蹇卦,2003 艮卦,2004 謙卦,2005 否卦,2006 革卦,2007 晉卦,2008 豫卦,2009 觀卦,2010 比卦,2011 剝卦,2012 復卦,2013 頤卦, 2014 屯卦,2015 益卦,2016 震卦,2017 噬嗑卦,2018 隨卦,2019 无妄卦,2020 明夷卦,2021 賁卦,2022 既濟卦,2023 家人卦, 2024 豐卦,2025 革卦,2026 同人卦,2027 臨卦,2028 損卦,2029 節卦,2030 中孚卦,2031 歸妹卦,2032 睽卦,2033 兌卦, 2034 履卦,2035 泰卦,2036 大畜卦,2037 需卦,2038 小畜卦,2039 大壯卦,2040 大有卦,2041 夬卦,2042 姤卦,2043 大過卦,所以說本年乙未年年卦為風雷益卦䷩。丙申年年卦為震卦䷲。

　　一般八字命理學者推論,在八字的月柱之處又排有十年一運,這是一種八字的習慣性,但老師個人在運用上,認為此大運(十年大運)是一種荒謬之論,因十年大運就有包天包地、包山包海情形,在這十年之內隨時都會有生離死別之情形,如果頻率多的一年

內就同時發生了生離死別的情形，所以說十年一運其範圍太大，但傳統的八字命理學者推論就是如此。

地理的三元派學者以二十年為一運，所以從民國73年到92年為七運，93年至112年為八運，113至132年為九運，而七、八、九運為下元運，然後到了133年的大過卦，又從新起算為上元運，這又是一個重新開始的循環。（可參考老師所著萬年曆）。

三、各卦能量之解說：

伏羲六十四方圓圖內的方圖其排序第一行最下方（由右向左算）第一卦乾卦 ☰☰ 上方標示11，第一個1代表上卦卦序，第二個1代表下卦卦序（以先天八卦卦序而排），由下往上依序為12的天澤履卦 ☰☱ （上卦為乾卦，下卦為兌卦）、13的天火同人 ☰☲ （上卦為乾卦，下卦為離卦）、、、至18的天地否卦 ☰☷ （上卦為乾卦，下卦為坤卦），若由右向左其意相同（第一個數字代表上卦卦序，第二個代表下卦卦序）餘依此類推；依二進位所計算乾的能量為七，兌為六、離為5、震為4、巽為3、坎為2、坤為0，按二進位陽爻為1（有），陰爻為0（沒有），依三畫卦並參考記錄第一輯第十一講二進位法算法，坤卦全為陰爻000所以為0、而艮卦001故為1、坎卦010

故為 2、巽卦 011 為 3、震卦為 100 為 4、離卦為 101 為 5、兌卦 110 為 6、乾卦為 111 為 7，而這些能量就是有與沒有加起來的能量，所以能量最大為代表天的乾卦☰，在六畫卦中乾卦為六爻全陽☰☰，依二進位法全數相加為 63，但卦的排序上要加 1（因坤卦沒有能量為 0，但仍是六十四中的一卦），所以乾卦排序為 64 而能量為 63 的全陽爻之數，稱之陽極之數。

四、24 山與十二辟卦說明：

用我們所教方位或六十四卦 24 山（24 山是指羅盤上的方位，由八天干（十天干中不含戊己）、十二地支、及後天八卦方位四隅卦（乾坤巽艮）組成）來論陰陽宅準確度是相當高，而且在使用上不會因派別不同而造成衝突，一般學了太多派別，最後會有自己否定自己情形發生，但在我們的學理上，只有陰與陽所以沒有衝突問題，在所有排列組合之中都脫離不了陰陽，常言道不學《易經》八字學不好，反之不學八字《易經》研讀起來就沒有那麼精彩，所以說此二者必須結合在一起；譬如 6、7（天干排序 6 為己 7 為庚），組合而成則為地天泰卦（己為己土為地為坤卦，庚為庚金為乾卦），地天泰卦代表春天之氣代表寅，在十二辟卦是在寅之位置，各卦月份與地支關係如下圖：

　　十二辟卦又稱十二消息卦，或十二月卦，是指主掌一年十二個月的十二個卦。辟就是君、就是主宰之意。

卦象												
卦名	復	臨	泰	大壯	夬	乾	姤	遯	否	觀	剝	坤
月份	11月	12月	1月	2月	3月	4月	5月	6月	7月	8月	9月	10月
地支	子	丑	寅	卯	辰	巳	午	未	申	酉	戌	亥

五、各事項案例說明：（以6、7地天泰卦及天地否為例）

地天泰卦 卦序第11卦

卦辭：泰：小往大來，吉亨。

彖傳：泰，小往大來，吉亨。則是天地交，而萬物通也；上下交，而其志同也。內陽而外陰，內健而外順，內君子而外小人，君子道長，小人道消也。

象傳：天地交泰，后以財成天地之道，輔相天地之宜，以左右民。

天地否卦 ䷋ 卦序第 12 卦

卦辭： 否之匪人，不利君子貞，大往小來。

象傳： 否之匪人，不利君子貞。大往小來，則是天地
不交，而萬物不通也；上下不交，而天下无邦
也。內陰而外陽，內柔而外剛，內小人而外君
子。小人道長，君子道消也。

象傳： 天地不交，否；君子以儉德辟難，不可榮以
祿。

◎地天泰卦 ䷊ 如問疾病？

6代表己土，此己土是不動為安定，其必須使用
後才會有陽氣，所以從不動到使用後的陽氣提升，代
表可以化解一些不好的事項，陽氣提升之後庚金（代
表病菌）就可去除，也就是當有風之時病菌就可去
除，因此稱之為地天泰，而泰為春天之氣表示其水成
為好的水，也就是把不好的水（病毒）排除，而變成
可用之水所以說如此就可變好。

◎如問小孩於暑假期間參加活動有無危險？

要小心，在手腳方面可能會有些小傷害但沒有大
礙，可能是跌倒方面受點小傷，由卦象看是庚金（風、
氣）會讓皮膚（己土）受傷，但也須注意有由高而落
下狀況，即由上面摔下來情形，所以說如有爬高往下

跳活動，須由較低處往下跳，不要一下子就由高處往低處跳，如此就不會有由高處往下跌倒情形，此也就是地天泰卦象，讓氣產生然後形成癸水由上下落之情形。

◎地天泰卦是否會遇到好的伴侶？

如以伴侶而言，是會有好的伴侶，但沒有辦法常常在一起，以卦象而言己土不動，而庚金（風、氣流）是流動不息，所以說有好的交集，但沒有辦法天天在一起。

◎但何時可遇到好伴侶？

在今年甲申月就可以找到理想的伴侶，故6與7組合，就是有好的伴侶，但沒有辦法天天在一起，也就是短期內沒有辦法常在一起，可以說是各忙各的，然而男孩子比較忙，因女孩子希望其男朋友能出人頭地，為具有領導格局之人，但結婚後就可以穩定，在丙申年（明年）可以符合其氣，因丙為己土的印星代表家庭。

◎地天泰卦問處理房屋的事情其象如何？

如以地天泰卦處理不動產（房屋）來講，則表示尚有一些問題沒有解決，故尚有一些雜事會來要

求討論（由象言庚金還會再來找己土），現在為壬午月，而午會驅動庚金，代表對方還有一些想法，原則上沒有凶象，然在感覺上會有心煩情形，這就是午火驅動庚金，而庚金與壬水形成狂風暴雨，所以說內心上會有一些起伏，感覺上不會高興但不是凶象。

◎如地天泰卦 ䷊ 論參與講師証考試結果如何？

則表示可以通過，因6己有好的成績是在7庚，從7角度6為其印星，而7又可不受到約束可以得到文憑，（請參閱萬年曆20頁六神對照表），而印又代表文書文憑，所以說考試一定可以通過，如是5遇到7一樣則代表可以通過，但仍須受到他的約束，而6與7不會有被約束情形，表示通過後是很自由自在，可學以致用。

◎在前問及與人結盟經營水餃生意問題，如果說是由自己來做其機率為何？

依你個人因素是想自由自在，而6（己土）代表平地代表皮，而7庚（代表未成熟果實）代表餡二者組合就有水餃之象，6己代表對他人意見比較不容易接受，所以由此象來看，如果由自己來做速度會更快，就是由自己做然後找加盟商販賣如此速度會更快。

◎前問小孩子畢業但無法安定下來乙案,已依老師
　所提方法前往天壇祭祀完畢,不知何時可以找到
　工作?

　　依此卦而言應該在壬午月戊寅日(即在7月1日)
可以找到安定下來工作,必要時可往現居地東北方
找。何以為戊寅日?是因7還在動,因6、7是為地
天泰卦𝌆,依卦言上卦為主體下卦為客體,所以 7
是一個落點,因沒有使用到動爻,如有動爻就可將下
卦先擺一邊,也就是形成主體、過程、結果情形,卦
會運用到動爻是因為沒有結果論才要用到動爻,所以
分主、客體之後就有結果論了。

◎譬如說卜到地天泰卦說是很好,但其很好時間有
　多久?

　　如此就須找到動爻,亦即找到改變狀況時間,這
就是主體與客體之分,如果沒有動爻就直接將卦拆成
上下卦,上卦為主體而下卦為客體,下卦也就是對應
關係的結果,而此一問題癥結就是要由不動而變成動,
然而此時因其尚有很強烈的想法,因此當戊寅之後就
可讓7穩定下來,前言6與7兩者關係,7有自由自
在不會被約束情形,如遇5表示會被約束,如此表示
如果7遇5(戊)就會穩定下來,而且7的財星為寅,
所以說戊寅日就會穩定下來,也就是在7日之內就可

穩定下來，此也代表此小孩很有自己想法，地天泰卦
䷊是春天之氣成長空間很大，6（己土☷）要有7（庚
金☰）才能有所表現，兩者是相輔相成。所以不管是
地天泰卦䷊或天地否卦䷋兩者都是相輔相成。

◎如論投資；利息式投資按月領取利息外，隨時可以取回本金，如此地天泰卦如何？

6代表坤（己土）是為穩定不動的，但由6而7
代表由不動變成流動，表示飛走了沒有了，所以如可
取回應速取回本金。如過了國曆8月8日恐怕就無
法取回。因國曆8月8日以後是為甲申月，為立秋
是秋老虎適時正熱，因此會形成狂風暴雨，是火來驅
動金，由6而7是由土而變成庚（氣流），由陰氣轉
為陽氣往上而走，所以說是飛走沒有了。

◎如小孩在外地（台中）工作，是否可以調回南部？

可以。因6為己土為中部，而變成7庚金表示動
了，如上述錢動飛走而現在是人動了要回南部，因為
南部才有庚金，才有火的氣而且火越旺越能驅動庚
金，如此表示要回南部是可以達成的。

　　明年大選民進黨候選人機會為何？明年為丙申年，而候選人喜歡用豬，而豬為亥，申亥為狂風暴雨，而民進黨是屬木的特性，如此就會有受傷情形，因豬會讓丙風雲變色，如繼續用豬而豬越亮麗，那丙就岌岌可危，有太陽下山的風險，最好改用兔，兔為卯而乙卯可以讓丙申發揮作用，又丙的百姓為乙卯，即乙卯遇丙就可蓬勃而生，乙卯遇申也可跟著生長，或是用副手是卯年生的這樣就可以成為天風姤卦䷫的女皇帝。

◎6、7 地天泰卦䷊的地理風水為何？

　　一般而言陽宅地理風水必須要有陽氣，也就是人居住地方必須要有陽氣，而地天泰卦䷊卦象就是土地有陽氣所以是不錯，如問房子因地中有陽氣代表此屋很好，從不動變成動，故住於此屋之人，每個人都很有成就，但如果問陰宅則是不好，因下葬後有蠢蠢欲動情形故不平安，也就是庚金會出來劈木，要知道陽宅與陰宅屬性不同，土地有陽氣對陽宅很好，因為陽宅的氣要動，動才是陽，而陰宅必須藏風聚氣有陽氣反而不好，如陽氣太旺代表葬於此之人，其庚金還想跑出來劈木。

◎由此卦象譬喻如換公司、工作是很好，反而如問
　搬來此受顧情形會如何？

　　則是因比較活潑不受約束，致產生他人不願顧用
情形，這就是氣的形象問題，把6、7（地天泰卦）
換成7、6（天地否卦）其情形也是一樣，但處事上
會比較直接而缺少思考，而陽氣在上表示比較不受約
束，所以否卦是比較不經思考，也就是因否卦非戊土
而是為己土，所以天地否卦☰☷房子如果是透天厝，
則沒有那麼好，如是大樓式則比較好，因大樓形象為
戊土、為高大之意。

　　所以說大樓式是形成戊象，有了此戊就可讓庚金
懂得思考後再出發，但如為陰宅則有子孫不合情形，
因庚金（陽氣）表示每個人都想主導事物，故產生彼
此不合情形，因此在陽宅上還是地天泰卦☷☰比較
好，而在天地否卦☰☷透天厝就沒有那麼好，反而是
大樓式房屋比較好，這也就是動之過，因庚金必須有
戊土才懂得思考，但庚金遇戊土也是一種阻礙，所以
要知道屬性是不同。

◎地天泰卦☷☰問考試可以進入南一中？
　　如是學生考試那他可以進入南一中，如申請學校
為南二中也是可以獲得錄取，只是比較可惜，何以說
是南一中？因1會與6結合是為甲己合，而7（庚金）

會劈 1（甲木），所以主導是 1 而非 2；再而在南二中是可以脫穎而出，在南一中則競爭者會比較多。因在南二中可以是天風姤卦也就是名列前矛，我們稱之為庚乙之合。

◎如在購屋地天泰卦☷☰情形如何？

　　坤為地☷代表女主人，則表示女孩子意見太多，也就是女主人參雜太多意見，然而確實原因是要好上更好，前言地天泰卦在陽宅上是不錯，由此卦象就會有想要要求更好的房屋，也就是想要價格不突顯（不高）而且房子又很好的房子，6 為隱藏性代表價錢不突顯，而房子要很亮麗(7 庚金)，因此在購置時程上就會有比較緩慢情形，但在這一、二天如勤快往外找，一定可以找到想要房子。

　　以上宇宙間的符號「將難經變為易經」的課程，從 104 年 3 月起在國立台南生活美學館(前社教館)附設長青生活美學大學的上課實錄，由蕭錫淵師兄辛苦整理編著，除了完整的上課內容，並加入了蕭大哥的心得及補充資料，從 105 年 3 月起第三輯之後是陸陸續續一連串完整的六十四卦卦爻、爻辭及四傳之精彩解說，用最生活化、最自然的論點剖析，希望各位同好帶著快樂學習的心，共同來研究，並「用之於生活、學易有成」

太乙（天易）老師經歷簡介

經歷： 79 年成立太乙三元地命理擇日中心，開始從事命理
　　　諮詢、陽宅、風水、堪輿服務，目前積極從事推廣五
　　　術教育，用大自然觀象法理論教學及諮詢服務。
　　　台南市救國團命理五術指導老師
現任： **台南市國立生活美學館（前社教館）授課老師**
　　　附設長青生活美學大學（前社教館）授課老師
　　　高雄市救國團(高雄學苑)命理八字　指導老師

太乙（天易）老師著作簡介

◎七九年統一日報命理專欄作家，著作「果老星學祕論」
◎八十年著作中原時區陰陽對照萬年曆，文國書局出版
◎九九年十月著作的中原時區陰陽對照彩色版萬年曆
◎一百年八月著作「窮通寶鑑評註」，筆名：太乙 。
◎一百年十月著作「八字時空洩天機-雷集」。雅書堂
◎一零一年三月出版「八字時空洩天機-風集」。雅書堂
◎一零一年七月出版「史上最便宜、最豐富、最實用彩
　色精校萬年曆」易林堂。以下都由易林堂文化出版
◎一零一年八月出版《教您使用農民曆》易林堂出版
◎一零一年九月出版《教您使用農民曆及紅皮通書的第
　一本教材(上冊)》。易林堂文化出版
◎一零一年十一月《解開神奇數字代碼一》易林堂
◎一零一年十二月《解開神奇數字代碼二》易林堂
◎一零二年元月《八字十神洩天機-上冊》易林堂
◎一零二年七月《八字決戰一生/生肖占卜篇上、下冊》
◎《八字決戰一生/生肖占卜下冊專解篇 DVD 教學》
◎一零二年九月《八字決戰一生/先天易數白話專解篇》
◎一零三年四月《八字十神洩天機-中冊》易林堂
《八字決戰一生》系列全套書籍，陸陸續續出版中
◎一零三年九月出版「八字時空洩天機-火集」雅書堂
◎一零五年三月出版《宇宙間的符號:將難經變為易經
　第一輯、第二輯 》易林堂

附錄

十二生肖地支占卜法秘訣面授

（附送 DVD 三集，數字天干、生肖牌卡共二副，本教材上、下冊二本、專解下冊十二項推理來源一本）

　　太乙老師親自面授，指導十二生肖地支占卜的實戰應用。簡單、易學、實用價值高(也可訓練八字的推理、解象，也可連結八字、擇日學、姓名學、陰陽宅學)，不用任何資料，基礎，只要有興趣，透過太乙為您設計的十二生肖占卜牌卡，就可速成。

面授選擇： 面授、諮詢指導兩個小時就可學成，讓您馬上成為占卜大師。學費每人**壹萬貳仟捌佰元**「含本教材上、下冊二本。附送現場教學 DVD 數字天干、十二生肖三集共約五小時五十分(可反覆複習)、十二生肖占卜牌卡一副(48 張)與數字天干牌卡一副(40 張)及生肖占卜篇專解下冊十二項目的推理由來 320 頁一本 」

面授、諮詢 :0982-243349　　0929208166
預 約 電 話:(06)2130327　楊小姐

購買選擇： 可先購置現場教學 DVD 三集(共約五小時五十分)，原價 **4400** 元，特優價 **3200** 元。再免費附送十二生肖牌卡一副與數字天干牌卡一副及生肖占卜篇專解下冊十二項目的推理由來一本。 建議可先購買觀看預習後再面授，效果更佳。回來面授時，可由 12800 元再扣先前購買的 DVD 3200 元，再補足 9600 元即可。

◎購買此套 DVD 兩個月內，觀看影片內容有任何問題歡迎來電諮詢。諮詢專線:06-2130327(楊小姐、杜小姐)
　訂購方法： 1. 請撥 06-2130327 (楊小姐、杜小姐)
　　　　　　 2. 傳 E-mail 到 too_sg@yahoo.com.tw
　　　　　　 3. 傳真訂購專線：06-2130812
　請註明訂購者姓名、電話、地址以及購買內容
　付款方法: 郵局帳號: **局號** 0031204 **帳號** 0571561
　　　　　　 戶 名:楊貴美(可用無摺存款免付手續費)

先天易數占卜教學 DVD 及整套工具組合

　　直接上網免費查詢(太乙文化事業痞客邦)教導如何使用先天易數的 DVD，內有免費講解八卦先天數的排列組合，及後天數的排列應用與占卦的步驟及注意事項。讓您馬上能應用先天易數作為占卜的工具，成為占卜大師，快速、明確，不會模稜兩可。

全套工具組合 1. 2. 3. 共 1851 元，超級組合價 873 元

1. 一面彩色繡布印製「**先天易數**」的先後天挨數盤一面(面寬約 58 公分x42 公分)。訂價：600 元　特價：400 元
2. 五百一十二條卦詩(有白話註解)，可供參考占卜查看卦詩解釋用。全書二八八頁。訂價：451 元　特：356 元
3. 牌卡一副四十三張：牌卡五張(自行切開成十張圖卡，先後天各 1 圖卡、八卦圖卡 8 張)，另一組三十二張八卦牌卡(用於先天易數取數用，也可用於易經占卜用)，及六張動爻牌卡(用於易經占卜動爻使用)。

　　　　訂價：800 元　　特價：400 元

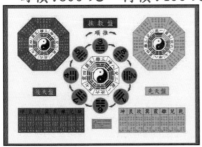

八卦牌卡

動爻牌卡

易經原文【周易經文】四聖(伏羲、文王、周公、孔子)著作

《易經》又名《周易》，《周易》不代表周朝，而代表周全、完整的經典，稱之《周易》。自漢代以後，大都是「經傳」合一，也就是原本的經文，與孔子的易傳(十翼)是合在一起的。在每卦的卦辭(也就是原始的經文)之後，都會附有「《象》曰」及「《象》曰」，在每爻的爻辭也都附上《象曰》，此即為《象傳》及《象傳》的文字。

另外在乾卦和坤卦兩卦之後則有「文言曰」，此即為《文言傳》的文字。

《繫辭上傳》、《繫辭下傳》、《說卦傳》、《序卦傳》、《雜卦傳》則附於六十四卦之後。《周易》全文，是以朱子《周易本義》為底本加以校對與編輯。於《說卦傳》、《序卦傳》、《雜卦傳》有加入《易經證釋》的補充文，用黑粗體加以標示。

以下「无」音同「無」

2

1 乾卦 ䷀ 乾為天 乾上乾下

乾：元、亨、利、貞。

初九：潛龍勿用。

《象》曰：潛龍勿用，陽在下也。

九二：見龍在田，利見大人。

《象》曰：見龍在田，德施普也。

九三：君子終日乾乾，夕惕若，厲，无咎。

《象》曰：終日乾乾，反復道也。

九四：或躍、在淵，无咎。

《象》曰：或躍、在淵，進无咎也。

九五：飛龍在天，利見大人。

《象》曰：飛龍在天，大人造也。

上九：亢龍有悔。

《象》曰：亢龍有悔，盈不可久也。

用九：見群龍无首，吉。

《象》曰：用九，天德不可為首也。

《象》曰：大哉乾元，萬物資始，乃統天。雲行雨施，品物流形，大明終始，六位時成，時乘六龍以御天。乾道變化，各正性命，保合太和，乃利貞。首出庶物，萬國咸寧。

《象》曰：天行健，君子以自彊不息。

《文言》曰：元者，善之長也；亨者，嘉之會也；利者，義之和也；貞者，事之幹也。君子體仁足以長人，嘉會足以合禮，利物足以和義，貞固足以幹事，君子行此四德者，故曰：「乾，元、亨、利、貞」。

初九曰：「潛龍勿用」，何謂也？子曰：龍德而隱者也，不易乎世，不成乎名，遯世无悶，不見是而无悶，樂則行之，憂則違之，確乎其不

可拔，潛龍也。

九二曰：「見龍在田，利見大人」，何謂也？子曰：「龍德而正中者也。庸言之信，庸行之謹，閑邪存其誠，善世而不伐，德博而化。易曰『見

九三曰：「君子終日乾乾，夕惕若，屬无咎」，何謂也？子曰：「君子進德修業。忠信，所以進德也；修辭立其誠，所以居業也，知至至之，可與幾也；知終終之，可與存義也。是故居上位而不驕，在下位而不憂。故乾乾因其時而惕，雖危，无咎矣。」

九四曰：「或躍、在淵，无咎」，何謂也？子曰：上下无常，非為邪也。進退无恒，非離群也。君子進德修業，欲及時也，故无咎。

九五曰：「飛龍在天，利見大人」，何謂也？子曰：「同聲相應，同氣相求。水流濕，火就燥，雲從龍，風從虎。聖人作而萬物睹，本乎天者親上，本乎地者親下，則各從其類也。」

上九曰：「亢龍有悔」，何謂也？子曰：「貴而无位，高而无民，賢人在

下位而无輔，是以動而有悔也。」

潛龍勿用，下也；見龍在田，時舍也；終日乾乾，行事也；或躍、在淵，

自試也；飛龍在天，上治也；亢龍有悔，窮之災也；乾元用九，天下治也。

潛龍勿用，陽氣潛藏；見龍在田，天下文明；終日乾乾，與時偕行；或

躍、在淵，乾道乃革；飛龍在天，乃位乎天德；亢龍有悔，與時偕極。乾元

用九，乃見天則。

乾元者，始而亨者也；利貞者，性情也。

利，大矣哉！大哉乾乎，剛健中正，純粹精也；六爻發揮，旁通情也；時乘

六龍，以御天也；雲行雨施，天下平也。君子以成德為行，日可見之行也。

潛之為言也，隱而未見，行而未成，是以君子弗用也。

君子學以聚之，問以辨之，寬以居之，仁以行之。易曰：「見龍在田，

利見大人」，君德也。

乾始能以美利利天下，不言所

九三：重剛而不中，上不在天，下不在田，故乾乾因其時而惕，雖危无咎矣。

九四：重剛而不中，上不在天，下不在田，中不在人，故或之。或之者，疑之也，故无咎。

夫大人者，與天地合其德，與日月合其明，與四時合其序，與鬼神合其吉凶。先天而天弗違，後天而奉天時。天且弗違，而況於人乎？況於鬼神乎？

亢之為言也，知進而不知退，知存而不知亡，知得而不知喪，其唯聖人乎！知進退存亡而不失其正者，其唯聖人乎！

2 坤卦 ䷁ 坤為地 坤上坤下

坤：元亨、利牝馬之貞。君子有攸往，先迷後得，主利。西南得朋，東北喪朋，安貞吉。

《彖》曰：至哉坤元，萬物資生，乃順承天。坤厚載物，德合无疆，含弘光大，品物咸亨。牝馬地類，行地无疆。柔順利貞，君子攸行，先

迷失道，後順得常。西南得朋，乃與類行；東北喪朋，乃終有慶。

安貞之吉，應地无疆。

《象》曰：地勢坤，君子以厚德載物。

初六：履霜，堅冰至。

《象》曰：履霜堅冰，陰始凝也。馴致其道，至堅冰也。

六二：直、方、大，不習无不利。

《象》曰：六二之動，直以方也；不習无不利，地道光也。

六三：含章可貞，或從王事，无成有終。

《象》曰：含章可貞，以時發也；或從王事，知光大也。

六四：括囊，无咎无譽。

《象》曰：括囊无咎，慎不害也。

六五：黃裳，元吉。

《象》曰：黃裳元吉，文在中也。

上六：龍戰于野，其血玄黃。

《象》曰：龍戰于野，其道窮也。

用六：利永貞。

《象》曰：用六永貞，以大終也。

《文言》曰：坤至柔而動也剛，至靜而德方，後得主而有常，含萬物而化光。坤道其順乎！承天而時行。積善之家，必有餘慶；積不善之家，必有餘殃。臣弒其君，子弒其父，非一朝一夕之故；其所由來者，漸矣！由辯之不早辯也。易曰：「履霜，堅冰至。」蓋言順也。

直，其正也；方，其義也。君子敬以直內，義以方外，敬義立而德不孤。直方大，不習无不利，則不疑其所行也。

陰雖有美，含之以從王事，弗敢成也。地道也，妻道也，臣道也。地道无成，而代有終也。

天地變化，草木蕃，天地閉，賢人隱。易曰：「括囊，无咎无譽」，蓋

9

言謹也。

君子黃中通理，正位居體，美在其中，而暢於四支，發於事業，美之至也。

陰疑於陽必戰，為其嫌於无陽也，故稱龍焉；猶未離其類也，故稱血焉。

夫玄黃者，天地之雜也，天玄而地黃。

3 屯卦 ䷂ 水雷屯 坎上震下

屯：元、亨，利、貞。勿用有攸往，利建侯。

《彖》曰：屯，剛柔始交而難生，動乎險中，大亨貞。雷雨之動滿盈。天造

《象》曰：雲雷，屯；君子以經綸。

初九：磐桓，利居貞，利建侯。

《象》曰：雖磐桓，志行正也；以貴下賤，大得民也。

六二：屯如邅如，乘馬班如，匪寇婚媾，女子貞不字，十年乃字。

《象》曰：六二之難，乘剛也。

十年乃字，反常也。

六三：即鹿无虞，惟入于林中；君子幾，不如舍，往吝。

《象》曰：即鹿无虞，以從禽也，君子舍之，往吝窮也。

六四：乘馬班如，求婚媾，往，吉，无不利。

《象》曰：求而往，明也。

九五：屯其膏，小貞吉，大貞凶。

《象》曰：屯其膏，施未光也。

上六：乘馬班如，泣血漣如。

《象》曰：泣血漣如，何可長也？

4 蒙卦 ☶☵ 山水蒙 艮上坎下

蒙：亨。匪我求童蒙，童蒙求我。初筮告，再三瀆，瀆則不告。利貞。

《象》曰：蒙，山下有險，險而止，蒙。蒙，亨，以亨行時中也；匪我求童

蒙，童蒙求我，志應也；初筮告，以剛中也；再三瀆，瀆則不告，瀆蒙也。蒙以養正，聖功也。

《象》曰：山下出泉，蒙；君子以果行育德。

初六：發蒙。利用刑人，用說桎梏，以往吝。

《象》曰：利用刑人，以正法也。

九二：包蒙，吉。納婦吉，子克家。

《象》曰：子克家，剛柔接也。

六三：勿用取女，見金夫，不有躬，无攸利。

《象》曰：勿用取女，行不順也。

六四：困蒙，吝。

《象》曰：困蒙之吝，獨遠實也。

六五：童蒙，吉。

《象》曰：童蒙之吉，順以巽也。

上九：擊蒙，不利為寇，利禦寇。

《象》

曰：利用禦寇，上下順也。

5 需卦 ䷄ 水天需 坎上乾下

需：有孚，光亨，貞吉，利涉大川。

《彖》

曰：需，須也；險在前也，剛健而不陷，其義不困窮矣。需，有孚，光亨，貞吉，位乎天位，以正中也。利涉大川，往有功也。

《象》

曰：雲上於天，需；君子以飲食宴樂。

初九：需于郊，利用恆，无咎。

《象》

曰：需于郊，不犯難行也；利用恆，无咎，未失常也。

九二：需于沙，小有言，終吉。

《象》

曰：需于沙，衍在中也；雖小有言，以吉終也。

九三：需于泥，致寇至。

《象》

曰：需于泥，災在外也；自我致寇，敬慎不敗也。

六四：需于血，出自穴。

《象》

曰：需于血，順以聽也。

九五：需于酒食，貞吉。

《象》

曰：酒食貞吉，以中正也。

上六：入于穴，有不速之客三人來，敬之，終吉。

《象》

曰：不速之客來，敬之終吉；雖不當位，未大失也。

6 訟卦 ䷅ 天水訟 乾上坎下

訟：有孚，窒、惕，中吉；終凶。利見大人，不利涉大川。

《象》

曰：訟，上剛下險，險而健，訟。訟，有孚，窒、惕，中吉，剛來而得中也。終凶，訟不可成也。利見大人，尚中正也。不利涉大川，入于淵也。

《象》曰：天與水違行，訟；君子以作事謀始。

初六：不永所事，小有言，終吉。

《象》曰：不永所事，訟不可長也；雖小有言，其辯明也。

九二：不克訟，歸而逋，其邑人三百戶，无眚。

《象》曰：不克訟，歸逋竄也；自下訟上，患至掇也。

六三：食舊德，貞厲，終吉；或從王事，无成。

《象》曰：食舊德，從上吉也。

九四：不克訟，復即命，渝，安貞吉。

《象》曰：復即命，渝，安貞不失也。

九五：訟，元吉。

《象》曰：訟，元吉，以中正也。

上九：或錫之鞶帶，終朝三褫之。

《象》曰：以訟受服，亦不足敬也。

7 師卦 ䷆ 地水師 坤上坎下

師：貞，丈人吉，无咎。

《彖》曰：師，眾也；貞，正也；能以眾正，可以王矣。剛中而應，行險而順，以此毒天下，而民從之，吉又何咎矣！

《象》曰：地中有水，師；君子以容民畜眾。

初六：師出以律，否臧，凶。

《象》曰：師出以律，失律，凶也。

九二：在師中吉，无咎，王三錫命。

《象》曰：在師中吉，承天寵也；王三錫命，懷萬邦也。

六三：師或輿尸，凶。

《象》曰：師或輿尸，大无功也。

六四：師左次，无咎。

《象》曰：左次无咎，未失常也。

六五：田有禽，利執言，无咎。長子帥師，弟子輿尸，貞凶。

《象》曰：長子帥師，以中行也；弟子輿尸，使不當也。

上六：大君有命，開國承家，小人勿用。

《象》曰：大君有命，以正功也；小人勿用，必亂邦也。

8 比卦 ䷇ 水地比 坎上坤下

比：吉。原筮，元永貞，无咎。不寧方來，後夫凶。

《象》曰：比，吉也。比，輔也，下順從也。原筮元永貞，无咎，以剛中也。不寧方來，上下應也。後夫凶，其道窮也。

《象》曰：地上有水，比；先王以建萬國，親諸侯。

初六：有孚，比之无咎。有孚盈缶，終來，有它吉。

《象》曰：比之初六，有它吉也。

六二：比之自內，貞吉。

17

《象》曰：比之自內，不自失也。

六三：比之匪人。

《象》曰：比之匪人，不亦傷乎！

六四：外比之，貞吉。

《象》曰：外比於賢，以從上也。

九五：顯比，王用三驅，失前禽，邑人不誠，吉。

《象》曰：顯比之吉，位正中也；舍逆取順，失前禽也；邑人不誠，上使中也。

上六：比之无首，凶。

《象》曰：比之无首，无所終也。

9 小畜卦 ䷩ 風天小畜 巽上乾下

小畜：亨。密雲不雨，自我西郊。

18

《彖》曰：小畜，柔得位而上下應之，曰小畜。健而巽，剛中而志行，乃亨。密雲不雨，尚往也；自我西郊，施未行也。君子以懿文德。

《象》曰：風行天上，小畜；君子以懿文德。

初九：復自道，何其咎？吉。

《象》曰：復自道，其義吉也。

九二：牽復，吉。

《象》曰：牽復在中，亦不自失也。

九三：輿說輻，夫妻反目。

《象》曰：夫妻反目，不能正室也。

六四：有孚，血去惕出，无咎。

《象》曰：有孚惕出，上合志也。

九五：有孚攣如，富以其鄰。

《象》曰：有孚攣如，不獨富也。

上九：既雨既處，尚德載；婦貞厲，月幾望；君子征凶。

《象》曰：既雨既處，德積載也；君子征凶，有所疑也。

10 履卦 ䷉ 天澤履 乾上兌下

履虎尾，不咥人，亨。

《彖》曰：履，柔履剛也。說而應乎乾，是以履虎尾，不咥人，亨。剛中正，履帝位而不疚，光明也。

《象》曰：上天下澤，履；君子以辨上下，定民志。

初九：素履，往无咎。

《象》曰：素履之往，獨行願也。

九二：履道坦坦，幽人貞吉。

《象》曰：幽人貞吉，中不自亂也。

六三：眇能視，跛能履，履虎尾，咥人，凶。武人為于大君。

《象》

曰：眇能視，不足以有明也；跛能履，不足以與行也；咥人之凶，位

不當也；武人為于大君，志剛也。

九四，履虎尾，愬愬，終吉。

《象》

曰：愬愬，終吉，志行也。

九五：夬履，貞厲。

《象》

曰：夬履，貞厲，位正當也。

上九：視履考祥，其旋元吉。

《象》

曰：元吉在上，大有慶也。

11 泰卦 ☷☰ 地天泰 坤上乾下

泰：小往大來，吉，亨。

《象》

曰：泰，小往大來，吉亨，則是天地交而萬物通也，上下交而其志同

也。內陽而外陰，內健而外順，內君子而外小人。君子道長，小

人道消也。

《象》曰：天地交，泰；后以財成天地之道，輔相天地之宜，以左右民。

初九：拔茅茹，以其彙，征吉。

《象》曰：拔茅征吉，志在外也。

九二：包荒，用馮河；不遐遺，朋亡，得尚于中行。

《象》曰：包荒，得尚于中行，以光大也。

九三：无平不陂，无往不復；艱貞，无咎；勿恤其孚，于食有福。

《象》曰：无往不復，天地際也。

六四：翩翩不富以其鄰，不戒以孚。

《象》曰：翩翩不富，皆失實也；不戒以孚，中心願也。

六五：帝乙歸妹，以祉元吉。

《象》曰：以祉元吉，中以行願也。

上六：城復于隍，勿用師。自邑告命，貞吝。

《象》

曰：城復于隍，其命亂也。

12 否卦☰☷ 天地否 乾上坤下

否之匪人，不利君子貞，大往小來。

《彖》

曰：否之匪人，不利君子貞；大往小來，則是天地不交，而萬物不通也。上下不交而天下无邦也。內陰而外陽，內柔而外剛，內小人而外君子，小人道長，君子道消也。

《象》

曰：天地不交，否；君子以儉德辟難，不可榮以祿。

初六：拔茅茹，以其彙，貞吉，亨。

《象》

曰：拔茅貞吉，志在君也。

六二：包承，小人吉，大人否，亨。

《象》

曰：大人否亨，不亂群也。

六三：包羞。

《象》曰：包羞，位不當也。

九四：有命无咎，疇離祉。

《象》曰：有命无咎，志行也。

九五：休否，大人吉，其亡其亡，繫于苞桑。

《象》曰：大人之吉，位正當也。

上九：傾否，先否後喜。

《象》曰：否終則傾，何可長也。

13 同人卦 ䷌ 天火同人 乾上離下

同人于野，亨。利涉大川，利君子貞。

《彖》曰：同人，柔得位，得中而應乎乾，曰同人。同人曰：「同人于野，亨，利涉大川，乾行也。文明以健，中正而應，君子正也；唯君子為能通天下之志。」

《象》曰：天與火，同人。君子以類族辨物。

初九，同人于門，无咎。

《象》曰：出門同人，又誰咎也。

六二：同人于宗，吝。

《象》曰：同人于宗，吝道也。

九三：伏戎于莽，升其高陵，三歲不興。

《象》曰：伏戎于莽，敵剛也；三歲不興，安行也。

九四：乘其墉，弗克攻，吉。

《象》曰：乘其墉，義弗克也；其吉，則困而反則也。

九五：同人，先號咷而後笑，大師克，相遇。

《象》曰：同人之先，以中直也；大師相遇，言相克也。

上九：同人于郊，无悔。

《象》曰：同人于郊，志未得也。

14 大有卦 ䷍ 火天大有 離上乾下

大有：元亨。

《象》曰：大有，柔得尊位，大中，而上下應之，曰大有。其德剛健而文明，應乎天而時行，是以元亨。

《象》曰：火在天上，大有；君子以遏惡揚善，順天休命。

初九：无交害，匪咎，艱則无咎。

《象》曰：大有初九，无交害也。

九二：大車以載，有攸往，无咎。

《象》曰：大車以載，積中不敗也。

九三：公用亨（音義同享）于天子，小人弗克。

《象》曰：公用亨（音義同享）于天子，小人害也。

九四：匪其彭，无咎。

《象》曰：匪其彭，无咎，明辨晢也。

六五：厥孚交如，威如，吉。

《象》曰：厥孚交如，信以發志也；威如之吉，易而无備也。

上九：自天祐之，吉无不利。

《象》曰：大有上吉，自天祐也。

15 謙卦 ☷☶ 地山謙 坤上艮下

謙：亨，君子有終。

《象》曰：謙亨，天道下濟而光明，地道卑而上行；天道虧盈而益謙，地道變盈而流謙；鬼神害盈而福謙，人道惡盈而好謙。謙尊而光，卑而不可踰，君子之終也。

《象》曰：地中有山，謙；君子以裒多益寡，稱物平施。

初六：謙謙君子，用涉大川，吉。

《象》曰：謙謙君子，卑以自牧也。

27

16 豫卦 ☲☷ 雷地豫 震上坤下

豫：利建侯，行師。

六二：鳴謙，貞吉。

《象》曰：鳴謙貞吉，中心得也。

九三：勞謙，君子有終，吉。

《象》曰：勞謙君子，萬民服也。

六四：无不利，撝謙。

《象》曰：无不利，撝謙，不違則也。

六五：不富以其鄰，利用侵伐，无不利。

《象》曰：利用侵伐，征不服也。

上六：鳴謙，利用行師，征邑國。

《象》曰：鳴謙，志未得也；可用行師，征邑國也。

《象》曰：豫，剛應而志行，順以動，豫。豫順以動，故天地如之，而況建侯行師乎？天地以順動，故日月不過，而四時不忒。聖人以順動，則刑罰清而民服。豫之時義大矣哉！

《象》曰：雷出地奮，豫；先王以作樂崇德，殷薦之上帝，以配祖考。

初六：鳴豫，凶。

《象》曰：初六鳴豫，志窮凶也。

六二：介于石，不終日，貞吉。

《象》曰：不終日，貞吉，以中正也。

六三：盱豫，悔；遲有悔。

《象》曰：盱豫有悔，位不當也。

九四：由豫，大有得；勿疑，朋盍簪。

《象》曰：由豫，大有得，志大行也。

六五：貞疾，恒不死。

17 隨卦 ䷐ 澤雷隨 兌上震下

隨：元亨，利貞，无咎。

《彖》曰：隨，剛來而下柔，動而說，隨。大亨，貞，无咎，而天下隨時，隨時之義大矣哉！

《象》曰：澤中有雷，隨；君子以嚮晦入宴息。

初九：官有渝，貞吉。出門交有功。

《象》曰：官有渝，從正吉也；出門交有功，不失也。

六二：係小子，失丈夫。

《象》曰：係小子，弗兼與也。

上六：拘係之，乃從維之，王用亨于西山。

《象》曰：拘係之，上窮也。

上六：冥豫，成有渝，无咎。

《象》曰：冥豫在上，何可長也。

《象》曰：六五貞疾，乘剛也；恒不死，中未亡也。

30

六三：係丈夫，失小子。隨有求得，利居貞。

《象》曰：係丈夫，志舍下也。

九四：隨有獲，貞凶。有孚在道以明，何咎？

《象》曰：隨有獲，其義凶也；有孚在道，明功也。

九五：孚于嘉，吉。

《象》曰：孚于嘉吉，位正中也。

上六：拘係之，乃從維之，王用亨（音享）于西山。

《象》曰：拘係之。上窮也。

18 蠱卦 ☶☴ 山風蠱 艮上巽下

蠱：元亨，利涉大川。先甲三日，後甲三日。

《象》曰：蠱，剛上而柔下，巽而止，蠱。蠱，元亨，而天下治也；利涉大川，往有事也；先甲三日，後甲三日，終則有始，天行也。

《象》曰：山下有風，蠱；君子以振民育德。

初六：幹父之蠱。有子，考无咎，厲，終吉。

《象》曰：幹父之蠱，意承考也。

九二：幹母之蠱，不可貞。

《象》曰：幹母之蠱，得中道也。

九三：幹父之蠱，小有悔，无大咎。

《象》曰：幹父之蠱，終无咎也。

六四：裕父之蠱，往見吝。

《象》曰：裕父之蠱，往未得也。

六五：幹父之蠱，用譽。

《象》曰：幹父用譽，承以德也。

上九：不事王侯，高尚其事。

《象》曰：不事王侯，志可則也。

19 臨卦 ䷒ 地澤臨 坤上兌下

臨：元、亨、利、貞，至于八月有凶。

《彖》曰：臨，剛浸而長，說而順，剛中而應，大亨以正，天之道也。至于八月有凶，消不久也。

《象》曰：澤上有地，臨；君子以教思无窮，容保民无疆。

初九：咸臨，貞吉。

《象》曰：咸臨貞吉，志行正也。

九二：咸臨，吉，无不利。

《象》曰：咸臨，吉无不利，未順命也。

六三：甘臨，无攸利，既憂之，无咎。

《象》曰：甘臨，位不當也；既憂之，咎不長也。

六四：至臨，无咎。

《象》曰：至臨无咎，位當也。

六五：知臨，大君之宜，吉。

《象》

曰：大君之宜，行中之謂也。

上六：敦臨，吉无咎。

《象》

曰：敦臨之吉，志在內也。

20 觀卦 ☴☷ 風地觀 巽上坤下

觀：盥而不薦，有孚顒若。

《象》

曰：大觀在上，順而巽，中正以觀天下。觀，盥而不薦，有孚顒若，下觀而化也。觀天之神道，而四時不忒；聖人以神道設教，而天下服矣。

《象》

曰：風行地上，觀；先王以省方，觀民設教。

初六：童觀，小人无咎，君子吝。

《象》

曰：初六童觀，小人道也。

六二：闚觀，利女貞。

《象》曰：闚觀女貞，亦可醜也。

六三：觀我生，進退。

《象》曰：觀我生，進退，未失道也。

六四：觀國之光，利用賓于王。

《象》曰：觀國之光，尚賓也。

九五：觀我生，君子无咎。

《象》曰：觀我生，觀民也。

上九：觀其生，君子无咎。

《象》曰：觀其生，志未平也。

21 噬嗑卦 ☲☳ 火雷噬嗑 離上震下

噬嗑：亨，利用獄。

《象》曰：頤中有物，曰噬嗑。噬嗑而亨，剛柔分、動而明，雷電合而章，柔得中而上行，雖不當位，利用獄也。

《象》曰：雷電，噬嗑；先王以明罰勑（同敕）法。

初九：屨校滅趾，无咎。

《象》曰：屨校滅趾，不行也。

六二：噬膚，滅鼻，无咎。

《象》曰：噬膚滅鼻，乘剛也。

六三，噬腊肉，遇毒，小吝，无咎。

《象》曰：遇毒，位不當也。

九四：噬乾胏，得金矢，利艱貞，吉。

《象》曰：利艱貞，吉，未光也。

六五：噬乾肉，得黃金，貞厲，无咎。

《象》曰：貞厲，无咎，得當也。

36

上九：何校滅耳，凶。

《象》曰：何校滅耳，聰不明也。

22 賁卦 ☲☶ 山火賁 艮上離下

賁：亨，小利有攸往。

《象》曰：賁，亨，柔來而文剛，故亨。分剛上而文柔，故小利有攸往。剛柔交錯，天文也；文明以止，人文也。觀乎天文，以察時變；觀乎人文，以化成天下。

《象》曰：山下有火，賁；君子以明庶政，无敢折獄。

初九：賁其趾，舍車而徒。

《象》曰：舍車而徒，義弗乘也。

六二：賁其須。

《象》曰：賁其須，與上興也。

九三：賁如，濡如，永貞吉。

《象》曰：永貞之吉，終莫之陵也。

六四：賁如，皤如，白馬翰如，匪寇，婚媾。

《象》曰：六四當位，疑也；匪寇婚媾，終无尤也。

六五：賁于丘園，束帛戋戋，吝，終吉。

《象》曰：六五之吉，有喜也。

上九：白賁，无咎。

《象》曰：白賁无咎，上得志也。

23 剝卦 ☶☷ 山地剝 坤下艮上

剝：不利有攸往。

《彖》曰：剝，剝也，柔變剛也。不利有攸往，小人長也。順而止之，觀象也。君子尚消息盈虛，天行也。

38

《象》曰：山附于地，剝；上以厚下安宅。

初六：剝床以足，蔑，貞凶。

《象》曰：剝床以足，以滅下也。

六二：剝床以辨，蔑，貞凶。

《象》曰：剝床以辨，未有與也。

六三：剝之，无咎。

《象》曰：剝之无咎，失上下也。

六四：剝床以膚，凶。

《象》曰：剝床以膚，切近災也。

六五：貫魚，以宮人寵，无不利。

《象》曰：以宮人寵，終无尤也。

上九：碩果不食，君子得輿，小人剝廬。

《象》曰：君子得輿，民所載也；小人剝廬，終不可用也。

24 復卦 ☷☳ 地雷復 坤上震下

復：亨。出入无疾，朋來无咎。

《彖》曰：復，亨。剛反，動而以順行，是以出入无疾，朋來无咎。反復其道，七日來復，利有攸往。剛長也。復，其見天地之心乎！

《象》曰：雷在地中，復；先王以至日閉關，商旅不行，后不省方。

初九：不遠復，无祇悔，元吉。

《象》曰：不遠之復，以修身也。

六二：休復，吉。

《象》曰：休復之吉，以下仁也。

六三：頻復，厲，无咎。

《象》曰：頻復之厲，義无咎也。

六四：中行獨復。

《象》曰：中行獨復，以從道也。

六五：敦復，无悔。

《象》曰：敦復无悔，中以自考也。

上六：迷復，凶，有災眚。用行師，終有大敗。以其國君凶。至于十年不克征。

《象》曰：迷復之凶，反君道也。

25无妄卦 ䷘ 天雷无妄 乾上震下

无妄：元、亨、利、貞。其匪正有眚，不利有攸往。

《彖》曰：无妄，剛自外來，而為主於內，動而健，剛中而應；大亨以正，天之命也。其匪正有眚，不利有攸往，无妄之往，何之矣？天命不祐，行矣哉？

《象》曰：天下雷行，物與无妄；先王以茂對時，育萬物。

41

初九：无妄，往吉。

《象》曰：无妄之往，得志也。

六二：不耕穫，不菑畬，則利有攸往。

《象》曰：不耕穫，未富也。

六三：无妄之災，或繫之牛，行人之得，邑人之災。

《象》曰：行人得牛，邑人災也。

九四：可貞，无咎。

《象》曰：可貞无咎，固有之也。

九五：无妄之疾，勿藥有喜。

《象》曰：无妄之藥，不可試也。

上九：无妄，行有眚，无攸利。

《象》曰：无妄之行，窮之災也。

26 大畜卦 ䷙ 山天大畜 艮上乾下

大畜：利貞。不家食，吉，利涉大川。

《彖》曰：大畜，剛健、篤實、輝光，日新其德。剛上而尚賢，能止健，大正也。不家食吉，養賢也；利涉大川，應乎天也。

《象》曰：天在山中，大畜；君子以多識前言往行，以畜其德。

初九：有厲，利已。

《象》曰：有厲利已，不犯災也。

九二：輿說輹。

《象》曰：輿說輹，中无尤也。

九三：良馬逐，利艱貞。日閑輿衛，利有攸往。

《象》曰：利有攸往，上合志也。

六四：童牛之牿，元吉。

《象》曰：六四元吉，有喜也。

六五（ㄨˇ）：貫豕（ㄓ）之牙，吉。

《象（ㄒㄧㄤ）》

曰（ㄩㄝ）：六五之吉，有慶（ㄑㄧㄥˋ）也。

上九（ㄕㄤˋㄐㄧㄡˇ）：何天之衢（ㄑㄩˊ），亨。

《象（ㄒㄧㄤ）》

曰（ㄩㄝ）：何天之衢（ㄑㄩˊ），道大行也。

27 頤卦 ䷚ 山雷頤 艮上震下

頤（ㄧˊ）：貞吉（ㄓㄣㄐㄧˊ），觀頤（ㄍㄨㄢ），自求口實。

《象（ㄊㄨㄢˋ）》

曰（ㄩㄝ）：頤（ㄧˊ），貞吉（ㄓㄣㄐㄧˊ），養正則吉也。觀頤（ㄍㄨㄢ），觀其所養（ㄧㄤˇ）也；自求口實，觀其自養也。天地養萬物，聖人養賢以及萬民，頤之時大矣哉！

《象（ㄒㄧㄤ）》

曰（ㄩㄝ）：山下有雷，頤；君子以慎言語，節飲食。

初九（ㄔㄨㄐㄧㄡˇ）：舍爾靈龜（ㄕㄜˇㄦˇㄌㄧㄥˊㄍㄨㄟ），觀我朵頤（ㄍㄨㄢㄨㄛˇㄉㄨㄛˇ），凶。

《象（ㄒㄧㄤ）》

曰（ㄩㄝ）：觀我朵頤，亦不足貴也。

六二（ㄌㄧㄡˋㄦˋ）：顛頤（ㄉㄧㄢ），拂經；于丘頤，征凶（ㄓㄥㄒㄩㄥ）。

《象》曰：六二征凶，行失類也。

六三：拂頤，貞凶。十年勿用，无攸利。

《象》曰：十年勿用，道大悖也。

六四：顛頤，吉，虎視眈眈，其欲逐逐，无咎。

《象》曰：顛頤之吉，上施光也。

六五：拂經，居貞吉，不可涉大川。

《象》曰：居貞之吉，順以從上也。

上九：由頤，厲吉，利涉大川。

《象》曰：由頤厲吉，大有慶也。

28 大過卦 ䷛ 澤風大過 兌上巽下

大過：棟撓，利有攸往，亨。

《象》曰：大過，大者過也；棟撓，本末弱也。剛過而中，巽而說行，利有

45

攸往，乃亨。大過之時大矣哉！大過；君子以獨立不懼，遯世无悶。

《象》曰：澤滅木，大過；君子以獨立不懼，遯世无悶。

初六：藉用白茅，无咎。

《象》曰：藉用白茅，柔在下也。

九二：枯楊生稊，老夫得其女妻，无不利。

《象》曰：老夫女妻，過以相與也。

九三：棟橈，凶。

《象》曰：棟橈之凶，不可以有輔也。

九四：棟隆，吉，有它吝。

《象》曰：棟隆之吉，不橈乎下也。

九五：枯楊生華，老婦得其士夫，无咎无譽。

《象》曰：枯楊生華，何可久也？老婦士夫，亦可醜也。

上六：過涉滅頂，凶，无咎。

46

29 坎卦 ䷜ 坎為水 坎上坎下

《象》
曰：過涉之凶，不可咎也。

習坎：有孚，維心亨，行有尚。

《象》
曰：
習坎，重險也；水流而不盈，行險而不失其信。維心亨，乃以剛中也；行有尚，往有功也。天險，不可升也；地險，山川丘陵也，王公設險以守其國，險之時用大矣哉！

《象》
曰：水洊至，習坎；君子以常德行，習教事。

初六：習坎，入于坎窞，凶。

《象》
曰：習坎入坎，失道凶也。

九二：坎有險，求小得。

《象》
曰：求小得，未出中也。

六三：來之坎坎，險且枕，入于坎窞，勿用。

47

《象》曰：來之坎坎，終无功也。

六四：樽酒，簋貳，用缶，納約自牖，終无咎。

《象》曰：樽酒簋貳，剛柔際也。

九五：坎不盈，祗既平，无咎。

《象》曰：坎不盈，中未大也。

上六：係用徽纆，寘于叢棘，三歲不得，凶。

《象》曰：上六失道，凶三歲也。

30 離卦 ䷝ 離為火 離上離下

離：利貞，亨，畜牝牛，吉。

《象》曰：離，麗也。日月麗乎天，百穀草木麗乎土，重明以麗乎正，乃化成天下。柔麗乎中正，故亨，是以畜牝牛吉也。

《象》曰：明兩作，離；大人以繼明照于四方。

初九：履錯然，敬之，无咎。

《象》曰：履錯之敬，以辟咎也。

六二：黃離，元吉。

《象》曰：黃離元吉，得中道也。

九三：日昃之離，不鼓缶而歌，則大耋之嗟，凶。

《象》曰：日昃之離，何可久也。

九四：突如，其來如，焚如，死如，棄如。

《象》曰：突如其來如，无所容也。

六五：出涕沱若，戚嗟若，吉。

《象》曰：六五之吉，離王公也。

上九：王用出征，有嘉折首，獲匪其醜，无咎。

《象》曰：王用出征，以正邦也。

以上《周易》上經。由乾卦至離卦

下經（咸卦至未濟）

31 咸卦☱☶ 澤山咸 兌上艮下

咸：亨，利貞，取女吉。

《彖》曰：咸，感也。柔上而剛下，二氣感應以相與；止而說，男下女，是以亨利貞，取女吉也。天地感而萬物化生，聖人感人心而天下和平。觀其所感，而天地萬物之情可見矣！

《象》曰：山上有澤，咸；君子以虛受人。

初六：咸其拇。

《象》曰：咸其拇，志在外也。

六二：咸其腓，凶；居吉。

《象》曰：雖凶居吉，順不害也。

九三：咸其股，執其隨，往吝。

《象》

曰：咸其股，亦不處也；志在隨人，所執下也。

九四：貞吉，悔亡；憧憧往來，朋從爾思。

《象》

曰：貞吉悔亡，未感害也；憧憧往來，未光大也。

九五：咸其脢，无悔。

《象》

曰：咸其脢，志末也。

上六：咸其輔頰舌。

《象》

曰：咸其輔頰舌，滕口說也。

32 恆卦 ䷟ ䷟ 雷風恆 震上巽下

恒：亨，无咎，利貞。利有攸往。

《象》

曰：恒，久也。剛上而柔下，雷風相與；巽而動，剛柔皆應，恒。恒，亨，无咎，利貞，久於其道也。天地之道，恒久而不已也。利有攸往，終則有始也。日月得天而能久照；四時變化而能久成，聖

人久於其道，而天下化成。觀其所恒，而天地萬物之情可見矣！

《象》曰：雷風，恒；君子以立不易方。

初六：浚恒，貞凶，无攸利。

《象》曰：浚恒之凶，始求深也。

九二：悔亡。

《象》曰：九二悔亡，能久中也。

九三：不恒其德，或承之羞，貞吝。

《象》曰：不恒其德，无所容也。

九四：田无禽。

《象》曰：久非其位，安得禽也。

六五：恒其德，貞，婦人吉，夫子凶。

《象》曰：婦人貞吉，從一而終也；夫子制義，從婦凶也。

上六：振恒，凶。

《象》曰：振恒在上，大无功也。

33 遯卦 ䷠ 天山遯 乾上艮下

遯：亨，小利貞。

《彖》曰：遯亨，遯而亨也。剛當位而應，與時行也。小利貞，浸而長也。遯之時義大矣哉！

《象》曰：天下有山，遯；君子以遠小人，不惡而嚴。

初六：遯尾，厲。勿用有攸往。

《象》曰：遯尾之厲，不往，何災也。

六二：執之用黃牛之革，莫之勝說。

《象》曰：執用黃牛，固志也。

九三：係遯，有疾厲，畜臣妾，吉。

《象》曰：係遯之厲，有疾憊也；畜臣妾吉，不可大事也。

九四：好遯，君子吉，小人否。

《象》曰：君子好遯，小人否也。

九五：嘉遯，貞吉。

《象》曰：嘉遯貞吉，以正志也。

上九：肥遯，无不利。

《象》曰：肥遯，无不利，无所疑也。

34 大壯卦 ䷡ 雷天大壯 震上乾下

大壯：利貞。

《彖》曰：大壯，大者壯也。剛以動，故壯。大壯利貞，大者正也。正大而天地之情可見矣！

《象》曰：雷在天上，大壯；君子以非禮弗履。

初九：壯于趾，征凶，有孚。

《象》曰：壯于趾，其孚窮也。

九二：貞吉。

《象》曰：九二貞吉，以中也。

九三：小人用壯，君子用罔，貞厲；羝羊觸藩，羸其角。

《象》曰：小人用壯，君子罔也。

九四：貞吉，悔亡，藩決不羸，壯于大輿之輹。

《象》曰：藩決不羸，尚往也。

六五：喪羊于易，无悔。

《象》曰：喪羊于易，位不當也。

上六：羝羊觸藩，不能退，不能遂，无攸利，艱則吉。

《象》曰：不能退，不能遂，不詳也。艱則吉，咎不長也。

35 晉卦 ䷢ 火地晉 離上坤下

晉：康侯，用錫馬蕃庶，晝日三接。

《彖》曰：晉，進也。明出地上，順而麗乎大明，柔進而上行，是以康侯用錫馬蕃庶，晝日三接也。

《象》曰：明出地上，晉；君子以自昭明德。

初六：晉如、摧如，貞吉。罔孚、裕，无咎。

《象》曰：晉如，摧如，獨行正也；裕无咎，未受命也。

六二：晉如愁如，貞吉。受茲介福，于其王母。

《象》曰：受茲介福，以中正也。

六三：眾允，悔亡。

《象》曰：眾允之志，上行也。

九四：晉如鼫鼠，貞厲。

《象》曰：鼫鼠貞厲，位不當也。

36 明夷卦 ䷣ 地火明夷 坤上離下

明夷：利艱貞。

《彖》

曰：明入地中，明夷。內文明而外柔順，以蒙大難，文王以之。利艱貞，晦其明也。內難而能正其志，箕子以之。

《象》

曰：明入地中，明夷；君子以莅眾，用晦而明。

初九：明夷于飛，垂其翼，君子于行，三日不食。有攸往，主人有言。

《象》

曰：君子于行，義不食也。

六二：明夷，夷于左股，用拯馬壯，吉。

六五：悔亡，失得勿恤，往吉，无不利。

《象》

曰：失得勿恤，往有慶也。

上九：晉其角，維用伐邑。屬吉，无咎，貞吝。

《象》

曰：維用伐邑，道未光也。

《象》曰：六二之吉，順以則也。

九三：明夷于南狩，得其大首，不可疾貞。

《象》曰：南狩之志，乃得大也。

六四：入于左腹，獲明夷之心，于出門庭。

《象》曰：入于左腹，獲心意也。

六五：箕子之明夷，利貞。

《象》曰：箕子之貞，明不可息也。

上六：不明晦，初登于天，後入于地。

《象》曰：初登于天，照四國也；後入于地，失則也。

37 家人卦 ䷤ 風火家人 巽上離下

家人：利女貞。

《象》曰：家人，女正位乎內，男正位乎外，男女正，天地之大義也。家人

有嚴君焉，父母之謂也。父父，子子，兄兄，弟弟，夫夫，婦婦，而家道正。正家而天下定矣！

君子以言有物，而行有恆。

《象》曰：風自火出，家人；君子以言有物，而行有恆。

初九：閑有家，悔亡。

《象》曰：閑有家，志未變也。

六二：无攸遂，在中饋，貞吉。

《象》曰：六二之吉，順以巽也。

九三：家人嗃嗃，悔厲，吉；婦子嘻嘻，終吝。

《象》曰：家人嗃嗃，未失也；婦子嘻嘻，失家節也。

六四：富家，大吉。

《象》曰：富家大吉，順在位也。

九五：王假有家，勿恤，吉。

《象》曰：王假有家，交相愛也。

上九：有孚，威如，終吉。

《象》

曰：威如之吉，反身之謂也。

38 睽卦☲☱ 火澤睽 離上兌下

睽：小事吉。

《象》

曰：

睽，火動而上，澤動而下，二女同居，其志不同行。說而麗乎明，柔進而上行，得中而應乎剛，是以小事吉。天地睽，而其事同也。男女睽，而其志通也。萬物睽，而其事類也。睽之時用大矣哉！

《象》

曰：上火下澤，睽；君子以同而異。

初九：悔亡，喪馬勿逐，自復；見惡人，无咎。

《象》

曰：見惡人，以辟咎也。

九二：遇主于巷，无咎。

《象》

曰：遇主于巷，未失道也。

六三：見輿曳，其牛掣，其人天且劓，无初有終。

《象》曰：見輿曳，其人天且劓，无初有終，遇剛也。

九四：睽孤，遇元夫。交孚，厲无咎。

《象》曰：交孚无咎，志行也。

六五：悔亡，厥宗噬膚，往何咎？

《象》曰：厥宗噬膚，往有慶也。

上九：睽孤，見豕負塗，載鬼一車，先張之弧，後說之弧，匪寇婚媾。往，遇雨則吉。

《象》曰：遇雨之吉，群疑亡也。

---

39 蹇卦 ䷦ 水山蹇 坎上艮下

蹇：利西南，不利東北，利見大人，貞吉。

《象》曰：蹇，難也，險在前也。見險而能止，知矣哉！蹇，利西南，往得

中也；不利東北，其道窮也。利見大人，往有功也；當位貞吉，以正邦也。蹇之時用大矣哉！

《象》曰：山上有水，蹇；君子以反身修德。

初六：往蹇，來譽。

《象》曰：往蹇來譽，宜待也。

六二：王臣蹇蹇，匪躬之故。

《象》曰：王臣蹇蹇，終无尤也。

九三：往蹇，來反。

《象》曰：往蹇來反，內喜之也。

六四：往蹇，來連。

《象》曰：往蹇來連，當位實也。

九五：大蹇，朋來。

《象》曰：大蹇朋來，以中節也。

上六：往蹇，來碩，吉，利見大人。

《象》
曰：往蹇來碩，志在內也；利見大人，以從貴也。

40 解卦 ☳ ☵ 雷水解 震上坎下

解：利西南，无所往，其來復吉；有攸往，夙吉。

《象》
曰：解，險以動，動而免乎險，解。解，利西南，往得眾也；其來復吉，乃得中也；有攸往夙吉，往有功也。天地解而雷雨作，雷雨作而百果草木皆甲坼，解之時大矣哉！

《象》
曰：雷雨作，解；君子以赦過宥罪。

初六：无咎。

《象》
曰：剛柔之際，義无咎也。

九二：田獲三狐，得黃矢，貞吉。

《象》
曰：九二貞吉，得中道也。

63

六三：負且乘，致寇至，貞吝。

《象》

曰：負且乘，亦可醜也；自我致戎，又誰咎也？

九四：解而拇，朋至斯孚。

《象》

曰：解而拇，未當位也。

六五：君子維有解，吉，有孚于小人。

《象》

曰：君子有解，小人退也。

上六：公用射隼于高墉之上，獲之，无不利。

《象》

曰：公用射隼，以解悖也。

41 損卦 ䷨ 山澤損 艮上兌下

損：有孚，元吉，无咎，可貞，利有攸往。曷之用？二簋可用享。

《象》

曰：損，損下益上，其道上行，損而有孚，元吉。无咎，可貞，利有攸往，曷之用，二簋可用享，二簋應有時，損剛益柔有時，損益

盈虛，與時偕行。

《象》曰：山下有澤，損；君子以懲忿窒欲。

初九：已事遄往，无咎，酌損之。

《象》曰：已事遄往，尚合志也。

九二：利貞，征凶。弗損，益之。

《象》曰：九二利貞，中以為志也。

六三：三人行，則損一人；一人行，則得其友。

《象》曰：一人行，三則疑也。

六四：損其疾，使遄有喜，无咎。

《象》曰：損其疾，亦可喜也。

六五：或益之十朋之龜，弗克違，元吉。

《象》曰：六五元吉，自上祐也。

上九：弗損，益之，无咎，貞吉。利有攸往，得臣无家。

《象》曰：弗損益之，大得志也。

42 益卦 ䷩ 風雷益 巽上震下

《彖》曰：益，損上益下，民說无疆；自上下下，其道大光。利有攸往，中正有慶；利涉大川，木道乃行。益動而巽，日進无疆；天施地生，其益无方；凡益之道，與時偕行。

益：利有攸往，利涉大川。

《象》曰：風雷，益；君子以見善則遷，有過則改。

初九：利用為大作，元吉，无咎。

《象》曰：元吉，无咎，下不厚事也。

六二：或益之十朋之龜，弗克違，永貞吉。王用享于帝，吉。

《象》曰：或益之，自外來也。

六三：益之用凶事，无咎。有孚中行，告公用圭。

《象》曰：益用凶事，固有之也。

六四：中行，告公從，利用為依遷國。

《象》曰：告公從，以益志也。

九五：有孚惠心，勿問元吉，有孚惠我德。

《象》曰：有孚惠心，勿問之矣；惠我德，大得志也。

上九：莫益之，或擊之，立心勿恆，凶。

《象》曰：莫益之，偏辭也；或擊之，自外來也。

43 夬卦 ䷪ 澤天夬 兌上乾下

夬：揚于王庭，孚號有厲，告自邑；不利即戎，利有攸往。

《彖》曰：夬，決也，剛決柔也。健而說，決而和。揚于王庭，柔乘五剛也；孚號有厲，其危乃光也；告自邑，不利即戎，所尚乃窮也；利有攸往，剛長乃終也。

《象》曰：澤上於天，夬；君子以施祿及下，居德則忌。

初九：壯于前趾，往不勝，為咎。

《象》曰：不勝而往，咎也。

九二：惕號，莫夜有戎，勿恤。

《象》曰：有戎勿恤，得中道也。

九三：壯于頄，有凶。君子夬夬，獨行遇雨，若濡有慍，无咎。

《象》曰：君子夬夬，終无咎也。

九四：臀无膚，其行次且（音義同趄），牽羊悔亡，聞言不信。

《象》曰：其行次（音義同趄）且，位不當也；聞言不信，聰不明也。

九五：莧陸夬夬，中行无咎。

《象》曰：中行无咎，中未光也。

上六：无號，終有凶。

《象》曰：无號之凶，終不可長也。

44 姤卦䷫ 天風姤 乾上巽下

姤：女壯，勿用取女。

《象》曰：姤，遇也，柔遇剛也。勿用取女，不可與長也。天地相遇，品物咸章也；剛遇中正，天下大行也，姤之時義大矣哉！

初六：繫于金柅，貞吉。有攸往，見凶。羸豕孚蹢躅。

《象》曰：繫于金柅，柔道牽也。

九二：包有魚，无咎，不利賓。

《象》曰：包有魚，義不及賓也。

九三：臀无膚，其行次（音義同趑）且（音義同趄）且，厲，无大咎。

《象》曰：其行次（音義同趑）且（音義同趄）且，行未牽也。

九四：包无魚，起凶。

《象》曰：无魚之凶，遠民也。

九五：以杞包瓜，含章，有隕自天。

《象》
曰：九五含章，中正也；有隕自天，志不舍命也。

上九：姤其角，吝，无咎。

《象》
曰：姤其角，上窮吝也。

45 萃卦䷬䷬ 澤地萃 坤下兌上

萃：亨。王假有廟，利見大人，亨，利貞。用大牲吉。利有攸往。

《彖》
曰：萃，聚也。順以說，剛中而應，故聚也。王假有廟，致孝享也；利見大人，亨，聚以正也；用大牲，吉，利有攸往，順天命也。觀其所聚，而天地萬物之情可見矣！

《象》
曰：澤上於地，萃；君子以除戎器，戒不虞。

初六：有孚不終，乃亂乃萃，若號。一握為笑，勿恤，往无咎。

《象》
曰：乃亂乃萃，其志亂也。

升：元亨，用見大人，勿恤，南征吉。

46 升卦 ䷭ 地風升 坤上巽下

《象》曰：齎咨涕洟，未安上也。

上六：齎咨，涕洟，无咎。

《象》曰：萃有位，志未光也。

九五：萃有位，无咎，匪孚，元永貞，悔亡。

《象》曰：大吉无咎，位不當也。

九四：大吉，无咎。

《象》曰：往无咎，上巽也。

六三：萃如嗟如，无攸利。往无咎，小吝。

《象》曰：引吉，无咎，中未變也。

六二：引吉，无咎，孚，乃利用禴。

71

《象》曰：柔以時升，巽而順，剛中而應，是以大亨。用見大人，勿恤，有

《象》曰：地中生木，升；君子以順德，積小以高大。

初六：允升，大吉。

《象》曰：允升大吉，上合志也。

九二：孚乃利用禴，无咎。

《象》曰：九二之孚，有喜也

九三：升虛邑。

《象》曰：升虛邑，无所疑也。

六四：王用亨（音享）于岐山，吉，无咎。

《象》曰：王用亨（音享）于岐山，順事也。

六五：貞吉，升階。

《象》曰：貞吉升階，大得志也。

上六：冥升，利于不息之貞。

《象》曰：冥升在上，消不富也。

47 困卦 ䷮ 澤水困 兌上坎下

困：亨，貞，大人吉，无咎。有言不信。

《象》曰：困，剛揜也。險以說，困而不失其所亨，其唯君子乎？貞大人吉，以剛中也；有言不信，尚口乃窮也。

《象》曰：澤无水，困；君子以致命遂志。

初六：臀困于株木，入于幽谷，三歲不覿。

《象》曰：入于幽谷，幽不明也。

九二：困于酒食，朱紱方來。利用享祀，征凶，无咎。

《象》曰：困于酒食，中有慶也。

六三：困于石，據于蒺藜；入于其宮，不見其妻，凶。

《象》曰：據于蒺藜，乘剛也；入于其宮，不見其妻，不祥也。

九四：來徐徐，困于金車，吝，有終。

《象》曰：來徐徐，志在下也。雖不當位，有與也。

九五，劓刖；困于赤紱，乃徐有說，利用祭祀。

《象》曰：劓刖，志未得也；乃徐有說，以中直也；利用祭祀，受福也。

上六：困于葛藟，于臲卼，曰動悔有悔，征吉。

《象》曰：困于葛藟，未當也；動悔有悔，吉行也。

48 井卦 ䷯ 水風井 坎上巽下

井：改邑不改井，无喪无得，往來井井。汔至，亦未繘井，羸其瓶，凶。

《象》曰：巽乎水而上水，井；井養而不窮也。改邑不改井，乃以剛中也；汔至，亦未繘井，未有功也；羸其瓶，是以凶也。

《象》曰：木上有水，井；君子以勞民勸相。

初六：井泥不食；舊井无禽。

《象》曰：井泥不食，下也；舊井无禽，時舍也。

九二：井谷射鮒，甕敝漏。

《象》曰：井谷射鮒，无與也。

九三：井渫不食，為我心惻，可用汲。王明，並受其福。

《象》曰：井渫不食，行惻也；求王明，受福也。

六四：井甃，无咎。

《象》曰：井甃，无咎，修井也。

九五：井洌，寒泉食。

《象》曰：寒泉之食，中正也。

上六：井收，勿幕，有孚，元吉。

《象》曰：元吉在上，大成也。

49 革卦☱☲ 澤火革 兌上離下

革：巳日乃孚，元亨利貞，悔亡。

《象》曰：革，水火相息，二女同居，其志不相得，曰革。巳日乃孚，革而信之，文明以說，大亨以正。革而當，其悔乃亡。天地革而四時成，湯武革命，順乎天而應乎人，革之時大矣哉！

《象》曰：澤中有火，革；君子以治曆明時。

初九：鞏用黃牛之革。

《象》曰：鞏用黃牛，不可以有為也。

六二：巳日乃革之，征吉，无咎。

《象》曰：巳日革之，行有嘉也。

九三：征凶，貞厲，革言三就，有孚。

《象》曰：革言三就，又何之矣！

九四：悔亡，有孚；改命，吉。

76

50 鼎卦 ䷱ 火風鼎 離上巽下

鼎：元吉，亨。

《象》曰：鼎，象也。以木巽火，亨飪也。聖人亨以享上帝，而大亨以養聖賢。巽而耳目聰明，柔進而上行，得中而應乎剛，是以元亨。

初六：鼎顛趾，利出否，得妾以其子，无咎。

《象》曰：鼎顛趾，未悖也；利出否，以從貴也。

九二：鼎有實，我仇有疾，不我能即，吉。

《象》曰：鼎有實，慎所之也；我仇有疾，終无尤也。

《象》曰：木上有火，鼎；君子以正位凝命。

上六：君子豹變，小人革面，征凶；居貞，吉。

《象》曰：君子豹變，其文蔚也；小人革面，順以從君也。

九五：大人虎變，未占，有孚。

《象》曰：大人虎變，其文炳也。

《象》曰：改命之吉，信志也。

九二：鼎有實，我仇有疾，不我能即，吉。

《象》曰：鼎有實，慎所之也；我仇有疾，終无尤也。

九三：鼎耳革，其行塞，雉膏不食。方雨虧悔，終吉。

《象》曰：鼎耳革，失其義也。

九四：鼎折足，覆公餗，其形渥，凶。

《象》曰：覆公餗，信如何也？

六五：鼎黃耳，金鉉，利貞。

《象》曰：鼎黃耳，中以為實也。

上九：鼎玉鉉，大吉，无不利。

《象》曰：玉鉉在上，剛柔節也。

51 震卦 ䷲ 震為雷 震上震下

震：亨。震來虩虩，笑言啞啞；震驚百里，不喪匕鬯。

《象》曰：震，亨。震來虩虩，恐致福也；笑言啞啞，後有則也；震驚百里，驚遠而懼邇也；出可以守宗廟社稷，以為祭主也。

《象》曰：洊雷，震；君子以恐懼修省。

初九：震來虩虩，後笑言啞啞，吉。

《象》曰：震來虩虩，恐致福也；笑言啞啞，後有則也。

六二：震來厲，億喪貝，躋于九陵，勿逐，七日得。

《象》曰：震來厲，乘剛也。

六三：震蘇蘇，震行无眚。

《象》曰：震蘇蘇，位不當也。

九四：震遂泥。

《象》曰：震遂泥，未光也。

六五：震往來厲，億无喪，有事。

《象》曰：震往來厲，危行也；其事在中，大无喪也。

上六：震索索，視矍矍，征凶。震不于其躬，于其鄰，无咎。婚媾有言。

《象》曰：震索索，中未得也；雖凶无咎，畏鄰戒也。

52 艮卦 ☶☶ 艮為山 艮上艮下

艮其背，不獲其身；行其庭，不見其人；无咎。

《彖》曰：艮，止也，時止則止，時行則行，動靜不失其時，其道光明。艮其止，止其所也；上下敵應，不相與也；是以不獲其身，行其庭不見其人，无咎也。

《象》曰：兼山，艮；君子以思不出其位。

初六：艮其趾，无咎，利永貞。

《象》曰：艮其趾，未失正也。

六二：艮其腓，不拯其隨，其心不快。

《象》曰：不拯其隨，未退聽也。

53 漸卦 ䷴ 風山漸 巽上艮下

漸：女歸吉，利貞。

《象》曰：漸之進也，女歸吉也。進得位，往有功也；進以正，可以正邦也。其位，剛得中也。止而巽，動不窮也。

上九：敦艮，吉。

《象》曰：敦艮之吉，以厚終也。

六五：艮其輔，言有序，悔亡。

《象》曰：艮其輔，以中正也。

六四：艮其身，无咎。

《象》曰：艮其身，止諸躬也。

九三：艮其限，列其夤，厲薰心。

《象》曰：艮其限，危薰心也。

《象》曰：山上有木，漸；君子以居賢德善俗。

初六：鴻漸于干，小子厲，有言，无咎。

《象》曰：小子之厲，義无咎也。

六二：鴻漸于磐，飲食衎衎，吉。

《象》曰：飲食衎衎，不素飽也。

九三：鴻漸于陸，夫征不復，婦孕不育，凶。利禦寇。

《象》曰：夫征不復，離群醜也；婦孕不育，失其道也；利用禦寇，順相保也。

六四：鴻漸于木，或得其桷，无咎。

《象》曰：或得其桷，順以巽也。

九五：鴻漸于陵，婦三歲不孕，終莫之勝，吉。

《象》曰：終莫之勝，吉，得所願也。

上九：鴻漸于陸，其羽可用為儀，吉。

54 歸妹卦☱☳ 雷澤歸妹 震上兌下

歸妹：征凶，无攸利。

《彖》曰：歸妹，天地之大義也。天地不交，而萬物不興。歸妹，人之終始也；說以動，所歸妹也。征凶，位不當也；无攸利，柔乘剛也。

《象》曰：澤上有雷，歸妹；君子以永終知敝。

初九：歸妹以娣，跛能履，征吉。

《象》曰：歸妹以娣，以恒也；跛能履，吉，相承也。

九二：眇能視，利幽人之貞。

《象》曰：利幽人之貞，未變常也。

六三：歸妹以須，反歸以娣。

《象》曰：歸妹以須，未當也。

其羽可用為儀，吉，不可亂也。

《象》曰：其羽可用為儀，吉，不可亂也。

九四：歸妹愆期，遲歸有時。

《象》曰：愆期之志，有待而行也。

六五：帝乙歸妹，其君之袂，不如其娣之袂良；月幾望，吉。

《象》曰：帝乙歸妹，不如其娣之袂良也；其位在中，以貴行也。

上六：女承筐无實，士刲羊无血，无攸利。

《象》曰：上六无實，承虛筐也。

55 豐卦 ䷶ 雷火豐 震上離下

豐：亨，王假之，勿憂；宜日中。

《象》曰：豐，大也。明以動，故豐。王假之，尚大也；勿憂，宜日中，宜照天下也。日中則昃，月盈則食，天地盈虛，與時消息，而況於人乎？況於鬼神乎？

《象》曰：雷電皆至，豐；君子以折獄致刑。

84

初九：遇其配主，雖旬无咎，往有尚。

《象》曰：雖旬无咎，過旬災也。

六二：豐其蔀，日中見斗；往得疑疾，有孚發若，吉。

《象》曰：有孚發若，信以發志也。

九三：豐其沛，日中見沬。折其右肱，无咎。

《象》曰：豐其沛，不可大事也；折其右肱，終不可用也。

九四：豐其蔀，日中見斗，遇其夷主，吉。

《象》曰：豐其蔀，位不當也；日中見斗，幽不明也；遇其夷主，吉行也。

六五：來章，有慶譽，吉。

《象》曰：六五之吉，有慶也。

上六：豐其屋，蔀其家，闚其戶，闃其无人，三歲不覿，凶。

《象》曰：豐其屋，天際翔也；闚其戶，闃其无人，自藏也。

56 旅卦 ☲☶ 火山旅 離上艮下

旅：小亨，旅貞吉。

《彖》

曰：旅，小亨；柔得中乎外，而順乎剛，止而麗乎明，是以小亨，旅貞吉也。旅之時義大矣哉！

《象》

曰：山上有火，旅；君子以明慎用刑，而不留獄。

初六：旅瑣瑣，斯其所取災。

《象》

曰：旅瑣瑣，志窮災也。

六二：旅即次，懷其資，得童僕，貞。

《象》

曰：得童僕，貞，終无尤也。

九三：旅焚其次，喪其童僕，貞厲。

《象》

曰：旅焚其次，亦以傷矣。以旅與下，其義喪也。

九四：旅于處，得其資斧，我心不快。

《象》

曰：旅于處，未得位也；得其資斧，心未快也。

六五：射雉，一矢亡，終以譽命。

《象》

曰：終以譽命，上逮也。

上九：鳥焚其巢，旅人先笑後號咷，喪牛于易，凶。

《象》

曰：以旅在上，其義焚也；喪牛于易，終莫之聞也。

57 巽卦 ䷸ 巽為風 巽上巽下

巽：小亨，利有攸往，利見大人。

《象》

曰：重巽，以申命；剛巽乎中正而志行，柔皆順乎剛，是以小亨，利

有攸往，利見大人。

《象》

曰：隨風，巽；君子以申命行事。

初六：進退，利武人之貞。

《象》

曰：進退，志疑也；利武人之貞，志治也。

九二：巽在床下，用史巫紛若，吉，无咎。

87

《象》曰：紛若之吉，得中也。

九三：頻巽，吝。

《象》曰：頻巽之吝，志窮也。

六四：悔亡，田獲三品。

《象》曰：田獲三品，有功也。

九五：貞吉，悔亡，无不利。无初有終，先庚三日，後庚三日，吉。

《象》曰：九五之吉，位正中也。

上九：巽在床下，喪其資斧，貞凶。

《象》曰：巽在床下，上窮也；喪其資斧，正乎凶也。

58 兌卦䷹ 兌為澤 兌上兌下

兌：亨，利貞。

《象》曰：兌，說也。剛中而柔外，說以利貞，是以順乎天而應乎人。說以

先民，民忘其勞；說以犯難，民忘其死；說之大，民勸矣哉！

《象》曰：麗澤，兌；君子以朋友講習。

初九：和兌吉。

《象》曰：和兌之吉，行未疑也。

九二：孚兌，吉，悔亡。

《象》曰：孚兌之吉，信志也。

六三：來兌，凶。

《象》曰：來兌之凶，位不當也。

九四：商兌未寧，介疾有喜。

《象》曰：九四之喜，有慶也。

九五：孚于剝，有厲。

《象》曰：孚于剝，位正當也。

上六：引兌。

59 渙卦☷☵ 風水渙 巽上坎下

渙：亨，王假有廟，利涉大川，利貞。

《彖》曰：渙、亨，剛來而不窮，柔得位乎外而上同。王假有廟，王乃在中也；利涉大川，乘木有功也。

《象》曰：風行水上，渙；先王以享于帝立廟。

初六：用拯馬壯，吉。

《象》曰：初六之吉，順也。

九二：渙奔其机，悔亡。

《象》曰：渙奔其机，得願也。

六三：渙其躬，无悔。

《象》曰：渙其躬，志在外也。

《象》曰：上六引兌，未光也。

六四：渙其群，元吉。渙有丘，匪夷所思。

《象》曰：渙其群，元吉，光大也。

九五：渙汗其大號，渙王居，无咎。

《象》曰：王居无咎，正位也。

上九：渙其血，去；逖出，无咎。

《象》曰：渙其血，遠害也。

60 節卦 ☵☱ 水澤節 坎上兌下

節：亨。苦節，不可貞。

《彖》曰：節、亨，剛柔分，而剛得中。苦節不可貞，其道窮也。說以行險，當位以節，中正以通。天地節而四時成；節以制度，不傷財，不害民。

《象》曰：澤上有水，節；君子以制數度，議德行。

91

初九：不出戶庭，无咎。

《象》曰：不出戶庭，知通塞也。

九二：不出門庭，凶。

《象》曰：不出門庭凶，失時極也。

六三：不節若，則嗟若，无咎。

《象》曰：不節之嗟，又誰咎也。

六四：安節，亨。

《象》曰：安節之亨，承上道也。

九五：甘節，吉，往有尚。

《象》曰：甘節之吉，居位中也。

上六：苦節，貞凶，悔亡。

《象》曰：苦節貞凶，其道窮也。

61 中孚卦 ䷼ 風澤中孚 巽上兌下

中孚：豚魚吉，利涉大川，利貞。

《彖》曰：中孚，柔在內而剛得中；說而巽，孚乃化邦也。豚魚吉，信及豚魚也；利涉大川，乘木舟虛也；中孚以利貞，乃應乎天也。

《象》曰：澤上有風，中孚；君子以議獄緩死。

初九：虞吉，有它不燕。

《象》曰：初九虞吉，志未變也。

九二：鳴鶴在陰，其子和之；我有好爵，吾與爾靡之。

《象》曰：其子和之，中心願也。

六三：得敵，或鼓或罷，或泣或歌。

《象》曰：或鼓或罷，位不當也。

六四：月幾望，馬匹亡，无咎。

《象》曰：馬匹亡，絕類上也。

九五：有孚攣如，无咎。

《象》曰：有孚攣如，位正當也。

上九：翰音登于天，貞凶。

《象》曰：翰音登于天，何可長也。

62 小過卦 ䷽ 雷山小過 震上艮下

小過：亨，利貞。可小事，不可大事。飛鳥遺之音，不宜上，宜下。大吉。

《象》曰：小過，小者過而亨也；過以利貞，與時行也。柔得中，是以小事吉也；剛失位而不中，是以不可大事也。有飛鳥之象焉，飛鳥遺之音，不宜上，宜下，大吉，上逆而下順也。

《象》曰：山上有雷，小過；君子以行過乎恭，喪過乎哀，用過乎儉。

初六：飛鳥以凶。

《象》曰：飛鳥以凶，不可如何也。

六二：過其祖，遇其妣，不及其君，遇其臣，无咎。

《象》曰：不及其君，臣不可過也。

九三：弗過防之，從或戕之，凶。

《象》曰：從或戕之，凶如何也？

九四：无咎，弗過遇之，往厲必戒，勿用永貞。

《象》曰：弗過遇之，位不當也；往厲必戒，終不可長也。

六五：密雲不雨，自我西郊，公弋取彼在穴。

《象》曰：密雲不雨，已上也。

上六：弗遇過之，飛鳥離之，凶，是謂災眚。

《象》曰：弗遇過之，已亢也。

63 既濟卦 ䷾ 水火既濟　坎上離下

既濟：亨小，利貞；初吉終亂。

《象》曰：既濟亨，小者亨也。利貞，剛柔正而位當也；初吉，柔得中也；

終止則亂，其道窮也。

《象》曰：水在火上，既濟；君子以思患而豫防之。

初九：曳其輪，濡其尾，无咎。

《象》曰：曳其輪，義无咎也。

六二：婦喪其茀，勿逐，七日得。

《象》曰：七日得，以中道也。

九三：高宗伐鬼方，三年克之，小人勿用。

《象》曰：三年克之，憊也。

六四：繻有衣袽，終日戒。

《象》曰：終日戒，有所疑也。

九五：東鄰殺牛，不如西鄰之禴祭，實受其福。

《象》曰：東鄰殺牛，不如西鄰之時也；實受其福，吉大來也。

96

上六：濡其首，厲。

《象》曰：濡其首厲，何可久也？

64 未濟卦 ☲☵ 火水未濟 離上坎下

未濟：亨。小狐汔濟，濡其尾，无攸利。

《象》曰：未濟，亨，柔得中也；小狐汔濟，未出中也；濡其尾，无攸利，不續終也；雖不當位，剛柔應也。

《象》曰：火在水上，未濟；君子以慎辨物居方。

初六：濡其尾，吝。

《象》曰：濡其尾，亦不知極也。

九二：曳其輪，貞吉。

《象》曰：九二貞吉，中以行正也。

六三：未濟，征凶，利涉大川。

《象》曰：未濟征凶，位不當也。

九四：貞吉，悔亡，震用伐鬼方，三年有賞于大國。

《象》曰：貞吉悔亡，志行也。

六五：貞吉，无悔，君子之光，有孚，吉。

《象》曰：君子之光，其暉吉也。

上九：有孚于飲酒，无咎；濡其首，有孚失是。

《象》曰：飲酒濡首，亦不知節也。

以上《周易》下經。由咸卦至未濟卦。

繫辭上傳

（繫辭說卦等傳章節之分目依朱子周易本義。有加黑粗為《易經證釋》補之）

第一章

天尊地卑，乾坤定矣。卑高以陳，貴賤位矣。動靜有常，剛柔斷矣。方以類聚，物以群分，吉凶生矣。在天成象，在地成形，變化見矣。是故，剛柔相摩，八卦相盪。鼓之以雷霆，潤之以風雨。日月運行，一寒一暑。乾道成男，坤道成女。乾知大始，坤作成物。乾以易知，坤以簡能。易則易知，簡則易從。易知則有親，易從則有功。有親則可久，有功則可大。可久則賢人之德，可大則賢人之業。易簡而天下之理得矣！天下之理得，而成位乎其中矣。

第二章

聖人設卦觀象，繫辭焉而明吉凶，剛柔相推而生變化。是故，吉凶者，失得之象也。悔吝者，憂虞之象也。變化者，進退之象也。剛柔者，晝夜之

象也。六爻之動，三極之道也。

是故，君子所居而安者，易之序也。所樂而玩者，爻之辭也。是故，君子居則觀其象而玩其辭，動則觀其變而玩其占，是以自天祐之，吉无不利。

第三章

象者，言乎象者也。爻者，言乎變者也。吉凶者，言乎其失得也。悔吝者，言乎其小疵也。无咎者，善補過也。是故，列貴賤者存乎位，齊小大者存乎卦，辯吉凶者存乎辭，憂悔吝者存乎介，震无咎者存乎悔。是故，卦有小大，辭有險易。辭也者，各指其所之。

第四章

易與天地準，故能彌綸天地之道。仰以觀於天文，俯以察於地理，是故知幽明之故；原始反終，故知死生之說。精氣為物，遊魂為變，是故知鬼神之情狀；與天地相似，故不違。知周乎萬物，而道濟天下，故不過。旁行而不流，樂天知命，故不憂。安土敦乎仁，故能愛。

範圍天地之化而不過，曲成萬物而不遺，通乎晝夜之道而知，故神无方而易无體。

第五章

一陰一陽之謂道，繼之者善也，成之者性也。仁者見之謂之仁，知者見之謂之知，百姓日用而不知，故君子之道鮮矣。顯諸仁，藏諸用，鼓萬物而不與聖人同憂，盛德大業，至矣哉！富有之謂大業，日新之謂盛德，生生之謂易，成象之謂乾，效法之謂坤，極數知來之謂占，通變之謂事，陰陽不測之謂神。

第六章

夫易，廣矣，大矣！以言乎遠則不禦，以言乎邇則靜而正，以言乎天地之間則備矣。

夫乾，其靜也專，其動也直，是以大生焉。夫坤，其靜也翕，其動也闢，是以廣生焉。廣大配天地，變通配四時，陰陽之義配日月，易簡之善配至德。

第七章

子曰：「易其至矣乎。夫易，聖人所以崇德而廣業也。知崇禮卑，崇效天，卑法地。天地設位，而易行乎其中矣。成性存存，道義之門。」

第八章

聖人有以見天下之賾，而擬諸其形容，象其物宜，是故謂之象。

聖人有以見天下之動，而觀其會通，以行其典禮。繫辭焉，以斷其吉凶，是故謂之爻。

言天下之至賾而不可惡也，言天下之至動而不可亂也。擬之而後言，議之而後動，擬議以成其變化。

「鳴鶴在陰，其子和之；我有好爵，吾與爾靡之。」子曰：「君子居其室，出其言善，則千里之外應之，況其邇者乎？居其室，出其言不善，則千里之外違之，況其邇者乎？言出乎身，加乎民，行發乎邇，見乎遠。言行，君子之樞機，樞機之發，榮辱之主也。言行，君子之所以動天地也，可不慎乎？」

「同人先號咷而後笑」，子曰：「君子之道，或出或處，或默或語。二人

同心，其利斷金；同心之言，其臭如蘭。」

矣。」

之有？慎之至也。夫茅之為物薄，而用可重也。慎斯術也以往，其无所失「初六，藉用白茅，无咎。」子曰：「苟錯諸地而可矣，藉之用茅，何咎

君子用以戒懼，故繼之以敬義修德」。（舊本遺落，《易經證釋》補充）

「履霜堅冰至。」子曰：「履霜，陰，始凝也。馴致其道，至堅冰也。是故

「勞謙，君子有終，吉。」子曰：「勞而不伐，有功而不德，厚之至也。語以其功下人者也。德言盛，禮言恭。謙也者，致恭以存其位者也。」

「亢龍有悔。」子曰：「貴而无位，高而无民，賢人在下位而无輔，是以動而有悔也。」

「不出戶庭，无咎。」子曰：「亂之所生也，則言語以為階。君不密則失臣，臣不密則失身，幾事不密則害成，是以君子慎密而不出也」。

子曰：「作易者，其知盜乎？易曰：『負且乘，致寇至。』負也者，小

人之事也；乘也者，君子之器也。小人而乘君子之器，盜思奪之矣；上慢下暴，盜思伐之矣。慢藏誨盜，冶容誨淫。易曰：『負且乘，致寇至』，盜之招也。」

第九章

天一，地二，天三，地四，天五，地六，天七，地八，天九，地十。

此章前二段《周易本義》將移置此。

天數五，地數五，五位相得而各有合。天數二十有五，地數三十；凡天地之數五十有五，此所以成變化而行鬼神也。

大衍之數五十，其用四十有九，分而為二以象兩，掛一以象三，揲之以四以象四時，歸奇於扐以象閏，五歲再閏，故再扐而後掛。

乾之策，二百一十有六。坤之策，百四十有四，凡三百有六十，當期之日。二篇之策，萬有一千五百二十，當萬物之數也。

是故，四營而成易，十有八變而成卦，八卦而小成。引而伸之，觸類而長之，天下之能事畢矣。顯道神德行，是故，可與酬酢，可與祐神矣。子曰：「知變化之道者，其

知神之所為乎？」

第十章

易有聖人之道四焉：以言者尚其辭，以動者尚其變，以制器者尚其象，以卜筮者尚其占。

是以君子將有為也，將有行也，問焉而以言，其受命也如響。无有遠近幽深，遂知來物。非天下之至精，其孰能與於此？

參伍以變，錯綜其數。通其變，遂成天地之文；極其數，遂定天下之象，非天下之至變，其孰能與於此？

易无思也，无為也，寂然不動，感而遂通天下之故。非天下之至神，其孰能與於此？

夫易，聖人之所以極深而研幾也，唯深也，故能通天下之志；唯幾也，故能成天下之務；唯神也，故不疾而速，不行而至。

子曰：「易有聖人之道四焉」者，此之謂也。

105

第十一章

子曰：「夫易，何為者也？夫易，開物成務，冒天下之道，如斯而已者也。」是故，聖人以通天下之志，以定天下之業，以斷天下之疑。

是故，著之德圓而神，卦之德方以知，六爻之義易以貢。聖人以此洗心，退藏於密，吉凶與民同患。神以知來，知以藏往，其孰能與此哉？古之聰明叡知，神武而不殺者夫？

是以明於天之道，而察於民之故，是興神物以前民用。聖人以此齊戒，以神明其德夫！

是故，闔戶謂之坤，闢戶謂之乾，一闔一闢謂之變，往來不窮謂之通，見乃謂之象，形乃謂之器，制而用之謂之法，利用出入，民咸用之，謂之神。

是故，易有太極，是生兩儀，兩儀生四象，四象生八卦，八卦定吉凶，吉凶生大業。

是故，法象莫大乎天地；變通莫大乎四時；縣象著明莫大乎日月；崇高

莫大乎富貴；備物致用，立成器以為天下利，莫大乎聖人；探賾索隱，鉤深致遠，以定天下之吉凶，成天下之亹亹者，莫大乎蓍龜。

是故，天生神物，聖人則之。天地變化，聖人效之。天垂象，見吉凶，聖人象之。河出圖，洛出書，聖人則之。

易有四象，所以示也；繫辭焉，所以告也；定之以吉凶，所以斷也。

第十二章

易曰：「自天祐之，吉无不利。」子曰：「祐者，助也。天之所助者，順也；人之所助者，信也。履信思乎順，又以尚賢也。是以『自天祐之，吉无不利』也。」

子曰：「書不盡言，言不盡意。」然則聖人之意，其不可見乎？子曰：「聖人立象以盡意，設卦以盡情偽，繫辭焉以盡其言，變而通之以盡利，鼓之舞之以盡神。」

乾坤其易之縕邪？乾坤成列，而易立乎其中矣。乾坤毀，則无以見易，易不可見，則乾坤或幾乎息矣。

是故，形而上者謂之道，形而下者謂之器，化而裁之謂之變，推而行之謂之通，舉而錯之天下之民，謂之事業。

是故，夫象，聖人有以見天下之賾，而擬諸其形容，象其物宜，是故謂之象。聖人有以見天下之動，而觀其會通，以行其典禮，繫辭焉，以斷其吉凶，是故謂之爻。

極天下之賾者存乎卦；鼓天下之動者存乎辭；化而裁之存乎變；推而行之存乎通；神而明之存乎其人；默而成之，不言而信，存乎德行。

繫辭下傳

第一章

八卦成列，象在其中矣；因而重之，爻在其中矣；剛柔相推，變在其中矣；繫辭焉而命之，動在其中矣。吉凶悔吝者，生乎動者也；剛柔者，立本者也；變通者，趣時者也。吉凶者，貞勝者也；天地之道，貞觀者也。日月之道，貞明者也；天下之動，貞夫一者也。

夫乾，確然，示人易矣；夫坤，隤然，示人簡矣。爻也者，效此者也；象也者，像此者也。爻象動乎內，吉凶見乎外，功業見乎變，聖人之情見乎辭。

第二章

天地之大德曰生，聖人之大寶曰位。何以守位？曰仁；何以聚人？曰財。理財正辭，禁民為非，曰義。

古者包犧氏之王天下也；仰則觀象於天，俯則觀法於地，觀鳥獸之文，與地之宜，近取諸身，遠取諸物，於是始作八卦，以通神明之德，以類萬物之情。作結繩而為罔罟，以佃以漁，蓋取諸離。

包犧氏沒，神農氏作。斲木為耜，揉木為耒，耒耨之利，以教天下，蓋取諸益。

日中為市，致天下之民，聚天下之貨，交易而退，各得其所，蓋取諸噬嗑。

神農氏沒，黃帝、堯、舜氏作，通其變，使民不倦，神而化之，使民宜之。易，窮則變，變則通，通則久，是以自天祐之，吉无不利。黃帝、堯、舜垂衣裳而天下治，蓋取諸乾坤。

刳木為舟，剡木為楫，舟楫之利，以濟不通，致遠以利天下，蓋取諸渙。

服牛乘馬，引重致遠，以利天下，蓋取諸隨。重門擊柝，以待暴客，蓋取諸豫。

斷木為杵，掘地為臼，臼杵之利，萬民以濟，蓋取諸小過。弦木為弧，

110

剡木為矢，弧矢之利，以威天下，蓋取諸睽。

上古穴居而野處，後世聖人易之以宮室，上棟下宇，以待風雨，蓋取諸大壯。古之葬者，厚衣之以薪，葬之中野，不封不樹，喪期无數，後世聖人易之以棺槨，蓋取諸大過。上古結繩而治，後世聖人易之以書契，百官以治，萬民以察，蓋取諸夬。

第三章

是故，易者，象也；象也者，像也。象者，材也；爻也者，效天下之動者也。是故，吉凶生而悔吝著也。

第四章

陽卦多陰，陰卦多陽，其故何也？陽卦奇，陰卦耦。其德行何也？陽一君而二民，君子之道也；陰二君而一民，小人之道也。

第五章

易曰：「憧憧往來，朋從爾思。」子曰：「天下何思何慮？天下同歸而

殊塗，一致而百慮，天下何思何慮？日往則月來，月往則日來，日月相推而明生焉；寒往則暑來，暑往則寒來，寒暑相推而歲成焉。往者屈也，來者信也，屈信相感而利生焉。尺蠖之屈，以求信也；龍蛇之蟄，以存身也。精義入神，以致用也；利用安身，以崇德也。過此以往，未之或知也。窮神知化，

德之盛也。」

易曰：「困于石，據于蒺藜，入于其宮，不見其妻，凶。」子曰：「非所困而困焉，名必辱；非所據而據焉，身必危。既辱且危，死期將至，妻其可得見邪？」

易曰：「公用射隼于高墉之上，獲之，无不利。」子曰：「隼者，禽也；弓矢者，器也；射之者，人也。君子藏器於身，待時而動，何不利之有？動而不括，是以出而有獲，語成器而動者也。」

子曰：「小人不恥不仁，不畏不義，不見利不勸，不威不懲，小懲而大誡，此小人之福也。易曰：『履校滅趾，无咎』，此之謂也。」

「善不積不足以成名，惡不積，不足以滅身。小人以小善為无益而弗為

也，以小惡為无傷而弗去也，故惡積而不可揜，罪大而不可解。易曰：「何

校滅耳，凶。」」

子曰：「危者安其位者也；亡者，保其存者也；亂者有其治者也。是故，

君子安而不忘危，存而不忘亡，治而不忘亂，是以身安而國家可保也。易曰：

『其亡其亡，繫于苞桑』。」

子曰：「德薄而位尊，知小而謀大，力小而任重，鮮不及矣。易曰：『鼎

折足，覆公餗，其形渥，凶。』言不勝其任也。」

子曰：「知幾其神乎！君子上交不諂，下交不瀆。其知幾乎！幾者，動

之微，吉之先見者也。君子見幾而作，不俟終日。易曰：『介于石，不終日，

貞吉。』介如石焉，寧用終日？斷可識矣。君子知微，知彰，知柔知剛，萬

夫之望。」

子曰：「顏氏之子，其殆庶幾乎！有不善未嘗不知，知之，未嘗復行也。

易曰：『不遠復，无祇悔，元吉。』」

天地絪縕，萬物化醇；男女構精，萬物化生。易曰：『三人行，則損一人，一人行，則得其友。』言致一也。

子曰：「君子安其身而後動，易其心而後語，定其交而後求，君子修此三者，故全也。危以動，則民不與也；懼以語，則民不應也；无交而求，則民不與也。莫之與，則傷之者至矣。易曰：『莫益之，或擊之，立心勿恆，凶。』」

第六章

子曰：「乾坤其易之門邪！」乾，陽物也；坤，陰物也。陰陽合德，而剛柔有體，以體天地之撰，以通神明之德。其稱名也，雜而不越，於稽其類，其衰世之意邪！

夫易，彰往而察來，而微顯闡幽。開而當名辨物，正言，斷辭，則備矣。

其稱名也小，其取類也大，其旨遠，其辭文，其言曲而中，其事肆而隱。因

貳以濟民行，以明失得之報。

第七章

易之興也，其於中古乎？作易者，其有憂患乎！

是故；履，德之基也。謙，德之柄也。復，德之本也。恒，德之固也。損，德之修也。益，德之裕也。困，德之辨也。井，德之地也。巽，德之制也。

履，和而至。謙，尊而光。復，小而辨於物。恒，雜而不厭。損，先難而後易。益，長裕而不設。困，窮而通。井，居其所而遷。巽，稱而隱。

履以和行，謙以制禮，復以自知，恒以一德，損以遠害，益以興利，困以寡怨，井以辨義，巽以行權。

第八章

易之為書也，不可遠，為道也屢遷，變動不居，周流六虛，上下无常，剛柔相易，不可為典要，唯變所適。其出入以度，外內使知懼。又明於憂患

115

與故，无有師保，如臨父母。初率其辭，而揆其方，既有典常。苟非其人，道不虛行。

第九章

易之為書也，原始要終，以為質也。六爻相雜，唯其時物也。其初難知，其上易知，本末也。初辭擬之，卒成之終。若夫雜物撰德，辨是與非，則非其中爻不備。噫！亦要存亡吉凶，則居可知矣。知者觀其象辭，則思過半矣。

二與四，同功而異位，其善不同，二多譽，四多懼，近也。柔之為道，不利遠者，其要无咎，其用柔中也。

三與五同功而異位。三多凶，五多功，貴賤之等也。其柔危，其剛勝邪！

第十章

易之為書也，廣大悉備。有天道焉，有人道焉，有地道焉。兼三才而兩之，故六。六者，非它也，三才之道也。

道有變動，故曰爻。爻有等，故曰物。物相雜，故曰文。文不當，故吉

凶生焉。

第十一章

易之興也，其當殷之末世，周之盛德邪？當文王與紂之事邪？是故其辭危，危者使平，易者使傾。其道甚大，百物不廢，懼以終始，其要无咎。此之謂易之道也。

第十二章

夫乾，天下之至健也，德行恒易以知險；夫坤，天下之至順也，德行恒簡以知阻。能說諸心，能研諸侯之慮，定天下之吉凶，成天下之亹亹者。是故，變化云為，吉事有祥。象事知器，占事知來。

天地設位，聖人成能，人謀鬼謀，百姓與能。八卦以象告，爻象以情言，剛柔雜居，而吉凶可見矣。變動以利言，吉凶以情遷，是故愛惡相攻而吉凶生，遠近相取而悔吝生，情偽相感而利害生。凡易之情，近而不相得則凶；或害之，悔且吝。

將叛者其辭慙（同慚），中心疑者其辭枝，吉人之辭寡，躁人之辭多，誣善之人其辭游，失其守者其辭屈。

說卦傳
第一章

昔者聖人之作易也，幽贊於神明而生蓍。參天兩地而倚數，觀變於陰陽而立卦，發揮於剛柔而生爻。和順於道德而理於義，窮理盡性以至於命。

第二章

昔者聖人之作易也，將以順性命之理。是以立天之道，曰陰與陽；立地之道，曰柔與剛；立人之道，曰仁與義；兼三才而兩之，故易六畫而成卦。分陰分陽，迭用柔剛，故易六位而成章。

第三章

天地定位，山澤通氣，雷風相薄，水火不相射，八卦相錯。數往者順，知來者逆，是故易，逆數也。

第四章

雷以動之，風以散之，雨以潤之，日以烜之，艮以止之，兌以說之，乾以君之，坤以藏之。

第五章

帝出乎震，齊乎巽，相見乎離，致役乎坤，說言乎兌，戰乎乾，勞乎坎，成言乎艮。萬物出乎震，震，東方也。齊乎巽，巽，東南也；齊也者，言萬物之絜齊也。離也者，明也，萬物皆相見，南方之卦也；聖人南面而聽天下，嚮明而治，蓋取諸此也。坤也者，地也，萬物皆致養焉，故曰致役乎坤。兌，正秋也，萬物之所說也，故曰說言乎兌。戰乎乾，乾，西北之卦也，言陰陽相薄也。坎者，水也，正北方之卦也，勞卦也，萬物之所歸也，故曰勞乎坎。

119

艮，東北之卦也，萬物之所成終而所成始也，故曰成言乎艮。

第六章

神也者，妙萬物而為言者也。動萬物者，莫疾乎雷。撓萬物者，莫疾乎風。燥萬物者，莫熯乎火。說萬物者，莫說乎澤。潤萬物者，莫潤乎水。終萬物始萬物者，莫盛乎艮。故水火相逮，雷風不相悖，山澤通氣，然後能變化，既成萬物也。

第七章

乾，健也；坤，順也；震，動也；巽，入也；坎，陷也；離，麗也；艮，止也；兌，說也。

第八章

乾為馬，坤為牛，震為龍，巽為雞，坎為豕，離為雉，艮為狗，兌為羊。

第九章

乾為首，坤為腹，震為足，巽為股，坎為耳，離為目，艮為手，兌為口。

第十章

乾，天也，故稱乎父。坤，地也，故稱乎母。震，一索而得男，故謂之長男。巽，一索而得女，故謂之長女。坎，再索而得男，故謂之中男。離，再索而得女，故謂之中女。艮，三索而得男，故謂之少男。兌，三索而得女，故謂之少女。

第十一章（此章節黑粗之字體為《易經證釋》補充）

乾為天，為圜，為君，為父，為玉，為金，為寒，為冰，為大赤，**為龍，為陸龍，為天龍**，為良馬，為老馬，為瘠馬，為駁馬，為木果，**為衣領，為螯**

坤為地，為母，為布，為釜，為吝嗇，為均，為子母牛，為大輿，為文，為眾，為柄，其於地也為黑，**其為天也為黃，為下裳，為黃帛，為直線，為胃；其為地也在郊。為震，為履。**

震為雷，為龍，為玄黃，為旉，為大塗，為長子，為決躁，為蒼筤竹，

為萑葦。其於馬也，為善鳴，為馵足，**為赤**（魚部加赤）駒，為作足，為的顙；其於稼也，為反生，其究為健，為蕃鮮。

巽為木，為風，為長女，為繩直，為工，為白，為長，為高，為進退，為不果，為臭；其於人也，為寡髮，為廣顙，為多白眼，為近利市三倍；其**為物也，長頸而善鳴，黑赤目**，其究為躁卦。

坎為水，為溝瀆，為隱伏，為矯輮，為弓輪；其於人也，為加憂，為心病，為耳痛；為血卦，為赤；其於馬也，為美脊，為亟心，**其為畜也，為負塗之豕**，為下首，為薄蹄，為曳；其於輿也，為多眚，為通，為月，為盜；其於木也，為堅多心。

離為火，為日，為電，為中女，為甲冑，為戈兵；其於人也，為大腹，為乾卦，為鱉，為蟹，為蠃，為蚌，為龜，其於木也，為科上槁；**其為象也**，為文章；**其為畜也，為牝牛。**

艮為山，為徑路，為小石，為門闕，**為洞府**，為果蓏，為閽寺，為指，

為狗，為鼠，為黔喙之屬。其於木也，為堅多節。

兌為澤，為少女，為巫，為口舌，為毀折，為附決；其於地也，為剛鹵；

為妾，為羊；為美婢，為少艾。

序卦傳上篇（此章節黑粗之字體為《易經證釋》補充）

有太極然後有乾坤。有乾坤然後天地之位定焉，故受之以乾坤始焉。有天地，然後萬物生焉，盈天地之間者唯萬物，故受之以屯。屯者，盈也；屯者，物之始生也。物生必蒙，故受之以蒙。蒙者，蒙也，物之穉（同稚）也。物穉（同稚）不可不養也，故受之以需。需者，飲食之道也；飲食必有訟，故受之以訟。訟必有眾起，故受之以師。師者，眾也。眾必有所比，故受之以比。比者，比也。比必有所畜，故受之以小畜。物畜然後有禮，故受之以履。履而泰，然後安，故受之以泰。泰者，通也。物不可以終通，故受之以否。

物不可以終否，故受之以同人。與人同者，物必歸焉，故受之以大有。有大者不可以盈，故受之以謙，有大而能謙，必豫，故受之以豫。豫必有隨，故受之以隨。以喜隨人者必有事，故受之以蠱。蠱者，事也；有事而後可大，故受之以臨。臨者，大也；物大然後可觀，故受之以觀。可觀而後有所合，故受之以噬嗑。嗑者，合也；物不可以苟合而已，故受之以賁。賁者，飾也；至飾然後亨，則盡矣，故受之以剝。

剝者，剝也；物不可以終盡，剝窮上反下，故受之以復。復則不妄矣，故受之以无妄。有无妄然後可畜，故受之以大畜。物畜然後可養，故受之以頤。頤者，養也；不養則不可動，故受之以大過。物不可以終過，故受之以坎。坎者，陷也。陷必有所麗，故受之以離。離者，麗也。

（說明：上篇舊本有遺失，缺開端語，自「有太極然後有乾坤。有乾坤然後天地之位定焉，故受之以乾坤始焉。」一文。由《易經證釋》補之。）

序卦傳下篇（此章節黑粗之字體為《易經證釋》補充）

有天地然後有萬物，有萬物然後有男女，有男女然後有夫婦，有夫婦然後有父子，有父子然後有君臣，有君臣然後有上下，有上下然後禮義有所錯。

男女之道，不能无感也，故受之以咸。咸者，感也；相感則為夫婦，夫婦之道，不可以不久也，故受之以恒。恒者，久也；物不可以久居其所，故受之以遯。遯者，退也；物不可以終遯，故受之以大壯。物不可以終壯，故受之以晉。晉者，進也；進必有所傷，故受之以明夷。

夷者，傷也；傷於外者，必反其家，故受之以家人。家道窮必乖，故受之以睽。睽者，乖也；乖必有難，故受之以蹇。蹇者，難也；物不可以終難，故受之以解。解者，緩也；緩必有所失，故受之以損。

損而不已必益，故受之以益。益而不已必決，故受之以夬。夬者，決也；決必有所遇，故受之以姤。姤者，遇也；物相遇而後聚，故受之以萃。萃者，聚也；聚而上者謂之升，故受之以升。升而不已必困，故受之以困。

困乎上者必反下，故受之以井。井道不可不革，故受之以革。革物者莫若鼎，故受之以鼎。主器者莫若長子，故受之以震。震者，動也；物不可以終動，止之，故受之以艮。艮者，止也；物不可以終止，故受之以漸。漸者，進也；進必有所歸，故受之以歸妹。得其所歸者必大，故受之以豐。豐者，大也；窮大者必失其居，故受之以旅。旅而无所容，故受之以巽。巽者，入也；入而後說之，故受之以兌。兌者，說也；說而後散之，故受之以渙。渙者，離也；物不可以終離，故受之以節。

節而信之，故受之以中孚。有其信者必行之，故受之以小過。有過物者必濟，故受之以既濟。物不可窮也，故受之以未濟終焉。

（說明：下篇舊本有遺失，缺第二段開端語，「男女之道，不能无感也，故受之以咸。咸者，感也；相感則為夫婦。」一文。由《易經證釋》補之。）

126

雜卦傳

1. 乾剛坤柔。

3. 臨觀之義，或與或求。

5. 震，起也。艮，止也。

7. 大畜，時也。无妄，災也。

9. 謙輕而豫怠也。

11. 兌見而巽伏也。

13. 剝，爛也。復，反也。

15. 井通而困相遇也。

17. 渙，離也。節，止也。

19. 睽，外也。家人，內也。

21. 大壯則止，遯則退也。

23. 革，去故也。鼎，取新也。

2. 比樂師憂。

4. 屯見而不失其居，蒙雜而著。

6. 損益，盛衰之始也。

8. 萃聚，而升不來也。

10. 噬嗑，食也。賁，无色也。

12. 隨，无故也。蠱則飭也。

14. 晉，晝也。明夷，誅也。

16. 咸，速也。恒，久也。

18. 解，緩也。蹇，難也。

20. 否、泰，反其類也。

22. 大有，眾也。同人，親也。

24. 小過，過也。中孚，信也。

25. 豐，多故也。親寡，旅也。
26. 離上，而坎下也。訟，不親也。
27. 小畜，寡也。履，不處也。
28. 需，不進也。

大過，顛也。姤，遇也，柔遇剛也。漸，女歸待男行也。頤，養正也。既濟，定也。歸妹，女之終也。未濟，男之窮也。夬，決也，剛決柔也，君子道長，小人道憂也。

於《易經證釋》從大過，顛也，接頤養正也。

29. 大過，顛也。頤，養正也。
30. 既濟，定也。未濟，男之窮也。
31. 歸妹，女之終也。漸，女歸待男行也。
32. 姤，遇也。柔遇剛也。夬，決也，剛決柔也。君子道長，小人道消也。